총단법과 함께 보는

산업화약개론

총단법과
함께 보는

산업화약개론

민병만 지음

iworkbook
아이워크북

머 리 말

화약이란 무엇일까?

화약을 업으로 다루는 전문가가 아닌 이상 쉽게 답하기 어려운 질문이다. 화약 자체의 특성으로 인해 일반인들은 화약을 접할 수 있는 기회도 적거니와 화약을 처음 공부하려고 하는 초보자를 위한 화약개론서도 부족한 것이 현실이기 때문이다. 국내에서도 '화약학'이라거나 '화약학개론' 또는 이와 유사한 제목의 책들이 발간된 사례가 있긴 하나 이 역시 화약전문가를 위한 것으로서 초보자가 공부하기는 어려움이 많은 책들이다.

한편, 그동안 우리나라에서의 '산업용화약'은 하나의 '학문'으로 분류되기는 고사하고 깊이 있는 기초연구조차 턱없이 부족했던 분야였다. 화약의 응용분야, 즉 암석발파나 금속가공 및 각종 안전용품 등 화약 사용기술에 대한 연구는 나름대로 활발히 이뤄지고 있었으나 화약 자체에 대한 기초연구는 일부 화약제조업체들에게만 그 몫이 주어졌던 것이 현실이다.

이런 상황 속에서 일반인들이 '화약이란 무엇인가?'에 대해 답하는 것은 어려운 일이 아닐 수 없다. 필자는 평생을 화약산업에 몸담고 살아온 사람으로서 이러한 현실을 감안하여 '화약'을 공부하고자 하는 초보자들이 적어도 화약이란 무엇이며 그 종류는 어떤 것이 있고, 또 그 화약들은 어떤 특징을 가지고 있는지 손쉽게 이해할 수 있는 책을 쓰고자 결심하게 되었다.

하지만 필자 역시 '화약학'이라는 거창한 제목을 걸고 집필을 하기에는 자격도, 능력도 부족하다 생각하기에 화약 초보자들의 활용도에 초점을 맞추어 학술적인 내용보다는 화약과 관련된 국내 법규를 중심으로 화약의 종류와 특성, 용도 등을 소개하면서 관련 용어들을 설명하는 수준으로 본서의 집필을 시작하였다. 또한 이해를 돕기 위해 그동안의 경험을 바탕으로 한 실무적 내용을 첨가하였다.

우리나라에서 산업용화약을 다루고 있는 법은 「총포·도검·화약류 등 단속법」(이하 '총단법'이라 함)이다. '총단법'은 화약의 제조·거래·소지·사용 및 기타 취급에 관한 사항을 규제하여 화약으로 인한 위험과 재해를 미연에 방지함으로써 공공의 안전을 유지하는 것을 목적으로 하고 있는 법으로, 화약의 종류를 하나하나 그 명칭을 열거하면서 정의를 하고 있다.

하지만 초보자는 물론, 나름대로 전문가 반열에 이른 사람 중에도 이 총단법 '화약의 정의'에 명시된 화약들을 모두 이해하기에는 어려운 부분이 있다. 왜냐하면 이미 오래전에 사용이 중단된 화약이나, 구체적 명칭이 없이 포괄적으로 표현된 화약들이 다수 포함되어 있을 뿐만 아니라 많은 종류의 화약들이 그 자체로는 시중에 유통되지 않고, 다른 화약류들의 원료로만 사용되고 있는바, 이러한 화약들은 취급해본 경험자마저도 극히 소수에 불과하기 때문이다.

이러한 점을 감안하여 필자는 이 책을 통해 총단법에 정의하고 있는 '화약류'는 물론 총단법에서는 구체적으로 명시하지 않았지만 이미 실용화된 화약류들까지 최대한 망라하여 정리해보고자 하였다.

한 가지 양해를 구한다면 이 책은 기존에 발표된 선배들의 성과를 '총단법' 체계에 맞추어 정리하면서 필자의 경험을 보충한 정도에 불과할 뿐, 화약의 연구나 응용에 적극 활용할 수 있는 수준의 깊이 있는 내용은 아니라는 점이다. 화약을 공부하고자 하는 초보자들이 전반적인 화약의 종류와 특성을 이해하는 데 조금이나마 도움이 될 수 있는 간단한 '화약용어 해설집' 또는 '총단법 화약의 정의에 대한 해설집' 정도로 이해해주면 좋을 것 같다.

끝으로 이 책의 내용 중에는 미흡한 부분도 다수 있을 것으로 생각되는바, 독자들의 아낌없는 지적을 기다리면서 그동안 이 책 집필에 많은 조언을 해주신 (주)한화 보은사업장 이태종 사업장장께 깊은 감사의 말씀을 드리고, 자료 정리와 교정을 도와준 한화기념관 김우리, 김용덕 두 분에게도 진심으로 고마운 마음을 전한다.

2014년 9월

閔 丙 萬

차 례

제3장 화약

제4장 폭약

9

제 III 부　화약의 역사

제7장　화약의 역사

일 러 두 기

1. 이 책은 현행 한글맞춤법 규정에 따라 띄어쓰기와 맞춤법을 사용했으나, 본문의 내용 중, 근대 신문기사 내용은 맞춤법을 따로 바꾸지 않고 그대로 실었습니다. 또한 현장에서 사용하는 단어에 대해서는 합성명사화한 대로 썼습니다. (예: 산업용화약, 에멀션폭약)

2. 이 책에 수록된 화약류의 나열 순서는 「총포·도검·화약류 등 단속법」을 기준으로 하였기 때문에 일반적으로 '화약학'에서 다루는 학문적 기준의 분류체계와는 다른 부분이 많습니다. 검색 시 혼동이 있을 경우 찾아보기를 활용하시기 바랍니다.

3. 「총포·도검·화약류 등 단속법」에 명칭이 없는 화약류의 경우, 우리나라에서는 통일된 이름이 없는 경우가 있습니다. 일반적으로 현장에서 통용되는 명칭들을 모두 병기하였습니다.

4. 본문 중간 중간에 쉽게 찾아볼 수 있도록 연계되는 주석이나 도표, 절節 등의 내용을 표기했습니다. "( )" 온괄호로 표시한 것은 절 표시이며, ")" 반괄호로 표시한 것은 주석입니다. 또한 도표는 꺾은 괄호(〈 〉)로 표시했습니다.

제 **1** 부

화약의
정의와
분류

일반적으로 '화약'이라 하면 대부분의 사람들은 적어도 한 가지씩은 연상하는 것들이 있다. 불꽃놀이를 떠올리는 사람도 있고 전쟁용 무기를 생각하는 사람도 있다. 또한 화약에 대해 전혀 모르는 사람들이라도 다이너마이트나 도화선이라는 이름 정도는 누구나 들어본 적이 있을 것이다. 여기서는 각각의 화약 종류들에 대해 설명하기 전에 우선 '화약'이란 무엇을 말하는 것인지, 또 그 화약들에는 어떤 것이 있고 어떤 방법으로 분류할 수 있는지 알아보기로 한다.

제1장 화약의 정의

화약이라 하면 일반적으로 '폭발'을 연상하게 되지만 그 폭발속도(연소속도)가 현저히 느린 경우는 폭연爆煙이라 한다. 따라서 화약을 정의하자면 우선 폭연과 폭발에 대한 정의를 살펴보아야 한다.

또한 화약의 정의에는 학술적 정의와 법적인 정의로 구분해볼 수 있는데 학술적 정의에 대해서는 대동소이할 것으로 생각되지만 법적 정의에 대해서는 각 나라마다 그 정의가 달라질 수도 있다.

우리나라는「총포·도검·화약류 등 단속법」과「위험물 선박운송 및 저장규칙」및「위험물의 분류 및 표지에 관한 기준」등에서 화약을 정의하고 있다.

1. 폭연爆煙, 폭발爆發 및 폭발물爆發物

어떤 가연물可燃物이 산소와 결합하는 산화반응酸化反應은 물질의 종류에 따라 또는 반응조건에 따라 다양한 반응속도를 갖는다. 그 반응속도에 따라 연소燃燒, 폭연爆煙, 폭굉爆轟으로 구분할 수 있는데, 보통 폭연이나 폭굉의 경우를 폭발이라고 하며 화약의 범주에 속한다.

<표 1-1> 연소와 폭연, 폭굉의 반응속도 비교

구 분	연소燃燒	폭연爆煙	폭굉爆轟
반응속도(m/sec)	0.01 <수cm 단위>	300~900 <수백m 단위>	2,000~8,000 <수천m 단위>
비 고	1) 절대적인 수치는 아니다. 특히 연소의 경우는 조건에 따라 매우 빠르거나 느린 속도로 연소할 수도 있다. 2) 폭연과 폭굉 사이(900~2,000m/sec)의 반응속도를 갖는 화약류는 없다. 3) 흑색화약이 폭연에 해당하며 그 외의 대부분의 폭약들이 폭굉에 해당한다.		

'폭발爆發'이 어떤 물질 내에서 동시에 고루 일어나는 반응을 말한다면 '폭굉爆轟 Detonation'이란 물질을 통해 정상속도正常速度로 폭발을 전파시키는 현상을 말하며, '폭연 爆燃Deflagration'이란 연소파燃燒波Combustion wave에 의한 급격한 연소를 말한다.

하지만 모든 폭발이 산화반응에 의해서만 일어나는 것은 아니다. 폭발이란 '어떤 원인에 의해 압력이 급격히 상승하거나 급격히 해방되면서 격렬하게 파열 또는 팽창하는 현상'을 말하는 것으로 어떤 물질들은 그 자체가 매우 불안정하여 산소공급이 없어도 외부의 충격에 의해 폭발할 수가 있다.

따라서 폭발은 물리적 폭발과 화학적 폭발, 두 가지로 구분할 수가 있다. 물리적 폭발에는 풍선의 파열, 자동차 타이어의 펑크, 압력용기의 파열, 진공유리병의 파손, 화산의 폭발 등을 예로 들 수가 있다. 이것들은 모두 물리적인 현상일 뿐이며 화학적인 변화를 수반하지 않는 것들이다. 이에 대응해서 화학적 폭발의 예로는 프로판 가스의 폭발, 자동차 엔진 안에서의 휘발유의 폭발, 탄광 내에서의 메탄가스나 탄진炭塵의 폭발 그리고 화약류의 폭발 등이 있다. 이러한 폭발은 모두 화학적 변화를 수반하며 급격한 연소의 형태로 일어나는 폭발이다.

일반적으로 폭발물(혹은 폭발성 물질)이란 "열역학적으로 불안정한 상태에 있는 물질로서 경미한 충격에 의해 물리적 혹은 화학적 변화를 일으키며 주변에 급격한 압력 상승을 일으키는 물질"이라고 정의한다.

2. 화약의 정의

1) 학술적 정의

화약이란 폭발물, 그중에서도 화학적 변화를 수반하는 폭발물 중 공업적으로 이용이 가능한 것을 말한다. 따라서 "마찰·타격·열·불꽃 또는 전기 스파크와 같은 외부의 자극(충격)에 의해 급격한 화학반응(폭연爆燃, 폭굉爆轟)이 일어나면서 고온의 열과 함께 다량의 가스를 발생시키는 폭발물(화합물 및 혼합물) 중, 공업적으로 이용가치가 있는 것"이라 정의할 수 있다.

화약류는 본질적으로 불안정한 물질이다. 그 한 부분에 열이나 충격을 가하면 급격한 화학반응을 일으키며 많은 열을 방출함과 동시에, 대개의 경우 다량의 가스를 발생시키고 국부적으로 급격한 압력의 상승이 일어나며 고온의 가스 중에 포함된 활성분자의 작용으로 연속해서 다른 부분으로 급격히 분해를 전파시키게 된다. 즉, 일종의 연소반응이라 할 수 있는데 연소속도에 따라 폭연爆燃과 폭굉爆轟으로 구분한다.

이러한 화약류에는 단일 물질과 혼합 물질이 있는데 대부분의 화약류는 연료(가연성 환원제) 역할을 하는 물질과 산소 공급 역할(산화제)을 하는 물질을 포함하고 있다. 따라서 휘발유는 공기가 없으면 연소하지 않는 반면에 화약류는 공기 중의 산소가 차단된 경우에도 연소하거나 폭발할 수가 있는 것이다. 이는 화약류의 불안정성不安定性의 원인 중의 하나이기도 하지만 오히려 그 불안정성이 너무 크면 화약으로서 실용적 가치가 없다. 예를 들면 아지화동銅의 경우 마찰이나 충격에 너무 예민하기 때문에 화약으로 실용화되지 못하고 있다.

대부분의 폭발물질들은 산화제, 환원제로 구성되고 또 폭발과 함께 다량의 가스를 발생시키지만 그렇지 않은 것도 있다. 아세틸렌은銀과 같이 분해가 되어도 가스를 발생시키지 않는 것이 한 예이다($Ag_2C_2 \rightarrow 2Ag + 2C$).

2) 법적 정의

(1) 총포·도검·화약류 등 단속법(이하 '총단법'이라 한다)

총단법 제2조 ③항에서 "'화약류'라 함은 화약·폭약 및 화공품火工品을 말한다."고 정의하고, 각각에 해당되는 화약류들을 나열하였다. 기본 개념은 "화약은 추진적 폭발에 사용되는 것을[1], 폭약은 파괴적 폭발에 쓰이는 것을 말하며[2], 화공품이란 화약 및 폭약을 써서 만든 공작물[3]"로 정의하고 있다.

⟨표 1-2⟩ 총단법에서 규정한 화약류의 정의

	화약의 정의		예
화약류	화 약	추진적推進的 폭발에 사용되는 화약류	흑색화약, 무연화약, Composite추진제 등
	폭 약	파괴적破壞的 폭발에 사용되는 화약류	니트로글리세린, 니트로글리콜, 면약, 다이너마이트, 초안폭약, 카리트, 초유폭약, 함수폭약, DDNP, PETN, 뇌홍, 아지화연, TNT, RDX, Tetryl, 테트라센, Lead styphnate, 폭분, 점화약, Composition폭약 등
	화공품	화약 및 폭약을 써서 만든 공작물工作物	뇌관류, 도화선, 도폭선, 꽃불, 장난감용 꽃불, 실탄, 공포탄, 군용 포탄, 신호용 화공품, 미진동파쇄기, 신관, 화관, 자동차에어백용 가스발생기 등

이처럼 화약·폭약 및 화공품을 통칭하려면 '화약류'라는 용어를 사용해야 함에도 불구하고 보통은 '화약류'를 '화약'으로 줄여서 표현하는 경우가 많다.

총단법상 화공품의 정의에 기능과 용도를 포함하여 좀 더 구체적으로 화공품을 정의해 본다면 "화공품이란 화약이나 폭약의 연소 또는 폭발 성질을 이용하여 조명, 신호, 소이, 파괴, 살상, 기폭 및 관상용 등으로 용도에 맞게 가공된 화약류"라고 할 수 있다.

---

1) 총단법 제2조 ③항 1호 '다'목
2) 총단법 제2조 ③항 2호 '사'목
3) 총단법 제2조 ③항 3호 '사'목

(2) 위험물 선박운송 및 저장규칙

'위험물 선박운송 및 저장 규칙'에서는 화약류를 다음과 같이 규정하고 있다. "화약류란 폭발성 물질(화학반응으로 주위환경에 손상을 줄 수 있는 온도·압력 및 속도를 가진 가스를 발생시키는 고체, 액체 물질 또는 그 혼합물) 및 폭발성 제품(한 종류 이상의 폭발성 물질을 포함한 제품)으로서 해양수산부 장관이 고시하는 것"으로 정의하고 이를 다시 다음의 6가지로 구분하였다.[4]

① 대폭발(발화 시 대부분이 동시에 폭발하는 것) 위험성이 있는 폭발성 물질 및 폭발성 제품
② 대폭발 위험성은 없으나 분사(발화 시 연소되면서 빠른 속도로 가스를 내뿜는 것) 위험성이 있는 폭발성 물질 및 폭발성 제품
③ 대폭발 위험성은 없으나 화재·폭발 또는 분사위험성이 있는 폭발성 물질 및 폭발성 제품 – 화재 시 상당한 복사열을 발산하거나 약한 폭발 또는 분사를 하면서 연소되는 폭발성 물질 및 폭발성 제품
④ 대폭발·분사 또는 화재 위험성은 적으나 민감한 폭발성 물질 및 폭발성 제품 – 운송 중 발화 시 위험성이 적은 폭발성 물질 및 폭발성 제품
⑤ 대폭발 위험성이 있는 둔감한 폭발성 물질 – 대폭발 위험성은 있으나 둔감하여 통상 운송조건에서는 발화가 어렵고 화재 시에도 폭발하기 어려운 폭발성 물질
⑥ 대폭발 위험성이 없는 극히 둔감한 폭발성 제품 – 극히 둔감한 폭발성 물질을 주성분으로 하여 만들어진 것으로서 우발적으로 발화하기 어려운 폭발성 제품

(3) 위험물의 분류 및 표지에 관한 기준[5]

'위험물의 분류 및 표지에 관한 기준'에서는 '위험물안전관리법'에서 정하는 위험물들을 유

---

4) 위험물 선박운송 및 저장규칙 제2조 1호 '가'목 1)~6), 〈부록 5〉
5) 소방방재청고시 제2008-18호, 2008.11.13 제정

해성·위험성에 따라 분류하면서 '위험물 선박운송 및 저장 규칙'과 동일하게 '폭발성 물질 또는 화약류'란 '자체의 화학반응에 의해 주위환경에 손상을 줄 수 있는 온도, 압력과 속도를 가진 가스를 발생시키는 고체·액체물질이나 혼합물'이라 정의하고 있다.

(4) 외국 사례

① 일본

화약류취체법火藥類取締法[6])에서 화약류를 정의하고 있다. 우리나라 총단법과 유사하다. 총단법 입법 당시 일본의 화약류취체법을 인용하면서 유사한 내용으로 출발하였으나 각각 개정 과정을 거치면서 일부 상이한 점이 있긴 해도 큰 틀에서는 동일하다고 볼 수 있다.

② 미국

미연방법률美聯邦法律[7])에 의해 다음 〈표 1-3〉과 같이 화약을 정의하고 있다. "화약류 (Explosive materials)"를 화약(Explosives)과 발파용 폭발성 물질(Blasting agent) 그리고 뇌관류(Detonator)로 정의하고 각각 이들에 속하는 화약들을 예를 들면서 설명하고 있다.

　　총단법과 다른 점은 개방상태에서 8호 뇌관으로 기폭되지 않는, 즉 뇌관 비기폭성의 물질은 'Explosives(폭약)'라 하지 않고 'Blasting agent(발파용 폭발성 물질)'라고 하는 점이다. 대부분의 초유폭약과 일부 함수폭약 종류가 이에 해당할 것이다. 이 같은 정의에 따라 상대적으로 안전한 화약류들에 대해 운송이나 사용 등에서의 규제를 완화할 수 있는 근거가 된다.

---

6) 火藥類取締法 第二條(定義)

　　火藥類取締法 施行令 第一條の 二(火藥の 指定),

　　　　　　　　　　　　第一條の 三(爆藥の 指定),

　　　　　　　　　　　　第一條の 四(火工品の 指定)

7) 18 US Code Chapter 40 (Importation, Manufacture, Distribution and Storage of Explosive Materials)

　　§ 841 - Definitions

〈표 1-3〉 미연방법에 따른 화약의 정의

"Explosive materials" means explosives, blasting agents, and detonators.	**"Explosives"** means any chemical compound mixture, or device, the primary or common purpose of which is to function by explosion; the term includes, but is not limited to, dynamite and other high explosives, black powder, pellet powder, initiating explosives, detonators, safety fuses, squibs, detonating cord, igniter cord, and igniters..
	"Blasting agent" means any material or mixture, consisting of fuel and oxidizer, intended for blasting, not otherwise defined as an explosive: Provided, That the finished product, as mixed for use or shipment, cannot be detonated by means of a numbered 8 test blasting cap when unconfined.
	"Detonator" means any device containing a detonating charge that is used for initiating detonation in an explosive; the term includes, but is not limited to, electric blasting caps of instantaneous and delay types, blasting caps for use with safety fuses and detonating cord delay connectors.

제2장 화약의 분류

화약을 분류하는 방법에는 여러 가지가 있다. 조성에 따라 분류하기도 하고 성능에 따라 혹은 용도나 목적에 따라 분류하기도 하며 안전관리를 목적으로 위험성에 따라 분류하는 방법도 있다.

또한 각 나라별로는 자국의 법률에 의해서도 별도로 분류하고 있다. 우리나라에서는 '총포·도검·화약류 등 단속법'과 '위험물 선박운송 및 저장규칙'에서 각기 다른 방법으로 분류하고 있다.

1. 조성에 따른 분류

1) 화합化슴화약류(Explosives compound)

단일 화합물로 된 화약류이다. 분자 내에 쉽게 산소를 공급해줄 수 있는 원자단原子團을 포함한 경우가 많지만 모든 화합화약류가 다 그런 것은 아니다.

〈표 2-1〉 화합 화약류의 종류

원자단	종류		예
N—O	질산 Ester	$-\overset{\mid}{\underset{\mid}{C}}-O-NO_2$	니트로글리세린, 니트로글리콜, 니트로셀룰로오스, PETN
	니트로화합물	$-\overset{\mid}{\underset{\mid}{C}}-NO_2$	Nitromethane, DNT, TNT, DNB, TNB, Picric acid, Ammonium picrate, DNN, TNN
	Nitramine	$-\overset{\mid}{\underset{\mid}{C}}-\overset{\mid}{N}-NO_2$	RDX, HMX, Nitroguanidine, Nitrourea(니트로요소), Tetry
	Amine 질산염	$-\overset{\mid}{\underset{\mid}{N}}\cdot HNO_3$	질산요소(Urea nitrate)
N＝C	뇌산염雷酸鹽	$C=N-O$	HONC 뇌홍雷汞(Hg(ONC)$_2$)
N–X	할로겐화 질소화합물	-RnNXm (X : Halogen)	NCl$_3$(염소화 질소) NI$_3$(요오드화 질소) R · NCl$_3$
N≡C	시안화합물		Pb(SCN)$_2$(Lead thiocyanate)
N—N	Diazo화합물	$C-N=N-$	DDNP
	Azide 수소산과 유도체	$-N=N=N-$	Lead azide(Pb(N$_3$)$_2$) NH$_4$N$_3$
	Long chain 질소화합물의 유도체	$-NH-N=N-NH-$	Tetracene
	Hydrazine유도체	$-\overset{\mid}{N}-\overset{\mid}{N}-$	Hydrazine nitrate
O—O	과산화물(Peroxide)	$-C-O-O-C-$ ‖ ‖ O O	Benzoyl peroxide Acetone peroxide Butanone peroxide
	오존화물 (Ozonide) 유기有機	R$_1$ O R$_3$ ＼／＼／ C C ／＼ R$_2$ O—O R$_4$	
	오존화물 (Ozonide) 무기無機		Sodium ozonide(NaO$_3$) Lithium ozonide(LiO$_3$)

O-Cl	염소산·과염소산 Ester	— OCl_2, — OCl_3	$KClO_3$, $FOClO_3$
C≡C	Metal acetylides	— C≡C —	Ag_2C_2(아세틸렌은) Cu_2C_2(아세틸렌구리(I) CuC_2(아세틸렌구리(II)) Au_2C_2(아세틸렌금)
M—C	유기有機 금속화합물		수은 및 납(lead)의 유기화합 물 등

상기 〈표 2-1〉의 화합물들은 모두 폭발성을 가지고 있는 물질들이지만 그중에는 화약의 학술적 정의에 부합되지 않는, 즉 너무 예민하여 공업적으로 이용이 불가능한 것들도 있다.

2) 혼합混合화약류(Explosives mixture)

두 가지 이상의 물질을 혼합하여 만든 화약류를 말한다. 혼합화약류에는 ① 연료(가연물)와 산화제와의 혼합물, ② 2종 이상의 화약류의 혼합물, ③ 화약류와 가연물, 불활성 물질 혹은 산화제와의 혼합물 등이 있으며 연료(가연물)와 산화제와의 혼합물의 경우는 두 성분 모두가 비폭발성 물질인 경우도 있고 하나는 폭발성, 다른 하나는 비폭발성인 경우가 있다. 다음 〈표 2-2〉는 총단법 '화약의 정의'에 열거된 화약류 중 혼합화약류에 해당하는 화약의 종류이다.

〈표 2-2〉 혼합 화약류의 종류

혼합화약류의 구분			예
혼합 화약류	화약	질산염을 주로 하는 화약	흑색화약, 조명제류, 연화에 사용되는 성료(Star)
		질산에스테르를 주로 하는 화약	무연화약
		과염소산염을 주로 하는 화약	콤포지트 추진제
		산화납, 과산화바륨, 브롬산염 또는 크롬산염을 주로 하는 화약	미진동파쇄기의 파쇄약
		황산알루미늄을 주로 하는 화약	플라즈마 발파용 화약
	폭약	질산염을 주로 하는 폭약	초안폭약, AN-FO, 함수폭약(슬러리 & 에멀션폭약)
		염소산염 또는 과염소산염을 주로 하는 폭약	염소산칼륨폭약, 카리트, 연화용 뇌명약, 연화용 할약
		질산에스테르를 주로 하는 폭약	다이너마이트
		니트로화합물을 주로 하는 폭약	아마톨, 옥톨(Octol), 암몬폭약, Composition계열 폭약 등
		액체산소폭약	액체산소폭약
		질산요소를 주로 하는 폭약	없음

2. 용도에 따른 분류

〈표 2-3〉 화약류의 용도에 따른 분류

화약·폭약		점화點火 · 점폭약點爆藥류 Priming material	화약, 폭약을 발화 혹은 기폭시키기 위한 화약을 말한다. 점화약, 기폭약과 함께 뇌관, 도화선, 도폭선 등의 화공품을 포함하여 점화·점폭약류라 한다. 통상 기폭약이라고 한다.
		발사약發射藥 Gun propellant	포탄 등을 화포로부터 발사하는 용도에 쓰이는 화약을 발사약이라 한다. 다만 로켓의 경우에는 스스로 연소하면서 나가므로 추진약이라고 한다. 흑색화약, 무연화약, 콤포지트추진약 등이 사용된다.
		추진약推進藥 Rocket propellant	
	파괴약	폭파약爆破藥 Blasting explosive	토목공사나 광산에서 암석을 폭파(발파)하는 데 사용하는 화약을 말한다. 폭파약으로 쓰는 화약으로는 다이너마이트, 초안폭약, 카리트, 함수폭약, AN-FO 등이 있다.

破壞藥	작약炸藥 Bursting explosive	폭탄, 포탄, 지뢰 등에 장전하여 이들을 폭발시키기 위한 화약을 말한다. TNT, 콤포지션 B 등이 사용된다.(폭파약과 작약을 총칭하여 파괴약破壞藥이라고 한다.)
	전폭약傳爆藥 Booster	폭약을 확실하게 폭굉시키기 위한 화약이다. 뇌관의 경우, 기폭약만으로는 폭약이 확실하게 폭굉에 이를지 알 수 없는 경우, 전폭약을 사용하여 폭굉의 확실성을 기하는 것이다. PETN, 테트릴 등이 사용된다. AN–FO나 일부 함수폭약 등 뇌관으로 기폭되지 않는 것은 다이너마이트 등 폭파약을 소량 사용하여 폭굉시키는데 이때는 다이너마이트가 전폭약이 된다.
화공품 火工品	점화용點火用 화공품	도화선, 속화선, 총용뇌관류
	기폭용起爆用 화공품	공업뇌관, 전기뇌관, 비전기뇌관 등 뇌관류 및 도폭선 등
	신호용信號用 화공품	신호염관, 신호화전, 조명 · 연막류, 경기용 신호뇌관 등
	관상용觀賞用 화공품	꽃불류, 장남감용 꽃불,
	광공업용鑛工業用 화공품	건설용 타정공포, 폭발병, 폭발천공기, 폭발확관기, 광쇄기 등
	의료용醫療用 화공품	요로결석 파쇄기, 요로결석 파쇄장치용 압력발생기
	인명보호人命保護 및 구조용救助用 화공품	선박용 및 민방위용 구명줄발사기, 자동차용 에어백 가스발생기, 자동차시트벨트당김 고정기, 화재경보 및 소화용 꽃불 등
	군사용軍事用 화공품	각종 탄약彈藥 및 포탄砲彈류
	기　타	도난방지용 꽃불, 선박용 시동약, 연극 · 영화촬영용 꽃불 등

3. 사용 목적에 따른 분류

〈표 2-4〉 화약류의 사용 목적에 따른 분류

구　분	비　　고	
방산용 화약	방산용, 즉 전쟁용 화공품(무기류)과 그에 사용하는 화약류를 말한다.	화공품의 경우 각종 폭탄, 탄약, 어뢰, 로켓탄 등과 같이 명확하게 군사용이 구분되지만 그에 사용하는 화약, 폭약의 경우는 공통으로 사용되는 것이 많다. 따라서 방산용으로 사용하면 방산용, 그렇지 않으면 일반 산업용이 되는 것이다.
산업용 화약	방산용 이외의 대부분의 화약류가 해당된다. 암석발파, 불꽃놀이, 신호, 금속가공, 의료, 기타 각종 광공업용으로 사용하는 화약류를 말한다.	

4. 성능에 따른 분류

〈표 2-5〉 화약류의 성능에 따른 분류

구 분	비 고
화 약 〔완성緩性화약류, Low Explosives〕	폭연爆燃에 의해 발생되는 가스의 추진작용을 이용하여 발사약, 추진약 등으로 사용되며 흑색화약, 무연화약, Composite추진제 등이 있다.
폭 약 〔맹성猛性화약류, High Explosives〕	고온·고압의 충격파를 수반하는 폭굉爆轟을 이용하여 기폭약, 폭파약, 작약炸藥 등으로 사용되며 다이너마이트, 초안폭약, 카리트, 초유폭약, 함수폭약, DDNP, PETN, 뇌홍, 아지화연, TNT, RDX, Tetryl, 테트라센, Lead styphnate, 폭분, 점화약, Composition폭약 등이 있다.

　　상기의 성능에 의한 분류는 '위력'만으로 구분한 것이다. '화약의 기능'을 감안하면 '용도에 의한 분류'와 유사하게 화약, 폭약 및 화공품 세 종류로 분류할 수도 있다.

5. 유엔 위험물분류기준(IMDG Code)

UN 산하기구인 IMO[1]에서 제정한 IMDG Code[2]에서는 위험의 성질에 따라 각 위험물들을 클래스Class 1에서 클래스 9까지 9종류로 구분하고 각 품목마다 성질, 포장, 적재장소, 라벨 표시 등에 대한 내용을 규정하고 있다. 화약류는 클래스 1에 속하며, 다시 6개의 디비전Division으로 세분되어 있다. 하지만 동일한 화약이라도 포장방법, 성상(습상 또는 안전장치 유무 등)이 다를 경우 다르게 분류하기도 한다.

---

1) International Maritime Organization, 국제해사기구
2) International Maritime Dangerous Goods Code

〈표 2-6〉 IMDG Code에 따른 화약의 분류

Class 1 (Explosives)	Division 1.1	substances and articles which have a mass explosion hazard	다이너마이트, 도폭선, 흑색화약, 뇌관, 탄약
	Division 1.2	substances and articles which have a projection hazard but not a mass explosion hazard	소이탄, 신호염관, 섬광탄 등
	Division 1.3	substances and articles which have a fire hazard and either a minor blast hazard or a minor projection hazard or both, but not a mass explosion hazard	발연신호기, 소형화기용 공포탄 등
	Division 1.4	substances and articles which present no significant hazard	선박용신호기, 연화, 최루탄 등
	Division 1.5	very insensitive substances which have a mass explosion hazard	대단히 둔감한 폭발물질, AN-FO 등
	Division 1.6	extremely insensitive articles which do not have a mass explosion hazard	극히 둔감한 폭발제품

6. 법규에 따른 분류

1) 총포·도검·화약류 등 단속법(총단법)

별도의 분류기준은 없고, '화약의 정의'(제1장 2-2)-(1) 참조)에서 화약의 종류를 나열하고 있다. 본서에서는 제3~6장 "화약의 종류 및 특성"에서 각각에 해당하는 화약을 별도로 다루었다.

2) 위험물 선박운송 및 저장규칙[3]

국제기준인 국제해사기구(IMO)의 IMDG Code를 적용, 아래 〈표 2-7〉과 같이 화약류를 제1급 위험물로 분류하고 이를 다시 6개 등급으로 세분하였다.

---

3) 위험물 선박운송 및 저장규칙 제3조 제1호, 〈부록 5〉

〈표 2-7〉 위험물 선박운송 및 저장규칙에 따른 화약류 위험등급 분류

	등급 1.1	대폭발 위험성이 있는 폭발성 물질 및 폭발성 제품
'화약류' 제1급 위험물	등급 1.2	대폭발 위험성은 없으나 분사 위험성이 있는 폭발성 물질 및 폭발성 제품
	등급 1.3	대폭발 위험성은 없으나 화재위험성·폭발위험성 또는 분사 위험성이 있는 폭발성 물질 및 폭발성 제품
	등급 1.4	대폭발 위험성·분사 위험성 또는 화재 위험성은 적으나 민감한 폭발성 물질 및 폭발성 제품
	등급 1.5	대폭발 위험성이 있는 매우 둔감한 폭발성 물질
	등급 1.6	대폭발 위험성이 없는 극히 둔감한 폭발성 제품

또한 '위험물선박운송기준'[4] [별표 1] '위험물 목록'에서는 포장방법, 적재 방법 및 격리방법 등 각각의 조건에 따라 그 위험등급을 상세히 구분하고 있다.

3) 외국 사례

(1) 미국 DOT[5]

〈표 2-8〉 미 DOT Regulation에 따른 화약류 분류

Class A	폭발의 위험이 있는 화약류로서 Dynamite, Nitroglycerine, Detonators, Detonator-sensitive Emulsion & Slurry, Detonating cord 등
Class B	발화의 위험이 있는 화약류로 Propellents, Some special fireworks, Pyrotechnics 등
Class C	Class A, B 또는 두 가지 모두에 해당하는 화약류이지만 제한된 수량일 경우
Blasting Agents	기폭성이 일정 수준 이하로 둔감한 발파용 폭발성물질 1) Bureau of Alcohol, Tobacco and Firearms Regulation → 산화제와 연료를 혼합한 발파용 폭발성 물질로서 개방 상태에서 8호 뇌관 비기폭성인 것 2) U.S. Department of Transportation Regulation → 폭발의 위험이나 또는 폭연으로부터 폭굉으로 발전될 가능성이 매우 적은 발파용 폭발성 물질

---

4) 해양수산부고시 제2013-133호(2013.5.24), 〈부록 6〉

5) DOT : Department of Transportation(미연방 運輸部)

(2) 영국 HSE[6]

〈표 2-9〉 영국 MSER에 따른 화약류 분류

Hazard type	Definition(Regulation 2 MSER[7])	Explanation
Hazard Type 1	An explosive which, as a result of, or as a result of any effect of, the conditions of its storage or process of manufacture has a mass explosion hazard	a mass explosion is one in which the entire body of explosives explodes as one
Hazard Type 2	An explosive which, as a result of, or as a result of any effect of, the conditions of its storage or process of manufacture has a serious projectile hazard but does not have a mass explosion hazard	
Hazard Type 3	An explosive which, as a result of, or as a result of any effect of, the conditions of its storage or process of manufacture has a fire hazard and either a minor blast hazard or a minor projec－tion hazard, or both, but does not have a mass explosion hazard	ie those explosives which give rise to con－siderable radiant heat or which burn to produce a minor blast or projection hazard
Hazard Type 4	An explosive which, as a result of, or as a result of any effect of, the conditions of its storage or process of manufacture has a fire or slight ex－plosion hazard, or both, with only local effect	ie those explosives which present only a low hazard in the event of ignition or ini－tiation, where no significant blast or pro－jection of fragments of appreciable size or range is expected

---

6) HSE: Health and Safety Executive(영국 保健安全管理局)

7) MSER : Manufacture and Storage of Explosives Regulations 2005(화약류 제조 및 저장에 관한 규정)

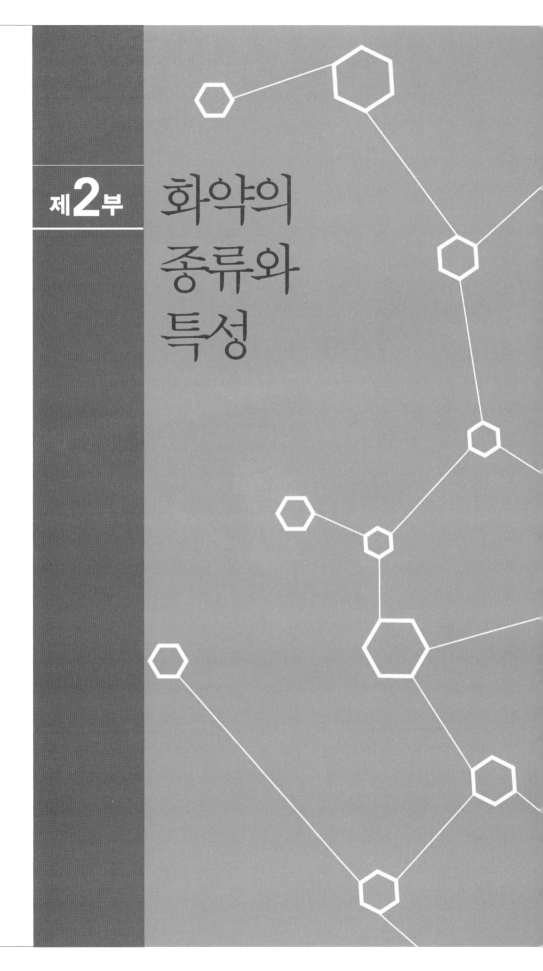

제**2**부

화약의
종류와
특성

총단법에서는 '화약류'의 명칭을 하나하나 나열하며 '화약의 정의'를 대신하고 있다. '법'의 목적상 모든 사람들에게 "이러이러한 물질 또는 장치들이 화약류에 속하는 것으로서 총단법의 적용을 받아야만 하는 것"이라고 예를 들어가며 손쉽게 알려주기 위해서일 것이다.

따라서 총단법에는 현재 사용되지 않는 화약도 포함되어 있다. 뿐만 아니라 구체적인 명칭을 명시하지 않고 포괄적으로 표현한 것도 있다. 이는 현재 사용되는 화약이라도 일일이 그 이름을 열거하기가 곤란한 경우와 향후 새로운 화약이 만들어질 것에 모두 대비하기 위한 것으로 볼 수 있다. 예를 들면 '~을 주성분으로 하는 화약'이라거나 '그 밖의 화공품' 등이 있는데 모든 화약류를 법 테두리 안에, 즉 총단법의 적용 대상에 포함하기 위한 것이라 할 수 있다.

여기서 "~을 주성분으로 하는 화약"이란 반드시 '~'를 다량 포함한 화약이라는 뜻이 아니고 화약의 기능 즉, 연소나 폭발을 일으키는데 "'~'이 주된 역할을 하는 성분"이라는 뜻으로 보아야 한다. 일예로 "질산에스테르를 주성분으로 하는 폭약"의 대표격인 다이너마이트의 경우 니트로겔(질산에스테르)은 20~30%에 불과하고, 질산염을 50~70%나 포함하고 있지만 이를 두고 "질산염을 주성분으로 하는 폭약"이라 하지는 않는다.

하지만 이같이 포괄적으로 표현된 화약류에는 구체적으로 어떤 화약이 포함되는지 판단이 어려운 경우가 있다. 따라서 제3장~제6장에서는 총단법에 명칭이 명시된 화약은 물론이고, 포괄적으로 표현된 화약에 대해서도 구체적으로 어떤 것이 있는지 그 종류를 알아보는 것으로 하였다. 이 책의 집필 목적 중의 하나이기도 하다.

제3장 화약

〈표 3-1〉 총단법에 의한 화약의 종류

총단법 제2조 ③항 1호		총단법 시행령 제5조 ①항
화 약	가. 흑색화약 또는 질산염을 주성분으로 하는 화약(제2조 ③항 1호 '가'목)	
	나. 무연화약 또는 질산에스테르를 주성분으로 하는 화약(제2조 ③항 1호 '나'목)	
	다. 그 밖에 '가'목 및 '나'목의 화약과 비슷한 추진적 폭발에 사용될 수 있는 것으로서 대통령령이 정하는 것(제2조 ③항 1호 '다'목)	1. 과염소산염을 주로 한 화약(제5조 ①항 1호)
		2. 산화납 또는 과산화바륨을 주로 한 화약 (제5조 ①항 2호)
		3. 브로모산염을 주로 한 화약(제5조 ①항 3호)
		4. 크롬산납을 주로 한 화약(제5조 ①항 4호)
		5. 황산알루미늄을 주로 한 화약(제5조 ①항 5호)

3장 화약 | 33

1. 흑색화약 또는 질산염을 주성분으로 하는 화약
(총단법 제2조 ③항 1호 '가'목)

1) 흑색화약(Black powder)

고대 중국에서부터 시작되어 인류 최초로 사용했던 화약이다. 질산칼륨(KNO₃), 유황(S), 숯(C, 목탄木炭) 등 비폭발성 물질들을 혼합한 혼합화약류의 일종으로 용도에 따라 다양한 배합비율로 만들어진다. 우리나라에서는 분상粉狀흑색화약, 입상粒狀흑색화약, 구상球狀 흑색화약 등 세 종류의 흑색화약이 사용되었다.

분상흑색화약은 도화선과 속화선速火線의 심약心藥, 발연탄發煙彈과 조명탄照明彈의 방출약放出藥, 무연화약의 점화약點火藥 그리고 입상 및 구상흑색화약을 만들기 위한 중간 제품으로 사용된다.[1]

〈표 3-2〉 흑색화약 종류별 조성

종류 조성 및 입도	분상흑색화약	입상흑색화약		구상흑색화약
		엽용獵用화약	소립小粒화약	
질산칼륨(%)	60~70	74~80		60~70
유황(%)	15~25	8~12		10~20
목탄(숯)(%)	10~20	10~16		10~20
입도粒度(mm)	0.1 이하	0.4~1.2		3~7

입상흑색화약은 타상연화의 추진제나 산탄총용霰彈銃用(엽용獵用) 발사약發射藥으로 사용된다. 19세기까지 입상 흑색화약은 포탄발사용 추진제推進劑로 유일하게 사용되던 화약이었지만 연소속도의 불균일, 열과 마찰에 의한 위험성, 흡습성, 저위력低威力 및 연소 후 다량의 고형물固形物 발생 등의 단점 때문에 무연화약無煙火藥Smokeless powder으로 대체되었다.

---

1) 유럽의 경우 먼저 입상흑색화약을 제조한 후, 이를 분쇄하여 분상 흑색화약을 만드는 경우도 있다.

구상흑색화약은 암석발파에 사용된다. 하지만 일반적인 토목공사용의 발파가 아니라 암석에 균열 발생을 최소화할 필요가 있는 석재용石材用 암석채취에 사용된다. 우리나라에서는 (주)한화에서 생산하였으나, 2004년 생산이 중단되었다.

● 흑색화약 제조방법

목탄木炭(숯)과 유황硫黄을 철제鐵製 볼밀Ball mill에 넣고 혼화(2미혼화二味混和)한 다음, 내부를 고무로 코팅한 목제木製 볼밀로 옮긴 후, 질산칼륨을 넣어 다시 한번 혼화(3미혼화三味混和)하여 분상 흑색화약을 만든다.

분상 흑색화약으로 다시 압마壓摩, 압착壓搾, 파쇄破碎, 사분篩粉, 건조乾燥, 광택光澤 과정을 거치면 입상 흑색화약이 만들어지고, 성형기成形機를 이용, 구상球狀으로 성형한 다음 건조, 광택光澤 과정을 거치면 구상 흑색화약이 만들어진다.

01 3미혼화기
02 구상흑색화약 성형기
03 흑색화약 압마기

● 흑색화약 제조공정도

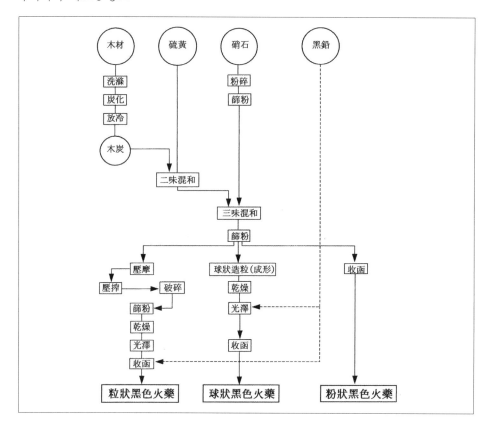

　　질산칼륨(KNO3)은 산화제 역할을 하고, 유황(S)과 숯은 가연제可燃劑 역할을 한다. 특히 유황은 흑색화약의 점화온도를 낮추어주는 역할을 하면서 제일 먼저 점화가 되어 불꽃을 전달해주는 역할도 하고, 또한 연소 후 발생하게 되는 고형잔사固形殘渣의 생성을 적게 해주는 촉매觸媒와 같은 역할도 한다.

　　질산칼륨(KNO3) 대신에 가격이 싼 질산나트륨(NaNO3)을 사용할 수도 있으나 질산나트륨을 사용하여 만든 흑색화약은 연소속도가 느리고 흡습성이 커서 사용하지 않는다.

● 흑색화약의 특성

① 기본적으로는 검은 색의 분상화약이나, 이를 가공하여 입자형태의 입상 흑색화약, 둥근

공 형태의 구상 흑색화약을 만든다.

② 화염에 민감하여 착화著火되기 쉽다. 고온의 물체나 미세한 점화원點火原에 의해서도 쉽게 착화되며 순간적으로 화염이 전파된다. 발화온도[2]는 분상 흑색화약이 약 200℃, 입상 흑색화약은 약 300℃이다.

③ 마찰, 충격, 정전기에 민감하다.

④ 화학적으로 안정하여 자연분해自然分解가 되지 않고 흡습성도 그리 크지 않기 때문에 장기저장이 가능하다.

⑤ 연소속도燃燒速度[3]는 조건에 따라 매우 다양하다. 수 cm/sec~400m/sec 정도이다. 폭굉爆轟은 일어나지 않는다.

⑥ 무연화약無煙火藥과 대비해서 유연화약有燃火藥이라고 할 정도로 연소 시 연기 발생량이 많다. 연소 시 CO, SO_2 등의 유독성 가스가 발생되기 때문에 환기가 불량한 곳에서는 사용을 피해야 한다.

⑦ 연소 후 약 45%(300~400ℓ/kg)는 기체가 되지만 약 55%정도나 되는 다량의 고형물固形物(고형잔사固形殘渣)이 남는다. 질산칼륨(KNO_3), 유황(S), 숯(C) 세 성분의 구성비(조성造成)에 따라 많은 연소반응식을 생각할 수 있지만 그중 다음 두 반응식을 예로 들어 보면 K_2CO_3, K_2SO_4, K_2S 등이 고형잔사로 남는 것들이다. 성분 중에 칼륨(K)이 포함되어 있기 때문에 연소 후 고형잔사가 생길 수밖에 없는 것이다.

$$16KNO_3 + 3S + 21C \rightarrow 13CO_2 + 3CO + 8N_2 + \mathbf{5K_2CO_3 + K_2SO_4 + 2K_2S}$$

$$2KNO_3 + S + 3C \rightarrow 3CO_2 + N_2 + \mathbf{K_2S}$$

⑧ 가비중假比重은 분상과 입상흑색화약 0.85~1.05, 구상흑색화약 0.9~1.0이다.

---

[2] Ignition temperature, 발화점이라고도 한다. 어떤 물질을 가열했을 때 별도로 점화하지 않아도 발화되어 연소를 계속하는 최저 온도를 말한다. 시료를 일정한 속도로 승온(昇溫)시켜 발화할 때의 온도를 측정하는 정속가열법과 일정한 온도에서 시료를 가열하여 발화할 때까지의 시간을 구하는 정온가열법이 있다.

[3] Burning velocity, Rate of burning이라고 한다. 물질 내(內)에서 화염과 함께 화학반응이 진행하는 속도를 말한다. 화약류의 연소는 그 밀도, 입도, 시료의 직경, 용기의 강도, 기폭의 강도 등에 영향을 받는다. 예를 들면 니트로글리세린은 미세한 충격에도 폭굉하지만 기폭강도를 아주 약하게 하면 연소만으로 끝날 수도 있다.

⑨ 분상 흑색화약을 사용하여 제조한 도화선과 속화선速火線의 연소속도는 각각 0.7~
1.0cm/sec, 30~100cm/sec이며, 구상 흑색화약의 연소속도는 300~400m/sec이다.

2) 그 밖에 질산염窒酸鹽을 주성분로 하는 화약

흑색화약 외에 질산염窒酸鹽을 주성분로 하는 화약으로는 각종 신호용 화공품 및 꽃불류
(연화煙火) 제조에 사용되는 원료 화약들과 방산용防産用[4] Composite추진제推進劑 중 질
산암모늄(초안硝安)을 산화제로 사용하는 것이 이에 해당한다.

(1) 신호염관, 신호화전 및 꽃불류의 원료용 화약
　(시행령 28조 ③항 [별표 7], 시행령　제45조 ①항 [별표 12])(제6장 1-2)~5) 참조)

신호용으로 쓰이는 화공품에는 특별히 깃발과 같은 수단을 사용할 수도 있지만 대부분은
소리나 빛 또는 연기를 이용하는 것이 보통이다. 여기서 소리(폭발음爆發音)를 내기 위해
사용되는 약제藥劑를 발음제發音劑라고 하며, 연기(연막煙幕)를 내는 것은 발연제發煙劑, 불
꽃을 내는 것은 발염제發炎劑라고 한다. 또한 색깔과 함께 밝은 빛을 내는 조명제照明劑도
신호용으로 사용된다. 신호용 외에도 꽃불(연화) 제조에 널리 사용되고 있으며 일부 화공
품에는 발열제發熱劑 종류를 사용하는 것도 있다.

　신호용 외에도 꽃불(연화) 제조에 널리 사용되고 있으며 일부 화공품에는 발열제發熱
劑 종류를 사용하는 것도 있다.

　사용되는 산화제로는 질산칼륨이 대표적이고, 그 외에도 질산바륨, 질산스트론튬, 과
염소산칼륨, 과염소산암모늄, 염소산칼륨, 산화철, 산화구리, 연단鉛丹(산화납) 등이 있고,
가연제可燃劑(조연제助燃劑, 환원제還元劑)로는 유황, 계관석鷄冠石, 3황화안티몬, 적린赤燐
을 비롯하여 다양한 것들이 있다.

---

4) 방산(防産)용이란 방위산업(防衛産業)용의 약자이다. 과거에는 군수산업(軍需産業)으로 불리던 것이 '군수'라는
　말 대신에　방위라는 용어가 세계적으로 널리 쓰이게 되면서 방위산업(Defense industry)으로 불리게 되었다.
　총단법에서는 아직 '군수용'이라고 한다(총단법 제3조 ③항).

이처럼 각종 신호용 화공품의 원료로 사용되는 화약류들은 총단법상으로는 '신호염관, 신호화전 및 꽃불류와 이의 원료용 화약 및 폭약'에 해당한다.[5] 그중 발음제 종류는 원료용 폭약으로 볼 수 있으며, 발연제, 발염제, 조명제, 발열제 등이 원료용 화약에 해당한다.(제6장 1-1)~6) 참조)

(2) 질산암모늄계系 Composite 추진제推進劑

산화제酸化劑로 질산암모늄을 사용하는 Composite 추진제가 이에 해당한다. 질산암모늄계系 Composite 추진제는 연소 가스의 온도가 낮고, 또한 비부식성非腐蝕性이며 백색 연기가 발생하지 않는 장점이 있어 로켓용 추진제나 가스발생제로 사용된다.

비추력比推力[6]이 작아 사용범위는 제한적이지만 과염소산암모늄계系 Composite 추진제(제3장 3-1) 참조)와 달리 연소 시에 염산塩酸(HCl) 가스가 발생되지 않는 이점利點이 있다. 질산암모늄 60~80%, 연료燃料 20~40%, 기타 첨가제(결합제結合劑) 0~20%의 조성으로 만든다.

2. 무연화약 또는 질산에스테르를 주성분으로 하는 화약
(총단법 제2조 ③항 1호 '나'목)

1) 무연화약無煙火藥(Smokeless powder)

연소 시 연기가 많이 발생하고 연소 후에는 다량의 잔사殘渣(고형물固形物)가 남는 흑색화약 추진제의 단점을 개선한 포탄 발사용 추진제가 무연화약(Smokeless powder, S/P)이

---

5) 총단법 시행령 28조 ③항 〈별표7〉 및 제45조 ①항 〈별표 12〉

6) 비추력(比推力, Specific Impulse)이란 로켓 등의 추진약에서 화약의 단위(單位) 중량당의 추진력을 말한다. 총 중량이 M인 추진약이 시간 T동안 연소하여 속도 V의 가스가 분출할 때, 추진력 F는 FT=MV로 표시된다. 여기서 V=FT/M으로 이것이 비추력에 해당한다. F를 중량으로 표시하면 비추력은 시간의 단위가 되는데 이것은 1Kg의 추진약이 1Kg 중의 물건을 들어올리는 데 걸리는 시간이 된다.

다. 니트로셀룰로오스Nitrocellulose, 니트로글리세린Nitroglycerine 등을 주제主劑로 한 화약으로서 연기 발생이 적기 때문에 무연화약이라고 한다.

1864년 프러시아의 슐츠Schultze가 니트로셀룰로오스에 질산칼륨, 질산바륨과 같은 산화제와 목재木材 펄프, 파라핀 등을 배합한 화약을 만들고, 그 이름을 슐츠 화약이라 한 것이 무연화약의 기원이라 할 수 있다. 1882년 영국에서는 니트로셀룰로오스에 상기上記의 산화제(질산염)와 색소色素 및 소량의 유기물을 넣고 에테르, 알코올로 교화膠化하여 엽용獵用 무연화약을 만들고 E.C.화약이라 하였다.

1884년에는 프랑스의 비에이Vieille가 니트로셀룰로오스를 에테르, 알코올 혼합용액으로 교화膠化한 후, 그것을 두루마리(롤Roll) 형태로 고밀도의 균질한 박판薄板을 만들고, 사각형으로 절단, 건조하여 최초로 본격적인 무연화약을 만들었다. 1886년 프랑스 정부에서 당시 블랑제Boulangé 장군의 공적을 기리는 뜻에서 이를 'B화약'이라 하였다.

그 후 1888년 스웨덴의 노벨Nobel은 질소함량 약 12%의 강면약强綿藥에 니트로글리세린을 혼합하면 젤라틴 상태가 되는 성질을 이용하여 용제를 사용하지 않고 그 혼합약混合藥을 충분히 교화한 다음 일정한 형상의 무연화약을 만들고 'Ballistite'라 하였다. 이어서 1889년 영국의 아벨Abel이 강면약과 니트로글리세린의 혼합물을 아세톤으로 반죽하듯 교화한 다음, 성형成形하고 건조시켜 용제溶劑를 휘발시킨 무연화약을 발명하고 'Cordite'라고 이름 지었다. 이들 B화약, Ballistite 및 Cordite는 오늘날 무연화약의 기본형이 되었다.

무연화약의 종류에는 여러 가지가 있는데 기제基劑(주원료主原料)에 따라, 용제의 유무에 따라 또는 성형방법에 따라 다음과 같이 분류한다.

(1) 기제基劑(주원료主原料)에 따른 분류

① Single-base propellant(S/P-S, 단기單基추진제)
B화약이 이에 해당한다. 니트로셀룰로오스Nitrocellulose에 용제溶劑, 안정제安定劑, 완연제緩然劑, 소염제消炎劑, 가소제可塑劑 등을 첨가하여 만든다. 탄도彈道[7] 성능이 양호하여 소

---

7) 총포로부터 발사된 탄환·로켓 등의 비상체(飛翔體)가 날아가면서 그리는 궤도를 말한다.

형 화기탄小型火器彈과 직사화포直射火砲 및 곡사화포탄曲射火砲彈, 수렵용 총포, 권총탄의 발사약으로 사용한다.

② Double-base propellant(S/P-D, 복기復基추진제)

Ballistite와 Cordite가 원조라 할 수 있다. 니트로셀룰로오스와 니트로글리세린Nitro-glycerine을 기제基劑로 한 무연화약이다. 포신砲身이 짧아 특별히 큰 추진력을 필요로 하는 박격포탄迫擊砲彈, 무반동총無反動銃, 소형 로켓탄彈, 소구경 소총小口徑銃砲(라이플Rifle) 등에 사용한다.

③ Triple-base propellant(S/P-T, 다기多基추진제)

니트로셀룰로오스와 니트로글리세린 및 니트로구아니딘(Nitroguanidine, NGu)을 기제基劑로 한 발사약發射藥이다. 니트로구아니딘이 냉각제冷却劑로 작용하여 Double-base propellant보다 위력이나 안정도安定度를 저하하지 않으면서 연소온도를 낮추어주며 포구염砲口炎을 감소시키기 때문에 포신砲身의 마모磨耗가 작다.

(2) 용제溶劑의 유무有無에 의한 분류

무연화약은 용제의 사용 여부에 따라 용제식溶劑式과 무용제식無溶劑式으로 분류한다. 단기單基추진제와 달리 복기復基 및 다기多基추진제는 NG를 기제基劑로 하기 때문에 용제를 사용하지 않을 수도 있고 소량의 아세톤을 용제로 사용하기도 한다. 성형방법에 따라 압연법壓延法과 주조법鑄造法은 무용제식이며, 압출법壓出法의 경우는 용제식과 무용제식 두 가지 방법이 있다.

　　사용하는 용제로는 단기單基, 복기復基 및 다기多基추진제별로 성형방법에 따라 서로 다른 용제가 사용되는데 주로 에틸알코올Ethyl alcohol, 에틸에테르Ethyl ether, 아세톤Acetone, 에틸아세테이트Ethyl Acetate 등이 사용된다.

(3) 성형 방법에 따른 분류

① 압출법壓出法: 혼화약混化藥을 압출기로 압출하여 성형한다.

② **압연법**壓延法: 혼화약을 압연기의 롤러Roller 사이로 통과시켜 성형한다.

③ **주조법**鑄造法: 슬러리Slurry 형태로 만들어 주형鑄型틀(거푸집)에 부어 성형한다.

④ **구상법**球狀法: 수중水中에서 유화乳化하여 작은 물방울 형태로 만드는 방법이다. 혼화, 압연, 재단裁斷 등의 공정이 생략되며, 용제유화법溶劑乳化法이라고도 한다.

● 무연화약의 특성

① 조성과 형태를 다양하게 설계하고, 또 표면처리表面處理 등을 통해 연소성燃燒性을 조절하는 깃이 가능한바, 작게는 권총탄拳銃彈이나 건설용 타정공포, 엽용산탄獵用霰彈의 발사에서부터 대구경大口徑 포탄의 발사, 로켓탄彈의 추진 등에 광범위하게 사용할 수 있다.

② 비교적 장시간 동안 탄환彈丸 등의 발사물發射物에 적당한 압력을 작용시키는 것이 가능하다.

③ 연소 시 연기와 고형잔사固形殘渣가 적다.

④ 화염에 민감하므로 화기火氣에 특히 주의하여야 한다.

⑤ 주성분인 질산에스테르(니트로글리세린)는 자연분해自然分解〈제4장 3 참조〉가 될 수 있는바, 제조 시에 안정제安定劑를 첨가하는 등의 자연분해 예방을 위한 조치가 필요하다. 또한 저장 중에는 고온高溫, 다습多濕한 곳과 직사광선을 피하여 저장하는 것이 좋다. 장기간 저장 시에는 총단법 규정에 의한 안정도시험〈제4장 주)26 참조〉을 해야 한다.

⑥ 산업용으로 사용되는 무연화약으로는 엽용실탄獵用實彈(산탄총용실탄霰彈銃用實彈)이 대표적이라 할 수 있다. 산탄총용霰彈銃用 무연화약은 Single-base나 혹은 Double-base 추진약을 가늘게 압신壓伸[8]하여, 잘게 절단한 것이나 구상球狀으로 성형한 것을 사용한다.

---

8) 압출기壓出機를 이용하여 떡가래처럼 길게 뽑는 작업을 말한다.

〈표 3-4〉 산탄총용 무연화약과 흑색화약 성능 비교

종 류	무연화약	흑색화약
가비중仮比重	0.4~0.7 ± 0.03	0.95 ± 0.05
안정도安定度	8분 이상	–
탄 속彈速	300m/sec 이상	250m/sec 이상
특 징	Flake 또는 입상粒狀의 것을 주로 사용하며 수렵용狩獵用 및 사격용射擊用으로 사용된다.	입자粒子 크기 0.4~1.2mm의 고밀도高密度의 입상粒狀을 주로 사용하며 수렵용狩獵用으로 사용된다.
비 고	안정도는 내열시험9) 값이다.	–

2) 그 밖에 질산에스테르를 주성분으로 하는 화약

'질산에스테르를 주성분으로 하는 화약'으로는 니트로글리세린, 니트로셀룰로오스를 사용하는 상기의 무연화약 외에 아직까지 우리나라에서 실용화된 화약은 없다.

3. 그 밖에 화약과 비슷한 추진적 폭발에 사용될 수 있는 것으로써 대통령령이 정하는 것(총단법 제2조 ③항 1호 '다'목)

1) 과염소산염을 주로 한 화약(총단법 시행령 제5조 ①항 1호)

'과염소산염過鹽素酸鹽을 주로 한 화약'으로는 과염소산암모늄을 사용하는 주조형鑄造形 고체 추진제인 Composite추진제가 있다. 산화제로 과염소산암모늄을 사용하고, 연료결합제燃料結合劑, 가소제可塑劑 등을 첨가하여 만드는 것이 대표적이다. 산화제와 연료를 화학적으로 반응시킨 것이 아니라 단지 이들 원료를 혼합하여 만들기 때문에 Composite추진

---

9) 1866년 아벨이 고안한 질산에스테르류의 안정도 시험법이다. (총단법 제32조, 동 시행령 제59조 및 제63조, 동 시행규칙 제44조)

제라고 부른다.

　　Composite추진제는 주로 인공위성 발사, 단·중·장거리 미사일 및 로켓 발사, 등에 사용하며 산업용으로는 구명줄발사기의 추진제가 있다. 주요 Composite추진제의 종류에는 다음의 것이 있다. 초안(질산암모늄)을 주성분으로 한 Composite추진제도 있으나 이는 '질산염을 주로 한 Composite추진제'에(제3장 1-2)-(2) 참조) 해당되는바, 여기서는 생략하였다.

(1) 과염소산암모늄(NH4ClO4)계 Composite propellant

산화제로 과염소산암모늄을 사용하고 연료결합제燃料結合劑와 가소제可塑劑 등을 첨가하여 만든다.

(2) Composite 변성變性 Double−base(CMDB) propellant

Double-base 추진제 성분에 과염소산암모늄과 가소제를 첨가하여 만든다. 경우에 따라 알루미늄, RDX, HMX 등을 첨가한 것도 있다.

(3) Composite Double−base(CDB) propellant

Double-base 추진제 성분에 연료결합제燃料結合劑를 첨가한 것으로 과염소산암모늄(NH4ClO4)을 포함하지 않는다.

(4) 니트라민(Nitramine)계系 propellant

연료결합제로 RDX 또는 HMX 등을 주제主劑로 사용하고 과염소산암모늄, 알루미늄, 가소제可塑劑 등을 첨가하는 것이 있다. 고체추진제固體推進劑는 액체 추진제液體推進劑에 비해 구조가 간단하여 소형화가 가능하고, 고장이 적어 신뢰성이 높은 특성을 가지고 있지만 다른 한편으로는 액체추진제에 비해 비추력比推力이 떨어지고, 연소시간이 짧으며, 연소를 임의로 제어할 수가 없다는 단점이 있다.

2) 산화납 또는 과산화바륨을 주로 한 화약(총단법 시행령 제5조 ①항 2호)

동적動的(파괴적破壞的) 폭발이 아닌 정적靜的(추진적推進的) 폭발을 하는 화약으로서 시가지市街地 등에서 암석을 발파할 때 폭음爆音과 진동振動을 적게 하여 주변에 비산물飛散物이나 진동에 의한 2차적인 피해를 주지 않고 암석을 파쇄하기 위한, 소위 미진동파쇄기微振動破碎器의 파쇄약破碎藥으로 쓰이는 화약이 이에 속한다. 이하 3)과 4)도 같다.

3) 브로모산염을 주로 한 화약(총단법 시행령 제5조 ①항 3호)

미진동파쇄기微振動破碎器의 파쇄약破碎藥으로 쓰이는 화약이다.

4) 크롬산납을 주로 한 화약(총단법 시행령 제5조 ①항 4호)

미진동파쇄기微振動破碎器의 파쇄약破碎藥으로 쓰이는 화약이다.

5) 황산알루미늄을 주로 한 화약(총단법 시행령 제5조 ①항 5호)

황산알루미늄을 주로 한 화약에는 미진동파쇄기微振動破碎器처럼 소음, 진동을 제어制御하기 위해 주로 도심지에서 사용되는 화약이 있다. 총단법상 화약류로 분류되기 전 '황산알루미늄을 주원료로 하는 폭발성 물질'을 암석발파에 적용하고자 시도하던 중 수차례의 안전사고가 발생하자 그 부정사용으로 인한 안전사고와 범죄 예방을 위해 1999년 총단법 시행령을 개정하여 화약류의 일종으로 포함시켰다.

산화제(금속산화물 또는 금속염)와 연료(금속 또는 비금속), 기체발생제(수화물 또는 수산화물)를 혼합하여 만든다. 고압전류를 방전放電시킬 때 발생하는 플라즈마 에너지에 의해 산화제와 연료가 반응하고 이 때 발생되는 고온의 열과 함께 기체발생제에 포함된 물 분자가 고온의 증기蒸氣로 기화, 팽창되면서 발생하는 팽창압 등으로 목적물을 파쇄한다. 통상 플라즈마 발파라고 한다. 총단법상 미진동파쇄기에 준하여 관리되고 있으며 양도·양수 및 사용 시에 인허가가 필요하다.

● 기타 플라즈마공법용 화약

이외에도 금속분말과 금속산화물 등의 혼합물에 전극을 꼽고 방전시켜 일종의 테르밋 반응(서밋 반응Termit reaction)[10]으로 발생하는 에너지를 이용하여 암반을 파쇄한다거나 또는 질산암모늄과 같은 질산염에 역시 플라즈마 방전을 통해 발생하는 폭발력으로 암반을 파쇄하는 공법 등이 연구되고 있거나 일부 실용화 단계에 있는 것들도 있다. 일선 현장에서는 이들까지도 플라즈마 발파공법으로 통칭하고 있지만 이들은 아직 총단법의 규제를 받지 않는다.

하지만 '화약 취급을 규제하여 재해를 예방'한다는 총단법의 목적이나 '추진적 폭발에 사용되는 것'을 '화약'이라고 정의한 총단법 조항, 그리고 '황산알루미늄을 주로 한 화약'을 이미 화약으로 정의하고 있는 점을 감안해본다면 플라즈마 방전이라는 동일한 방법으로 암석을 발파하는 '질산암모늄(초안硝安) 또는 기타 질산염을 주로 하는 물질'도 '화약'의 범주에 포함해야 할지도 모른다.

다만 현재 연구되고 있거나 실용화 단계에 있는 물질들이 대부분 '초안(질산암모늄)' 또는 '질산나트륨' 등 질산염들이기 때문에 별도로 법을 개정하지 않아도 '질산염窒酸鹽을 주성분으로 하는 화약'(제3장 1-2) 참조)으로 분류할 수 있을 것이다.

---

10) 금속 산화물이 알루미늄에 의해 탈산(脫酸, Deoxidation)되면서 강열한 반응열을 발생하는 반응을 총칭하여 테르밋 반응이라고 한다. 예를 들면, $3Fe_3O_4+8Al \rightarrow 9Fe+4Al_2O_3$, $Fe_2O_3+2Al \rightarrow 2Fe+Al_2O_3$, $3FeO+2Al \rightarrow 3Fe+Al_2O_3$ 등이 있다. 외부로부터 열을 가하지 않고 테르밋 반응에 의해 발생하는 고열(高熱)을 이용해서 강 또는 철재를 용접하는데 사용하며 이를 테르밋 용접이라고 한다. 철도 레일, 크랭크축, 차축(車軸) 등 단면적이 큰 부재(部材)의 접합 용접에 사용된다. 테르밋 반응에 의해서 생기는 철의 이론적 온도는 약 3000℃이다.

〈표 4-1〉 총단법에 의한 폭약의 종류

총단법 제2조 ③항 2호	총단법 시행령 제5조 ②항
가. 뇌홍 · 아지화연 · 로단염류 · 테트라센 등의 기폭제(제2조 ③항 2호 '가'목)	
나. 초안폭약·염소산칼리폭약·카리트 그 밖의 질산염·염소산염 또는 과염소산염을 주성분으로 하는 폭약(제2조 ③항 2호 '나'목)	
다. 니트로글리세린 · 니트로글리콜 그 밖의 폭약으로 사용되는 질산에스테르 (제2조 ③항 2호 '다'목)	
라. 다이너마이트와 그 밖의 질산에스테르를 주성분으로 하는 폭약(제2조 ③항 2호 '라'목)	
마. 폭발에 쓰이는 트리니트로벤젠·트리니트로토루엔·피크린산·트리니트로클로로벤젠·테트릴·트리니트로아니졸·핵사니트로디페닐아민·트리메틸렌트리니트라민·펜트리트 및 니트로기 3 이상이 포함된 그 밖의 니트로화합물과 이들을 주성분으로 하는 폭약(제2조 ③항 2호 '마'목)	
바. 액체산소폭약 그 밖의 액체폭약(제2조 ③항 2호 '바'목)	
사. 그 밖의 '가'목 내지 '바'목의 폭약과 비슷한 파괴적 폭발에 사용될 수 있는 것으로써 대통령령이 정하는 것.(제2조 ③항 2호 '사'목)	1. 폭발의 용도에 사용되는 질산요소 또는 이를 주성분으로 한 폭약(시행령 제5조 ②항 1호)
	2. 디아조디니트로페놀 또는 무수규산 75% 이상을 함유한 폭약(시행령 제5조 ②항 2호)
	3. 초유폭약(시행령 제5조 ②항 3호)
	4. 함수폭약(시행령 제5조 ②항 4호)
	5. 면약(질소함량이 12.2% 이상의 것에 한한다.) (시행령 제5조 ②항 5호)

1. 뇌홍·아지화연·로단염류·테트라센 등의 기폭제
(총단법 제2조 ③항 2호 '가'목)

대부분의 폭약들은 점화가 되면 연소는 시작하지만 곧바로 폭굉爆轟에 도달하지는 않는 것이 많다. 하지만 어떤 종류의 폭약들은 점화만으로도, 즉 아주 작은 충격이나 열熱에 의해서도 쉽게 분해가 시작되어 매우 짧은 시간 안에 분해압分解壓이 극대화되고 최고 폭발속도爆發速度에 도달하는 것이 있다. 아주 소량으로도 폭연爆煙에서 폭굉爆轟으로 전이轉移(DDT, Deflagration to Detonation Transition)현상을 일으키는 것이다. 이를 연소전이燃燒轉移 또는 연소천이燃燒遷移라고 하는데 이런 폭약들은 대부분 화염火焰, 마찰摩擦, 충격衝擊에 매우 민감하다.

이러한 성질을 이용하여 '점화약點火藥', 도화선導火線 및 비전기뇌관용 도폭관導爆管 Shock tube, Signal tube(제5장 2-1)-(4) 참조) 등의 아주 약한 화염에 의해서도 손쉽게 점화가 되어 폭굉에 이르면서 각종 뇌관류(공업뇌관, 전기뇌관, 비전기뇌관, 신관信管 등)를 기폭시키거나 또는 폭약 자체를 직접 기폭시키는 데 사용하는 폭약을 기폭제起爆劑(기폭약起爆藥 Initiation explosives, Initiator)라 한다. 한마디로 이야기하면 다른 화약류를 기폭시키는 데 쓰는 예민한 폭약이다.

기폭약으로 쓰이는 폭약에는 뇌홍, 아지화연, DDNP, 테트라센 등 화합기폭약과 폭분爆粉과 같은 혼합기폭약이 있다. 점화약도 일종의 혼합기폭약에 속한다. 현재 우리나라에서 기폭약은 뇌관 등의 원료 외에 기폭약 자체로 유통되는 것은 없다.

1) 뇌홍雷汞(Mercury fulminate, 雷酸 第2水銀)

1803년 하워드Howard가 그 제법과 성질을 밝혔으나 실용화된 것은 1864년 노벨Nobel이 니트로글리세린의 기폭에 사용한 것이 시초였다. 이후 전 세계적으로 널리 사용되었으나 이제는 사용되지 않는다. 우리나라에서도 과거 (주)한화에서 생산하였으나 1960년대 초에 생산이 중단되었다.

● 뇌홍 제조방법

수은水銀을 농질산에 용해溶解시켜 질산수은窒酸水銀 용액을 만들고 여기에 96%의 에틸알
코올을 가하면 급격히 반응하여 뇌홍이 생성된다. 반응식은 다음과 같다.

$$3Hg \quad + \quad 8HNO_3 \quad \rightarrow \quad 3Hg(NO_3)_2 + 4H_2O + 2NO$$

$$Hg(NO_3)_2 + C_2H_5OH \quad \rightarrow \quad Hg(ONC)_2 + 3H_2O + O_2$$

뇌홍 합성조

● 뇌홍의 특성

① 형상: 단사정계單斜晶系의 가느다란 마름모꼴 판상板狀의 백색 결정이지만 공업용은 보
   통 회색을 띤다.
② 비중: 4.42, 가비중 1.2~1.8
③ 융점: 녹기 전에 폭발한다.
④ 폭발속도[1]: 3,500m/s(2.0), 4,250m/s(3.0), 5,000m/s(4.0), 5,400m/s(4.2)
⑤ 폭발열[2]: 410kcal/kg

---

[1] 폭굉파의 속도를 말하며 폭속이라고 약칭한다. 폭약을 담은 용기의 재질, 직경, 장전비중에 따라 차이가 있다. 예를
   들면 일반적으로 다이너마이트는 직경이 10mm 미만이면 폭굉하지 않고 20mm일 때 약 2,300m/s, 30mm이면
   5,100m/s가 된다. 시험방법으로는 도트리쉬법과 전기적인 방법, 사진에 의한 방법 등이 있다.

⑥ 연소열[3]: 938kcal/kg

⑦ 발화온도[4]는 210℃(5초)이나, 100℃ 이하에서도 서서히 가열하면 분해되어 비폭발성 물질이 된다. 폭발온도(주4) 참조)와는 다르다.

⑧ 화염火炎, 열, 충격, 마찰에 극히 민감하다. 취급에 매우 주의해야 한다.

⑨ 과도한 압력을 가하면 사압死壓[5]현상이 발생하여 폭발하지 않고 연소한다. 500kg/cm²에서 3%, 600kg/cm²에서 5%, 3000kg/cm²에서 100% 불폭된다.

⑩ 물에는 거의 녹지 않는다. 따라서 뇌홍을 저장할 때는 함수 상태로 저장한다.

⑪ 건조 상태에서는 특히 위험하므로 운반을 할 때는 수분 또는 알코올분이 25% 정도 머금은 상태로 운반해야 한다.[6]

⑫ Hypo(Sodium thiosulfate, 치오황산나트륨) 수용액이나 염산에 분해되어 비폭발성 물질로 된다.

2) 아지화연鉛(질화납窒化鉛, Lead azide, L/A)

1890~1891년 독일의 쿠르티우스Curtius가 아지화연鉛, 아지화은銀 및 아지화수은水銀을 만들었으나 공업적으로 사용되고 있는 것은 아지화연鉛뿐이다. 1904년에 실용화되었으며 뇌관의 기폭약으로 사용된다.

---

2) Heat of explosion이라고 한다. 폭약이 폭발할 때 분해 생성물들의 생성열의 총합계를, 폭발생성열의 총합계에서 뺀 열량으로 폭발 시에 유리하는 열량을 말한다. 열량계로 직접 측정 가능하며, 폭발생성물의 종류와 양을 알면 계산으로도 구할 수 있다.

3) Heat of combustion이라고 한다. 어떤 물질 일정량이 연소 분위기 중에서 급격한 산화반응을 일으킬 때의 열량을 말한다. 열량계를 이용하여 측정할 수 있다.

4) 발화점(Ignition point)이라고도 한다. 공기 중에서 가열할 때 점화하지 않아도 발화하여 연소를 계속하는 최저의 온도를 말한다. 정속으로 승온시켜 발화온도를 측정하는 정속가열법과 정온에서 발화할 때까지의 시간을 측정하는 정온가열법이 있다. 폭발온도(Explosion temperature)란 화약류가 폭발할 때 얻어지는 최고 온도를 말한다. 일반적으로 측정하기가 어렵기 때문에 계산에 의해 구한다.

5) 폭약은 일반적으로 장전비중이 크게 되면 폭속이 빨라지면서 위력은 증가하지만 반대로 충격감도는 낮아진다. 어떤 화약류들은 일정 압력 이상으로 압력을 가하면 연소만 할뿐 폭발하지 않는 것도 있다. 이 압력 또는 현상을 사압(死壓 Dead pressure)이라 한다. 초안폭약은 비중 1.2 이상, AN-FO는 비중 1.15 이상이 되면 전폭약(傳爆藥Booster)를 사용해도 폭발하지 않는다. 슬러리폭약도 가압(加壓) 상태에서는 불폭되기 쉽다.

6) 총단법 시행령 제50조 ①항 12호.

● 아지화연 제조방법

금속 나트륨에 250℃로 건조한 NH_3를 통과시키면 나트륨아마이드($NaNH_2$)가 생성되고 이것을 일산화질소에서 150~190℃로 가열하면 아지화나트륨(NaN_3)이 만들어진다. 이 용액에 초산醋酸납이나 질산납 수용액을 가하면 아지화연이 생성된다. 반응식은 다음과 같다.

$$2Na \ + \ 2NH_3 \ \longrightarrow \ 2NaNH_2 + H_2$$

$$2NaNH_2 \ + \ N_2O \ \longrightarrow \ NaOH \ + NH_3 \ + \ NaN_3$$

$$Pb(CH_3COO)_2 \ \longrightarrow \ 2CH_3COONa \ + Pb(N_3)_2$$

$$2NaN_3 \ + \Big\langle$$

$$Pb(NO_3)_2 \ \longrightarrow \ 2NaNO_3 \ + \ Pb(N_3)_2$$

구조식

$$\begin{matrix} N & & N \\ \| & & \| \\ N\text{-}Pb\text{-}N \\ | & & | \\ N & & N \end{matrix}$$

● 아지화연 특성

① 형상: 무색 침상針狀 결정(공업제품은 연황색)으로 사방정계斜方晶系의 α형과 단사정계 單斜晶系의 β형이 있다. β형이 특히 예민하며, 실용화된 것은 α형이다.

② 비중: α형 4.8, β형 4.93

③ 폭발속도: 4,500m/s(3.8), 5,100m/s(4.0), 5,300m/s(4.6)

④ 폭발열: 367kcal/kg

⑤ 연소열: 630kcal/kg

⑥ 발화온도: 345℃(5초)

⑦ 융점融點: 245~250℃

⑧ 건조 상태에서는 뇌홍雷汞이나 DDNP에 비해 약간 둔감하나 습상濕狀에서는 뇌홍, DDNP보다 훨씬 예민하다. 사압死壓현상은 없다.

⑨ 착화성着火性은 좋지 않으나, 일단 착화가 되면 대부분 연소단계를 거치지 않고 순간적으로 폭굉爆轟 상태가 된다.

⑩ 물, 알코올에 녹지 않으며 흡습성도 없다. 따라서 외부 충격으로부터 보호하기 위해 물이나 물과 알코올의 혼합용액에 보관한다. 하지만 수중에서도 폭발할 위험이 있으므로 주의를 해야 한다.

⑪ 운반을 할 때는 안전성을 확보할 수 있을 정도로 질척질척하게 수분을 머금은 상태로 운반해야 한다.[7]

⑫ 아지화연을 기폭약으로 사용하는 뇌관의 관체管體는 알루미늄을 사용한다.[8]

3) 로단염류鹽類

대표적인 로단염鹽으로는 로단연鉛Lead thiocyanate이 있다. 염소산칼륨과 혼합하여 전기뇌관의 폭분爆粉이나 점화약點火藥(제4장 1-5)-(4),(5) 참조) 제조에 사용한다. 하지만 로단염류는 단독으로는 화약적 성질이 없다.

따라서 로단염 자체를 기폭약으로 분류할 것이 아니라 염소산칼륨과 혼합하여 점화약이나 폭분을 제조했을 때만 '염소산염鹽素酸鹽을 주성분으로 한 폭약'(제4장 2-5) 참조)으로 분류하는 것이 옳을 것이다. 외국의 경우 폭약의 종류에 포함되어 있지 않으나 우리나라는 총단법에 폭약으로 정의되어 있다. 성냥제조에도 사용한다.

● 로단연鉛(Lead thiocyanate) 제조방법

로단화암모늄(NH4SCN) 또는 로단화칼륨(KSCN) 수용액에 질산납(Pb(NO3)2) 또는 초산醋酸납(Pb(CH3COO)2) 수용액을 가하여 만든다. 시성식은 Pb(SCN)2이며 반응식은 다음과 같다.

---

7) 총단법 시행령 제50조 ①항 16호
8) 아지화연(鉛)은 구리(동銅)와 접촉하면 충격에 대단히 예민한 아지화동(銅)이 만들어진다. 따라서 아지화연을 기폭약으로 사용하는 뇌관의 관체는 알루미늄을 사용해야 한다.(제5장 1-1)-(1) 공업뇌관 특성 참조)

$$2NH_4SCN \;+\; Pb(CH_3COO)_2 \;\longrightarrow\; Pb(SCN)_2 + 2CH_3COO \cdot NH_4$$

또는 $2KSCN \;+\; Pb(NO_3)_2 \;\longrightarrow\; Pb(SCN)_2 + 2KNO_3$

● 로단연鉛 특성

① 별칭으로 Lead sulfocyanate, Lead(II) thiocyanate 등이 있다.
② 백색 또는 연한 황색 분말이며 냄새는 없다.
③ 물에는 거의 녹지 않으며(0.553g/100ml) 질산에 잘 녹는다.
④ 비중: 3.82　　⑤ 융점: 190℃

4) 테트라센(Tetracene, Tetrazene)

1910년 호프만Hoffmann이 처음 합성하였다. 구아닐 니트로조아미노구아닐 테트라센Guanylnitrosoaminoguanyl tetracene을 줄여 테트라센Tetracene이라 한다. 단독으로는 위력이 약하나 다른 기폭약과 혼합하여 총용뇌관의 폭분爆粉으로 사용된다.

● 테트라센 제조방법

아미노구아니딘Aminoguanidine염(중탄산염 또는 질산염, 황산염 등)을 아질산나트륨으로 디아조화하여 제조한다. 반응식은 다음과 같다.

$$2CH_6N_4 \cdot H_2CO_3 \;+\; 2NaNO_2 \;\longrightarrow\; C_2H_8N_{10}O + 2NaOH + 3H_2O + 2CO_2$$
(중탄산 아미노구아니딘) (아질산나트륨)

구조식은 다음의 두 가지로 생각해볼 수 있다.

N—N＝C—NH—NH—N＝N—C—NH₂ · H₂O
‖　／　　　　　　　　　　　　‖
N—NH　　　　　　　　　　　NH

또는　　　　　$\underset{\underset{N-NH}{\|}}{N-N=C}-N=N-NH-NH-\underset{\underset{NH}{\|}}{C}-NH_2 \cdot H_2O$

● 테트라센의 특성

① 형상: 백황색白黃色 또는 엷은 황색의 가벼운 결정이다.

② 비중: 1.7

③ 폭발열: 663.5kcal/kg

④ 발화온도: 154℃(5초)

⑤ 폭발속도: 5,400m/s(4.20)

⑥ 발화온도가 낮아 열에 예민하여 발화하기 쉬우나 위력이 약하고 가스 발생량이 많으며, 사압死壓현상이 있다.

⑦ 물, 일반적인 유기용제에는 녹지 않으나, 끓는 물, 가성소다 수용액에 분해된다.

⑧ 운반할 때는 수분 또는 알코올 성분을 20% 정도 머금은 상태로 운반해야 한다.[9]

5) 그 밖의 기폭제起爆劑(기폭약起爆藥)

(1) DDNP(Diazodinitrophenol)

오늘날 산업용 뇌관의 기폭약으로 가장 보편적으로 사용되고 있는 폭약 중 하나다. 1958년 그리스Griess가 처음 제조하였으며 1922년 덴Dehn이 기폭약으로 사용하였고 1928년 공업적으로 이용되기 시작하였다. 뇌홍이나 아지화연에 비해 둔감하여 상대적으로 취급이 용이한 반면에 기폭력은 동등하기 때문에 주로 산업용 뇌관의 기폭약으로 사용한다.

　　염소산칼륨과 혼합하여 폭분爆粉을 만들어 사용하였으나 우리나라에서는 1995년부터 구상球狀 DDNP를 제조하면서 현재 DDNP폭분爆粉은 사용하지 않는다. 구상球狀 DDNP

---

9) 총단법 시행령 제50조 ①항 13호

란 DDNP를 미세한 공 모양(구상球狀)으로 만들어 흐름성을 좋게 한 것을 말한다. 침상針狀의 DDNP는 마찰에 민감하고 흐름성이 좋지 않아 폭분으로 가공하여 사용해야 하나, 구상球狀 DDNP를 사용함으로서 폭분을 제조하는 모든 위험공정의 생략이 가능하다.

오늘날 DDNP는 산업용 뇌관류에 가장 널리 사용되고 있는 기폭약 중의 하나이다. 하지만 총단법에서는 개별 조문[10]에만 그 이름이 거론되고 있을 뿐 '화약의 정의'에는 포함되어 있지 않다. 따라서 이 책에서도 그 밖의 기폭약으로 분류하였다.

● DDNP 제조방법

피크린산Picric acid수용액에 가성소다(NaOH)와 황화나트륨(Na_2S) 수용액을 가하고 가열하면 피크라민산나트륨Sodium picramate이 생성된다. 여기에 아질산나트륨($NaNO_2$)과 염산을 가하면 DDNP가 만들어진다. 반응식은 다음과 같다.

DDNP 합성시설

$$C_6H_2(NO_2)_3OH + NaOH \rightarrow C_6H_2(NO_2)_3ONa + H_2O$$

$$4C_6H_2(NO_2)_3ONa + 6Na_2S + 7H_2O$$

$$\rightarrow 4C_6H_2(NO_2)_2(NH_2)ONa + 6NaOH + 3Na_2S_2O_3$$

$$C_6H_2(NO_2)_2(NH_2)ONa + NaNO_2 + 2HCl$$

$$\rightarrow C_6H_2(NO_2)_2ON_2 + 2NaCl + 2H_2O$$

구조식

10) 총단법 시행령 제5조 ②항 2호, 제50조 ①항 13호 및 동 시행규칙 〈별표 7〉 제7호 등

● DDNP 특성

① 형상: 황색의 침상針狀 또는 판상板狀결정으로 햇빛에 의해 암갈색으로 변색된다.
② 비중: 1.63
③ 폭발속도: 4,400m/s(0.9), 6,600m/s(1.5), 6,900m/s(1.6), 기폭약류 중에서 폭속이 가장 빠르다.
④ 폭발열: 820kcal/kg
⑤ 연소열: 3,243kcal/kg
⑥ 발화온도: 195℃(5초)
⑦ 융점融點: 169℃
⑧ 충격감도는 뇌홍과 동등하지만 마찰감도는 뇌홍, 아지화연보다 둔감하고, 맹도[11]는 TNT와 동등하다.
⑨ 과도한 압력을 가하면 사압死壓현상이 발생한다.
⑩ 물이나 차가운 알코올에는 녹지 않고, 아세톤, 아닐린, 초산醋酸 등에 녹는다.
⑪ 물 또는 물과 알코올의 혼합용액 중에 저장한다.
⑫ 운반 시에는 수분 또는 알코올 성분을 20% 정도 머금은 상태로 운반해야 한다.[12]
⑬ 가성소다 용액으로 잘 분해된다.

(2) 트리니트로레졸신연鉛(Lead trinitroresorcinate, Tricinate, 스티프니트납, Lead styphnate, L/S)

1914년 제조법이 알려지고 1920년 실용화되었다. 기폭력이 떨어지기 때문에 주로 다른 기폭약과 혼합하여 사용한다. 총용뇌관이나 건설용 타정총용 공포空砲의 폭분爆粉과 전기 뇌관의 점화약으로도 사용되며, 아지화연의 착화성着火性을 좋게 하기 위해 아지화연 기폭

---

11) 맹도(Brisance)란 폭약의 동적 파쇄강도를 나타내는 척도를 말한다. 시험법으로는 카스트 맹도시험, 헤스 맹도시험, 강관시험, 모래시험, 파편시험 등이 있다.
12) 총단법 시행령 제50조 ①항 13호

약에 첨가하여 사용한다.

● 스티프니트납 제조방법

레조르신Resorcin을 혼산(질산+황산)으로 처리하여 황색의 트리니트로레조르신Trinitro-resorcin을 만들고 다시 가성소다로 나트륨염을 만든 다음, 여기에 질산납 또는 초산醋酸납을 가해 만든다.

$$C_6H(NO_2)_3(OH)_2 + 2NaOH \longrightarrow C_6H(NO_2)_3(ONa)_2 + 2H_2O$$
(트리니트로레졸신)   (트리니트로레졸신 나트륨)

$$C_6H(NO_2)_3(ONa)_2 + Pb(NO_3)_2 \longrightarrow C_6H(NO_2)_3O_2Pb + 2NaNO_3$$

구조식

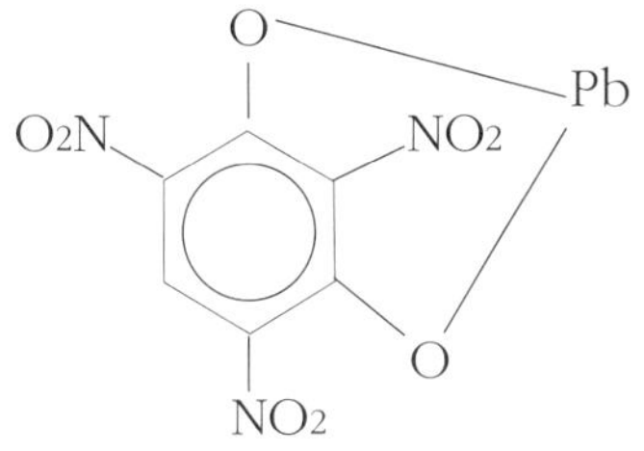

● 스티프니트납 특성

① 형상: 주황색 또는 적색의 사방정계斜方晶系 결정이다.
② 비중: 3.06
③ 융점: 260~310℃
④ 폭발속도: 4,900m/s(2.6), 5,200m/s(2.9)
⑤ 폭발열: 457kcal/kg
⑥ 연소열: 1,251kcal/kg
⑦ 발화온도: 265℃(5초)
⑧ 뇌홍보다 예민하지 않으나 아지화연보다는 예민하다. 특히 불꽃에 민감하다.

⑨ 안정성安定性, 착화성着火性이 좋다.

⑩ 화염火焰이나 타격打擊에 의해 고음高音을 내며 폭발한다.

⑪ 운반 시에는 수분 또는 알코올 성분을 20% 정도 머금은 상태로 운반해야 한다.13)

⑫ 물과 유기용제에 녹지 않으며, 농황산과 농질산으로 분해된다.

(3) 디니트로레졸신연鉛(Lead dinitroresorcinate)

총용뇌관 폭분爆粉, 전기뇌관 점화약點火藥으로 사용된다.

디니트로레졸신연 제조방법 및 특성

질산납의 용융액을 끓는 디니트로레졸신 용액으로 처리한 후,
같은 양의 탄산소다를 넣어 제조한다. 발화점은 186℃로 비교
적 낮으며, 폭발성이 약하여 점화약으로 적당하다. 안정성安定
性은 트리시네이트(LS)보다 좋지 않다.

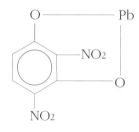

구조식

(4) 폭분爆粉

뇌관의 기폭약起爆藥으로 사용되는 혼합기폭약混合起爆藥을 총칭한다. 용도에 따라 여러 가
지 조성의 폭분들이 있는데 폭분의 종류에는 다음의 것들이 있다. 총단법 '화약의 정의'에
는 기폭약으로 명시되어 있지 않으나 법조문 중에는 그 명칭이 포함되어 있다.14)

① 뇌홍 폭분

a) 백폭분白爆粉: 뇌홍의 폭력 증대를 위해 산화제로 염소산칼륨을 혼합한 폭분이다. 보통
뇌홍 77.7%, 염소산칼륨 22.3%로 만들며 폭분 중에서 위력이 제일 세다. 공업뇌관에
사용하며 다음과 같이 반응한다.

---

13) 총단법 시행령 제50조 ①항 13호
14) 총단법 시행규칙 〈별표 7〉 제13호

$$3Hg(ONC)_2 + 2KClO_3 \quad \longrightarrow \quad 3Hg + 3H_2O + O_2$$

b) 흑폭분黑爆粉: 뇌홍과 삼황화안티몬을 혼합한 것으로 총용뇌관에 사용한다.

② 아지화연 폭분

아지화연에 젤라틴을 바인더로 하여 염소산칼륨을 혼합한 폭분과 트리시네이트Tricinate를 혼합한 폭분이 있으며 공업뇌관에 사용한다.

③ DDNP 폭분

DDNP에 염소산칼륨을 혼합한 폭분. 공업뇌관에 사용한다.

④ 로단연계 폭분

로단연, 삼황화안티몬, TNT, 염소산칼륨을 25:17:5:53을 기준으로 하고, 아라비아검 등 바인더와 혼합하여 만든다. 총용뇌관에 사용한다.

⑤ 트리시네이트계 폭분

Tricinate(Lead Styphnate, LS)와 테트라센, 질산바륨, 삼황화안티몬, 규화칼슘, 과산화연 등을 혼합하여 만든다. 필요에 따라 피크린산납, PETN, 로단연, TNT, DDNP, 유리가루 등을 소량 넣는 경우도 있다. 총용뇌관에 사용한다. 총용뇌관에 사용되는 폭분 조성의 일예로 트리시네이트 35~45%, 테트라센 3~5%, 질산바륨 40~45%, 삼황화안티몬 7~15%의 것이 있다.

폭분爆粉을 제조하는 방법에는 건조된 원료들을 혼화하는 건식법乾式法과 습상濕狀의 원료들을 혼화하는 습식법濕式法이 있으나 능률이 좋고 상대적으로 안전한 습식법을 주로 적용하였다.

　　우리나라에서는 산업용뇌관에 1962년 이전에는 뇌홍폭분(백폭분)을, 1963~1994년에는 DDNP폭분을 사용하였으나 1995년 이후 구상球狀 DDNP를 사용하면서 폭분爆粉

자체를 사용하지 않는다.

(5) 점화약點火藥(Ignition charge, Priming composition)

점화약點火藥이란 점화장치(제5장 2-1)-(1) 참조)에 사용하는 화약을 총칭하며, 다른 화약류들을
점화시켜 연소 또는 폭굉을 시켜주는 화약류를 말한다. 따라서 기폭약의 일종에 포함되며
용도에 따라 여러 형태로 제조하여 사용한다. 총단법의 '화약의 정의'에 명시되어 있지 않
으나 시행규칙 〈별표 7〉 제14호 뇌관제조공정의 반제품 중에 그 명칭이 표기되어 있다.

◀ DDNP 탈수Press
▶ DDNP 폭분 조립 광경

① 전기뇌관용 점화약

전기를 통하면 발화하며 그 화염이 기폭약을 점화, 기폭시킨다. 발화감도가 예민하고 착화
성이 우수한 화약을 사용한다. 예를 들면 로단연鉛Lead thiocyanate과 염소산칼륨을 5:5로
배합한 후, 바인더와 용제를 넣고 혼화한 점화약이 있다.

② 연화용 점화약

발광제, 조명제 등을 점화시키는 데 쓰이는 화약이다. 압착, 성형하여 사용하며 착화성이

떨어지기 때문에 전화약(傳火藥15))을 사용하는 경우가 많다. 예를 들면 질산칼륨 54%, 실리콘 40%, 목탄 6%에 바인다를 혼화한 것이 있다.

③ 총용뇌관용 점화약

총포용 발사약을 점화시키는 화약을 말한다. 화염이 길게 발생하는 점화약이 필요하며 경우에 따라서는 흑색화약을 전화약(傳火藥)으로 사용하기도 한다. 예를 들면 산탄총용 뇌관에 사용하는 점화약으로 트리시네이트 40%, 질산바륨 45%, 테트라센 5%, 삼황화안티몬 10%를 혼화한 것이 있다.

④ 로켓 추진제용 점화약

과염소산암모늄계 Composite추진제 점화약으로 $KClO_4$ 25~50%, $Ba(NO_3)_2$ 15~17%, Zr/Ni 합금 32~54%, 에틸셀룰로오스 3% 혼합물이 있다.

(6) 기타의 기폭약

그 외에 현재는 사용하지 않으나 기폭약으로 분류할 수 있는 화약류들이 많다.

① 화합기폭약
a) 뇌산염류雷酸鹽類

　뇌산雷酸(풀민산Fulminic acid, CNOH)의 K, Ag, Ca, Ba, Mn, Cd, Ti, Cu염鹽

b) 디아조Diazo 화합물류

　질산디아조벤젠, 과염소산니트로디아조벤젠

c) 아지화물류

　아지화은銀, 아지화동銅, 아지화수은水銀

---

15) Inflammation charge라 한다. 점화약에서 본체 화약류에 확실히 착화시키기 위해 쓰이는 약제를 말한다. 과거에는 입상흑색화약을 압착하여 사용하였으나 가스 발생량이 많아지는 원인이 되어 최근 전기뇌관에는 무가스 화약류를 사용한다.

d) 니트로화합물 중금속염류

피크린산연鉛, 디니트로에칠연鉛, 모노니트로레졸신연鉛, 디니트로레졸신 수은水銀, 디니트로레졸신은銀, 헥실연鉛, 디니트로안식향산연安息香酸鉛, 디니트로살리실산연鉛, 트리니트로메타크레졸연鉛, 디아조디니트로페놀연鉛, 트리니트로트리옥시벤젠연鉛

e) 기타 화합기폭약

아세틸렌은銀

② 혼합기폭약

상기의 폭약들을 혼합하거나 혹은 가연물로 목탄이나 금속분말을, 산화제로 과산화물, 크롬산염, 염소산염, 과염소산염, 질산염, 로단화염, 면약 등을 혼합한 것이 있다. 또는 포경용捕鯨用 신관(제5장 2-4)-(1) 참조) 등에 사용되는 마찰약摩擦藥과 같이 염소산염, 금속화합물, 중크롬산염, 인燐 등 단독으로는 폭발성이 없는 물질들을 혼합하여 사용하는 것도 있다.

2. 초안폭약·염소산칼리폭약·카리트 그 밖의 질산염·염소산염 또는 과염소산염을 주성분으로 하는 폭약(총단법 제2조 ③항 2호 나'목)

1) 초안폭약硝安爆藥(Ammonium nitrate explosive)

초안폭약은 1956년 4월 (주)한화에서 만들기 시작했던 대한민국 최초의 폭약이다. 1950~80년대에 주로 광산鑛山(탄광炭鑛)에서 사용하였으며 굴진용掘進用으로 사용하던 일반용 초안폭약과 채탄용採炭用으로 사용하던 탄광용16) 초안폭약 두 종류가 있었다. 에너지 소비 패턴이 석탄에서 석유, 전기로 바뀌면서 석탄소비 감소와 함께 채탄량도 급격히 감소되었고 우리나라에서는 1999년 1월 생산이 중단되었다.

---

16) 탄광용폭약이란 가연성 갱내(坑內) 가스 또는 탄진(炭塵: 석탄가루)이 존재하는 탄광에서 안전하게 사용할 수 있는 폭약을 말한다.

학술적으로 본다면 초유폭약, 함수폭약, 암몬폭약, 카리트 등 암석발파를 위한 대부분의 산업용 폭약류는 초안硝安을 주성분으로 하는 폭약들로서 넓은 의미에서는 이들 모두가 '초안폭약'의 범주에 포함되는 것들이다. 하지만 우리나라 현행 총단법에서 정의하고 있는 초안폭약은 범위가 한정되어 있다. 예감제로 어느 것을 사용하느냐에 따라 몇 가지로 분류할 수 있는데 다음과 같은 종류가 있다.

(1) 니트로화합물을 예감제로 하는 초안폭약

DNN(Dinitronaphthalene)이나 TNT 등 니트로화합물을 예감제로 사용하되 그 사용량이 10% 이하인 경우는 총단법에서 정의하는 '초안폭약'에 해당한다.[17]

(2) 암몬(Ammon)폭약

DNN을 예감제로 사용하며 규소철 또는 알루미늄을 첨가하여 만든 초안폭약으로 총단법에서 정의하는 '초안폭약'에 해당한다.[18]
　　하지만 암몬폭약은 그 밖의 '니트로기 3 이상이 들어 있는 니트로화합물'을 주성분으로 하는 폭약으로 분류되는 조성도 있다.(제4장 5-11)-(2) 참조) 즉 TNT, RDX 등을 예감제로 사용하는 아마톨Amatol, 암모날Ammonal, 알류모톨Alumotol 등이 그것이다.

(3) 니트로겔(Nitrogel)[19]을 예감제로 하는 초안폭약

총단법에서 정의하는 '초안폭약'에 해당한다. 하지만 총단법상에서는 명확하게 정의되어 있지 않다. 상기 (1), (2)의 '니트로화합물을 예감제로 하는 초안폭약'이나 '암몬폭약'과 달

---

17) 총단법 시행령 〈별표 4〉 제4호와 시행규칙 〈별표 7〉 제6호 '니트로글리세린·니트로글리콜 및 과염소산염을 함유하지 아니한 니트로화합물이 10% 이하인 초안폭약'에 해당한다.
18) '니트로화합물을 예감제로 하는 초안폭약'이다. 주)27과 동일
19) 니트로겔이란 니트로글리세린이나 니트로글리콜 또는 이들의 혼합물에 니트로셀룰로오스를 섞어 교화(膠化)한 것을 말한다.

리 총단법 시행규칙 〈별표 7〉에서는 제6호가 아닌 제3호 '그 밖의 질산에스테르를 주로 한 폭약'의 범주 외에는 달리 분류할 항목이 없기 때문이다.

　　다만 '니트로겔'을 예감제로 사용하되 그 함량이 6% 이하일 경우' 경찰청에서는 이미 '초안폭약'으로 분류하여 제조허가를 하였고, 약 40여 년간 이를 적용하였는바, 크게 이견은 없다. 이는 한국공업규격 KS M 4804에서 '니트로겔을 사용하고 그 함량이 6% 이하일 경우를 암모늄폭약, 즉 초안폭약이라고 규정하고 있는 것에 그 기준을 둔 것이다.

(4) 과염소산암모늄을 예감제로 하는 초안폭약

학술적으로는 초안폭약이라 할 수 있으나 총단법에 '과염소산염을 주로 한 폭약'(제4장 2-6) 참조)이 별도로 분류되어 있는바, 총단법상 초안폭약은 아니다.

(5) 초유폭약(초안유제폭약, AN−FO) 및 함수폭약

이들 역시 학술적으로는 초안폭약의 일종이나 총단법에 별도의 명칭으로 정의되어 있는바, 총단법상의 초안폭약은 아니다. 다만 제조공실의 정원, 정체량, 보안간격 등의 기준은 시행규칙 〈별표 7〉 6호에서 초안폭약과 동일한 기준으로 적용하고 있다.

● 초안폭약 제조방법

우리나라는 1956년 초안폭약을 처음 만들면서 DNN이나 TNT 등 '니트로화합물을 예감제로 하는 초안폭약'을 생산하였으나 1959년부터 니트로글리세린 및 니트로글리콜을 사용, '니트로겔을 예감제로 하는 초안폭약'을 생산하였다. 이하 '니트로겔을 예감제로 하는 초안폭약'을 중심으로 설명하기로 한다.

　　일반적으로 다이너마이트가 교질膠質 상태였던 것과 달리 초안폭약은 NG 함량이 6% 이하인 가루형태의 분상粉狀폭약이다. 초안硝安, 목분木粉 등의 분상 원료들과 예감제를 혼화混和한 것을 수직垂直스크류 형태의 전약기塡藥機라 부르던 기계를 사용, 미리 만들어진

지통紙筒(한쪽이 막힌 종이튜브)에 폭약을 충전하는 방식으로 생산하였으나, 1980년대에 들어 공압식 전약기와 다이너마이트용 자동포장기를 사용하기도 했다.

분상粉狀 다이너마이트와는 니트로글리세린의 함량에 따라 구분되는데 니트로글리세린을 6% 미만으로 사용하면 초안폭약이다. 외관상으로는 분상粉狀 다이너마이트와 구별하기 어렵다. 주로 탄광炭鑛에서 사용하였으며 굴진용掘進用과 채탄용採炭用(탄광용炭鑛用) 초안폭약 두 종류가 있었다. 탄광용 초안폭약은 감열소염제로 소금(NaCl)을 첨가하여 만들었다.

▲▲ 초안폭약 전약기
▲ 초안폭약 전약기(SPINAS)

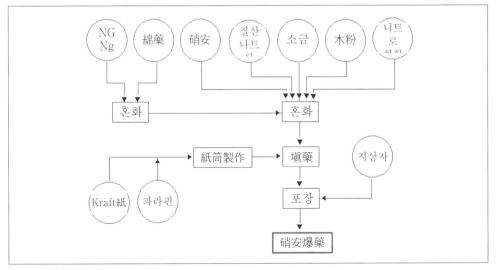

니트로글리세린(NG) · 니트로글리콜(Ng)을 예감제로 하는 초안폭약 제조공정도

● 초안폭약 특성

① 형상: 엷은 황색의 분상粉狀爆藥이다.

② 가비중: 0.9~1.05

③ 폭속: 3,000~5,000m/s

④ 연주시험[20]: 200~450cc

⑤ 낙추감도[21]: 25~50cm

⑥ 순폭도[22]: 2~5배

⑦ 분상의 폭약으로서 초안硝安을 70~90% 다량 포함하고 있는바, 방습防濕관리를 잘 해야 한다.

⑧ 니트로글리세린이나 니트로글리콜을 포함한 초안폭약은 정기적으로 안정도시험을 해야 한다. (제4장 주)26 참조)

2) 염소산칼리(염소산칼륨, Potassium chlorate) 폭약

발파용 폭약으로서 충격, 마찰 등에 매우 예민하여 생산과정이나 사용 시 그 취급이 극히 위험하기 때문에 널리 사용되지는 않았다. 흑색화약과 대비해서 백색화약White powder이

---

20) 연주확대시험(Lead block expansion test)이라 한다. 화약류의 효과를 판정하는 방법 중의 하나로서 연주(鉛柱: 납기둥)의 중심에 구멍(61cc)을 뚫고 그 안에 주석박(朱錫薄)에 싼 시료를 넣은 다름 모래를 채우고 기폭시킨다. 시료의 폭발에 의해 연주 구멍이 확장되는데 확장된 연주 구멍의 부피(V)에서 원래의 구멍부피 61cc를 뺀 값(V-61cc)을 연주시험 값으로 한다. 뇌관의 경우 소형 연주를 사용하며 모래는 채우지 않는다. 트라우즐 연주확대시험이라고 한다.

21) Drop hammer test, Fall hammer test라고 한다. 화약류의 충격감도 시험의 일종으로 화약에 추錘를 떨어뜨려 폭발여부를 조사하는 방법이다. 추를 떨어뜨리는 방법은 활강형, 자유낙하형, 진자형 등이 있으나 산업용 화약의 경우 대부분 5Kg의 추를 활강형으로 낙하시키는 방법을 사용한다. 6회 시험하여 1회 폭발하는 높이(Cm)를 1/6점이라 하며 그 높이에 따라 1~8급으로 분류한다. 1급 5Cm 미만, 2급 5~10 Cm 미만, 3급 10~15Cm 미만, 4급 15~20Cm 미만, 5급 20~30Cm 미만, 6급 30~40Cm 미만, 7급 40~50Cm 미만, 8급 50Cm 이상이다.

22) 제1약포에 뇌관을 꼽고 그 다른 쪽에 제2약포를 놓은 다음 제1약포를 기폭시켰을 때 제2약포가 폭발(순폭)하는 두 약포 간의 최대거리를 측정하는 방법을 순폭시험(Gap test)이라 한다. 사상(砂上)순폭시험, 밀폐순폭시험 등이 있으며 폭약의 종류, 약포의 형상, 약포의 직경 등에 따라 큰 차이가 있다. 순폭하는 최대거리를 S, 약포의 직경을 Φ라 할 때, S/Φ가 순폭도 값이다.

라고도 하며, 코베트 화약, 오쟌들 화약, 폴 화약이란 이름의 염소산칼리 폭약들이 있었다.

우리나라에서는 '염소산칼리(칼륨) 폭약'은 사용된 바 없으나 '염소산칼리를 주성분으로 한 폭약'이 연화용으로 사용되었다.

3) 카리트(Carlit)

우리나라에 알려진 '과염소산암모늄을 주로 한 폭약'으로는 카리트가 대표적이라 할 수 있다. 일제 강점기 황해도에 있던 조선천야朝鮮淺野카리트주식회사에서 생산한 적이 있으나, 광복 후 우리나라에서는 생산되지 않았다. 스웨덴의 칼손Carlson이 발명하였고 그의 이름을 따서 카리트라 한 것이다. 과염소산암모늄에 발열제發熱劑로서 규소철을, 가연제可燃劑로는 목탄을 배합하고 중유重油를 소량 넣어 만든 폭약이다.

서양에서는 널리 사용되지 않았으나, 일본에서는 조성 중에 질산나트륨을 추가하여 발파 시 발생하는 염소가스의 발생량을 줄여 갱내는 물론이고, 감열소염제를 배합, 탄광에서도 사용하는 등 용도에 맞게 개량을 거듭하며 오랫동안 사용하였다. 따라서 카리트폭약에 대해 구체적으로 알아보자면 일본의 예를 들지 않을 수 없다. 이하 일본의 카리트폭약을 중심으로 검토하였다.

● 카리트폭약 제조방법

카리트폭약은 분상의 폭약으로서 초안폭약과 같이 혼화, 전약塡藥 공정을 거쳐 만든다. 과염소산암모늄을 비롯한 각종 분상의 원료들과 중유重油를 혼화기로 혼화한 다음, 전약기塡藥機를 이용하여 미리 만들어진 지통紙筒Paper shell에 넣어 포장하는 방법이다. 일본의 경우 갱외용坑外用, 갱내용坑內用, 탄광용炭鑛用 세 종류가 있다.

갱외용의 경우 과염소산암모늄과 규소철을 각각 70~75%, 12~19%로 하고 중유重油, 목분木粉 및 내수제耐水劑를 첨가하여 만든다. 갱내용은 과염소산암모늄을 주로 한 것과 질산암모늄을 다량 첨가한 것, 질산나트륨 또는 질산바륨을 다량 첨가한 것, 그리고 이들 3가지를 모두 첨가한 것 등 크게 4종류가 있다. 탄광용은 과염소산암모늄은 4~9%로 소량 사용하는 반면 질산암모늄을 59~68% 첨가하고 갱외용坑外用과 마찬가지로 규소철硅素鐵, 중유重油, 목분木粉 및 내수제耐水劑 등을 첨가한 뒤, 여기에 니트로화합물을 소량 추가한 것이 다르다. 또한 탄광용의 경우는 감열소염제를 8~12% 추가하였다.

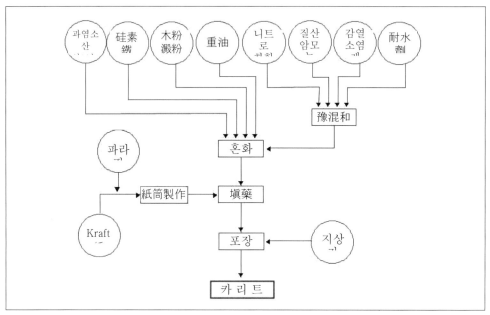

카리트 제조공정도

● 카리트폭약 특성

① 분상粉狀폭약이다.

② 비중: 1.0~1.15

③ 폭발속도: 3,500~4,500m/s

④ 순폭도: 3~6배

⑤ 갱외용은 초안을 포함하지 않는바, 온습도에 의한 품질의 변화가 적어 장기 저장이 가능하다. 또한 도화선만으로도 기폭이 가능하다. 초안을 포함한 것들은 흡습성이 있으므로 방습防濕에 유의해야 한다.

⑥ 갱외용은 폭발 시, 일산화탄소(CO)와 염화수소(HCl) 가스가 발생하므로 갱내에서의 사용은 적합하지 않다.

4) 그 밖의 질산염을 주성분으로 하는 폭약

'신호염관, 신호화전 및 꽃불류의 원료용 폭약'을 들 수 있다. '신호염관, 신호화전 및 꽃불류의 원료용 화약'(제3장 1-2)-(1) 참조)과 함께 총단법23)에 '신호염관, 신호화전 및 꽃불류와 이의 원료용 화약 및 폭약'으로 분류되어 있으며, 그중 폭약에 해당하는 것을 말한다. 주로 사용되는 질산염으로는 질산암모늄, 질산칼륨, 질산나트륨, 질산바륨 등이 있으며 이들 질산염들이 폭발을 일으키는 기제基劑(주성분)로 작용하기 때문에 이런 폭약을 '질산염을 주로 하는 폭약'이라 하는 것이다.

신호용 화공품과 꽃불(연화)에 사용하는 발음제 종류나 타상연화의 할약割藥이 이에 해당한다. 학술적으로 본다면 초안폭약, 초유폭약(AN-FO), 함수폭약(슬러리폭약 및 에멀션폭약)이 모두 해당할 것이나 이들은 총단법에 별도 품목으로 분류되어 있다.

● 할약割藥24)

타상연화 안에 들어가는 화약의 일종으로 도화선에 의해 점화되어 연화를 파열시켜 성星Star을 날리는 것과 동시에 점화도 시켜주는 화약이다. 과거에는 염소산칼륨과 목탄을 혼합한 것을 사용하기도 했으나, 현재는 목화씨나 왕겨, 코르크 펠렛 등의 표면에 흑색화약을 입힌 것을 사용한다.

5) 그 밖의 염소산염을 주성분으로 하는 폭약

주로 연화煙火를 제조할 때 뇌명약雷鳴藥이나 할약割藥에 염소산칼륨을 사용하였으나 일반적으로 마찰, 충격에 예민하여 취급이 매우 위험할 뿐만 아니라 순도가 좋지 않을 경우 자연발화의 위험도 있어 이제는 거의 사용하지 않는다. 그 외에 세디트Cheddite(체다이트)라는 폭약도 염소산염을 주성분으로 하는 폭약이다.

---

23) 총단법 시행령 28조 ③항 〈별표7〉 및 제45조 ①항 〈별표 12〉
24) 제6장 주)10 참조

(1) 뇌명약雷鳴藥

타상연화 또는 장난감용 꽃불 등에서 강렬한 음音을 내는 것을 뇌명雷鳴이라 하며,(제6장 3-3)-(1) 참조) 그에 쓰이는 화약을 뇌명약이라 한다. 염소산칼륨과 계관석鷄冠石을 혼합하여 만든 것을 사용하였으나 현재는 과염소산칼륨을 사용한다.

(2) 세디트(Cheddite, 체다이트)

세디트 폭약은 1908년 프랑스의 세데Chedde라는 마을에서 처음 만들어진 폭약으로서 염소산칼륨에 니트로벤젠Nitrobenzene이나 디니트로톨루엔Dinitrotoluene을 비롯한 니트로화합물을 혼합하여 만든 매우 강력한 폭약이다.

　　예를 들면 과염소산칼륨($KClO_4$) 80%, 모노니트로나프탈렌Mononitronaphthalene 12%, Castor oil(피마자유油) 8%의 조성으로 만든 것과 염소산칼륨에 니트로벤젠이나 석유를 흡수시킨 것 등이 있다. 1970년대 들어 '세디트'라는 엽총탄의 뇌관에도 염소산칼륨과 파라핀 등을 혼합한 기폭약이 사용되었다.

6) 그 밖의 과염소산염을 주성분으로 하는 폭약

과거 꽃불(연화)용 뇌명약 제조에 사용하던 염소산칼륨 대신에 과염소산칼륨을 사용하는 폭약들이 이에 해당한다.

3. 니트로글리세린·니트로글리콜 그 밖의 폭약으로 사용되는 질산에스테르(총단법 제2조 ③항 2호 '다'목)

에스테르Ester란 알코올과 유기산有機酸 또는 무기산無機酸이 반응하여 물이 분리되면서 생성되는 화합물이다. 반응식의 예를 들면 다음과 같다.

$$R_1 \cdot OH \quad + \quad R_2 \cdot COOH \quad \longrightarrow \quad R_2 \cdot COOR_1 \quad + \quad H_2O$$

알코올   지방산脂肪酸   지방산 Ester   물

$$R \cdot OH \quad + \quad HNO_3 \quad \longrightarrow \quad R \cdot O\text{-}NO_2 \quad + \quad H_2O$$

알코올   질산   질산 Ester   물

이 중에서 일반적으로 화약으로 사용되는 것은 질산窒酸에스테르이다. 이 질산에스테르 중의 R · O와 NO₂간의 결합은 상당히 약하여 상온常溫에서도 자연분해自然分解하는 경향이 있다.

$$R \cdot O\text{-}NO_2 \quad \longrightarrow \quad R \cdot O \quad + \quad NO_2$$

이때 생성되는 R · O는 인접한 다른 물질들과 반응하여 안정화되지만 NO₂는 주변의 수분水分에 의해 질산, 아질산亞窒酸, 일산화질소一酸化窒素 등으로 변하게 된다.

$$NO_2 \quad \xrightarrow{H_2O} \quad HNO_3, \ HNO_2, \ NO \ 등$$

이때 발생하는 질산(HNO₃)은 다시 자촉매自觸媒[25] 역할을 하여 질산에스테르의 분해를 촉진시키게 된다.

$$R \cdot O\text{-}NO_2 \quad + \quad H_2O \quad \xrightarrow{산酸} \quad R \cdot OH, \ HNO_3, \ NO_2 \ 기타$$

이처럼 질산에스테르는 장기간 저장할 경우 산酸이 축적되고 자촉매自觸媒반응에 의해 분해속도가 빨라지면서 온도가 상승하여 경우에 따라서는 자연발화에 이르기도 한다. 따라서 질산에스테르나 또는 질산에스테르를 포함하고 있는 화약류들은 주기적으로 안정도시험安定度試驗을 해야 한다.[26]

---

25) 분해 생성물이 다시 분해반응의 촉매역할을 하여 분해를 촉진시키는 것을 자촉매自觸媒 분해라고 한다.

26) 우리나라 총단법에서는 제조일로부터 1년이 지났거나 제조일자가 분명하지 않은 것과 수입한 화약류에 대해서는

1) 니트로글리세린(Nitroglycerine, NG)

정확한 명칭은 글리세린 트리니트레이트Glycerine trinitrate이다. 니트로글리세린을 줄여 **NG**로 약기略記하기도 한다. 그 외에도 1,2,3-Propanetriol trinitrate, Trinitro-glycerol, Glyceryl trinitrate, Glycerol nitric acid triester 등 여러 이름이 있으며 블라스팅 오일 Blasting oil이라고도 한다. 화합폭약의 일종으로 매우 위험하면서도 강력한 폭약이다. 1846년 이탈리아의 소브레로Ascanio Sobrero(1811~1888년)가 처음 합성하였다.

NG가 다이너마이트와 무연화약無煙火藥의 주요 원료로 사용되는 것은 전술한 바 있다. 하지만 NG가 처음 만들어졌을 때는 액체 상태이면서 매우 예민하여 공업적으로 이용하는 것에 한계가 있었다. 1867년 스웨덴의 노벨이 다이너마이트를 발명하고, 이어서 1888년 역시 노벨이 강면약强綿藥에 니트로글리세린을 혼합한 Ballistite라는 무연화약無煙火藥을 만들면서부터 공업적으로 널리 이용되기 시작하였으며, 현재까지도 NG는 다이너마이트와 무연화약에 사용되고 있다. 그 외에 초안폭약의 예감제로도 사용되었으며 의약용으로는 협심증狹心症 치료제로도 사용된다. 우리나라에서는 1957년 (주)한화에서 처음 생산하였고 2005년 10월 다이너마이트 생산이 종료된 후, 현재는 무연화약에만 사용되고 있다.

● 니트로글리세린 제조방법

글리세린을 혼산混酸(질산窒酸+황산黃酸)으로 질산에스테르화(窒酸Ester化)하여 합성하며, 초화硝化라고 한다. 합성방법으로는 Batch법인 나단Nathan식과 연속법인 삐아찌 BIAZZI식 및 인젝터Injector식이 있다. 나단식은 개발자인 영국 출신 화학자의 이름을 딴 것이고 삐아찌식은 스위스의 BIAZZI사, 인젝터식은 스웨덴의 NNAB사에서 개발한 프로세스를 말한다. 반응식은 다음과 같다.

안정도시험을 실시하고 그 시험결과를 지방경찰청장에게 보고하도록 하고 있으며, 2년이 경과한 것은 매 3개월마다 안정도시험을 해야 한다.(총단법 제32조, 동 시행령 제59조)

$$\begin{array}{ccccccc}
\text{CH}_2\text{-OH} & & & & \text{CH}_2\text{-ONO}_2 & & \\
| & & & \text{H}_2\text{SO}_4 & | & & \\
\text{CH}_2\text{-OH} & + & 3\text{HNO}_3 & \longrightarrow & \text{CH}_2\text{-ONO}_2 & + & 3\text{H}_2\text{O} \\
| & & & & | & & \\
\text{CH}_2\text{-OH} & & & & \text{CH}_2\text{-ONO}_2 & &
\end{array}$$

(1) 나단(Nathan)식 초화기

냉각冷却코일이 들어 있는 납(연鉛)으로 만든 초화기(반응조)에 혼산混酸을 넣고 에어Air로 교반攪拌하면서 글리세린을 분무噴霧하여 주입注入한다. 반응 온도가 중요하다. 글리세린 주입이 끝나면 비중차에 의해 폐산廢酸과 NG를 분리하고 소다수로 예세척豫洗滌을 한 다음 내열시험을 통과할 때까지 온수溫水로 세척한 후, 여과濾過하여 NG를 얻는다. 예세척 및 세척시에도 에어로 교반한다.

나단식 초화기

(2) 삐아찌(BIAZZI)식 초화기

고속高速 교반기攪拌器가 달린 초화기硝化器, 폐산분리기廢酸分離器 및 역시 교반기가 달린 복수複數의 세정기洗淨器로 구성되어 있다. 냉각 코일로 냉각하면서 글리세린과 혼산을 초화기 내로 연속적으로 공급하여 초화한다. 초화가 끝난 반응물은 폐산분리기 내에서 원심력遠心力에 의해 분리되어 NG는 분리기 상부로 폐산은 분리기 하부로 배출된다.

삐아찌식 초화기

(3) 인젝터(Injector)식 초화기

인젝터(Injector)식 연속 초화공정

제조회사명을 붙여 NNAB식이라고 할 수도 있다. 냉각한 혼산이 인젝터(초화기)를 통과하면서 글리세린을 빨아들이면(흡인吸引하면) 혼산과 섞이면서 순간적으로 초화가 진행된다. 인젝터를 통과한 초화반응물은 냉각기를 거치며 냉각되고 원심분리기遠心分離機에서 NG와 폐산이 분리된다. 분리된 NG를 소다수로 중화, 세척하여 다시 원심분리기로 분리하고 마지막으로 물로 세척하여 역시 원심분리기로 물을 분리하여 NG를 얻는다. 공정간 NG의 이송은 모두 워터 인젝터Water injector를 이용하여 물과 섞여 이송되기 때문에 안전성이 높다. 인젝터식 초화 프로세스는 다음과 같은 특징이 있다.

① 다른 초화방법에 비해 사용하는 혼산의 농도가 낮고, 반응온도가 높으며 반응시간은 매우 짧다.
② 공정 중 NG의 정체량이 매우 소량이고, 물과 섞여 에멀션상태로 존재하기 때문에 안전성이 높다. 공정 중 NG 정체량이 가장 큰 곳이 폐산廢酸분리기이나 그 안에 존재하는 NG의 양은 약 4~4.5Kg에 불과하다.
③ 원격 조작이 가능하고, 초화장치 중에 기계적 마찰 부분이 없다.
④ 인젝터로 글리세린의 흡인吸引을 제어하기 때문에 안전성이 높다.

● 니트로글리세린 특성

① 형상: 유상油狀의 엷은 노란색 액체이나 순수한 것은 무색투명하다.

② 비중: 1.60(15℃)

③ 폭발속도: 7,700m/s(1.60)(하지만 약경藥徑이 아주 작거나 기폭력이 약할 경우 1,500~ 2,000m/s의 저폭속低爆速으로 기폭되기도 한다.)

④ 융점: Stabil 13.2℃, Labil 2.2℃

⑤ 폭발열: 1,580kcal/kg

⑥ 발화온도: 222℃(5초)

⑦ 수용성: 0.14%(25℃)

⑧ 공업용은 8℃에서 동결凍結되고, 14℃에서 녹는다. 동결된 NG는 액체 상태일 때보다 마찰, 충격에 더욱 민감해지므로 얼지 않도록 관리하는 것이 중요하다.

⑨ 마찰, 충격에 매우 예민하다. 개방開放 상태에서 아주 적은 양의 NG에 점화하면 급속하게 연소하나, 밀폐 상태이거나 양이 많을 경우는 폭발한다. NG와 아세톤의 7:3 혼합물, NG와 물의 에멀션 상태 혼합물 및 니트로겔 등은 감도가 낮아진다.

⑩ 물에는 잘 녹지 않으나, 에틸알코올, 아밀알코올에는 어느 정도 녹는다. 메틸알코올, 따뜻한 에탄올, 에틸에테르, 아세톤, 빙초산氷醋酸, 에틸아세테이트, 벤젠, 톨루엔, 페놀, 니트로벤젠, 클로로포름 등에 잘 녹는다.

⑪ 질소 함량 약 12% 내외의 면약(니트로셀룰로오스)에 의해 교화膠化되며 교화된 것을 니트로겔Nitrogel이라고 한다. 면약과 니트로글리세린을 7~8:92~93의 비율로 교화한 니트로겔은 다이너마이트에 사용된다.

⑫ 피부 접촉이나 호흡에 의해 인체의 순환계통에 잘 흡수되며 두통을 일으킨다.

⑬ 수산화나트륨(NaOH)의 알코올 용액에 의해 분해되어 비폭발성 물질이 되는데 NG를 제거하는 방법으로 활용한다. NaOH 100g을 물 150ml에 녹인 후, 에틸알코올 1,000ml를 가하여 사용한다.[27] NG가 극히 소량일 경우는 목분木粉이나 밀가루 등에 흡수시킨

---

27) 총단법 시행령 제46조 ①항 11호

후, 가늘고 길게 깔아놓고 소각하여 처리하기도 한다.

2) 니트로글리콜(Nitroglycol, Ng)

니트로글리콜Nitroglycol의 정확한 명칭은 Ethyleneglycol dinitrate(2질산글리콜, EGDN)이다. 니트로글리세린을 **NG**로 약기略記하는 것과 구별하기 위해 이하 **Ng**로 약기略記한다. **NG**와 같은 화합폭약의 일종으로 다이너마이트의 기제基劑로 사용하는 매우 위험하면서도 강력한 폭약이다.

    우리나라에서는 2005년 10월 다이너마이트가 생산 종료되면서 니트로글리세린과 함께 생산 종료되었다.

● 니트로글리콜 제조방법

니트로글리세린과 동일하다. 글리콜을 혼산混酸(질산窒酸+황산黃酸)으로 질산에스테르화(窒酸ester化)하여 합성한다. 초화설비로는 니트로글리세린 합성 설비인 Batch법의 나단Nathan식, 연속법의 삐아찌BIAZZI식과 인젝터Injector식 등 니트로글리세린 합성설비와 동일한 설비로 초화한다.

    니트로글리세린과 니트로글리콜의 혼합물을 제조할 경우는 각각 별도로 합성하여 혼합하는 것이 아니고 필요한 비율대로 글리세린과 글리콜을 먼저 혼합한 후, 이 혼합물을 초화하여 제조한다. 반응식은 다음과 같다.

$$\begin{array}{ccccc}
CH_2\text{-}OH & & & CH_2\text{-}ONO_2 & \\
| & + \ 2HNO_3 & \xrightarrow{H_2SO_4} & | & + \ 2H_2O \\
CH_2\text{-}OH & & & CH_2\text{-}ONO_2 & \\
\end{array}$$

● 니트로글리콜 특성

① 형상: 무색 액체

② 비중: 1.489(20℃)

③ 수용성: 0.56%(25℃)

④ 발화온도: 257℃(5초)

⑤ 폭발열: 1,655kcal/kg

⑥ 폭발속도: 7,300m/s(1.485)

⑦ 융점: −22.8℃

⑧ 다이너마이트 제조 시 NG보다 니트로셀룰로오스와의 교화膠化가 매우 빨리 진행되므로 위험한 예날화豫捏和공정을 생략할 수가 있어 안전상 유리하다. 가격도 NG보다 싸다.

⑨ 공업용 NG는 응고점凝固點이 8℃로서 동결되면 위험성이 증가하기 때문에 응고점이 −22.8℃인 Ng를 NG와 혼합하여 응고점을 낮추는데 쓴다. 약 40%의 Ng를 혼합한 다이너마이트는 동결점이 −37℃로 낮아지기 때문에 동절기에 안전하게 사용할 수가 있다.

⑩ NG보다 증기압蒸氣壓이 수배數倍~수십 배數十倍나 높아 인체에 대한 중독 가능성이 큰 단점이 있다.

〈표 4-2〉 온도에 따른 NG와 Ng혼합물의 증기압 비교

| NG : Ng혼합 비율 | 증기압蒸氣壓(mmHg) | | | | |
	10℃	20℃	30℃	40℃	50℃
100 : 0	0.0001	0.0004	0.0011	0.0031	0.0081
90 : 10	0.0027	0.0074	0.0186	0.0433	0.1002
80 : 20	0.0051	0.0137	0.0345	0.0817	0.1841
70 : 30	0.0073	0.0195	0.0490	0.1159	0.2608
60 : 40	0.0093	0.0249	0.0624	0.1475	0.3314

니트로겔 중의 Ng함량이 분상粉狀다이너마이트에는 약 20%, 교질膠質다이너마이트에는 약 40%를 넘지 않도록 하는 것이 좋다. NG보다 체내體內에 흡수되기 쉽고, 초기에는 두통, 구토감嘔吐感, 현기증이 일어나며, 계속되면 전신쇠약全身衰弱, 피로감, 두통, 혹은 사지四肢의 동통疼痛(쑤시고 아픔)이 일어나고 극단적인 경우 사망할 수도 있다고 한다. 보호구를 착용하여 직접 피부에 닿지 않도록 하고 작업장 환기를 철저히 해야 한다.

3) 그 밖의 폭약으로 사용되는 질산에스테르

폭약으로 사용되는 질산에스테르 폭약은 NG와 Ng외에 PETN(제4장 5-9) 참조) 및 니트로셀룰로오스(제4장 7-5) 참조)가 있으나 이는 총단법에 별도 품목으로 정의되어 있다. 이외에 아직까지 우리나라에서는 '폭약으로 사용되는 질산에스테르'가 실용화된 것은 없다.

4. 다이너마이트와 그 밖의 질산에스테르를 주성분으로 하는 폭약(총단법 제2조 ③항 2호 '라'목)

1) 다이너마이트(Dynamite)

이제까지 산업용화약의 역사에서 가장 확고한 위치를 차지하고 있었던 폭약은 다이너마이트라고 할 수 있다. 별도의 설명이 필요하지 않을 정도로 널리 알려진 '질산에스테르를 주성분으로 하는 폭약'을 대표하는 혼합폭약이다.

니트로글리세린, 니트로글리콜 또는 그 혼합물을 니트로셀룰로오스(면약綿藥)와 함께 교화膠化Gelatinizing시킨 니트로겔에 질산암모늄, 질산나트륨, 목분, 전분, 기타 니트로화합물 등을 혼합하여 제조한다.

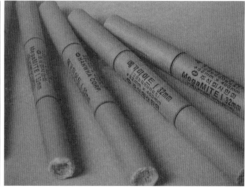

다이너마이트

니트로셀룰로오스를 사용하지 않은 스트레이트 다이너마이트나 암모니아 다이너마이트 등은 니트로글리세린이 침출될 우려가 있어 저장이나 사용 시 주의를 해야 하며, 니트로글리콜을 첨가하지 않은 다이너마이트는 겨울철 동결의 위험이 있지만 우리나라에서 유통되는 다이너마이트는 모두 니트로셀룰로오스와 니트로글리콜을 첨가하여 사용하기 때문에 그와 같은 위험은 거의 없다.

우리나라에서 공식적으로 다이너마이트를 사용하기 시작한 것은 1896년이다. 하지만 한일병탄 후 모든 화약산업은 일본인들이 독점하였고 광복과 함께 그들이 철수하자 다시 수입에 의존하다가 1958년 (주)한화에서 생산을 시작하였다. 노벨 이후 100여 년 동안 다이너마이트가 암석발파용 폭약의 주류를 점하고 있었지만 여전히 제조나 취급 시의 위험성, 비싼 가격 등등의 문제를 안고 있었다. 1950년대에 들어 보다 안전하고 저렴한 초유폭약硝油爆藥(AN-FO)이 등장하고 이어서 함수폭약含水爆藥이 발명되면서 전 세계적으로 다이너마이트 수요는 급격히 줄기 시작하였다. 우리나라 역시 초유폭약, 에멀션폭약 등 안전폭약으로 산업용폭약의 수요가 대체되면서 2005년 다이너마이트는 생산이 중단되었다.

1847년 이탈리아의 응용화학자 소브레로Sobrero가 니트로글리세린을 처음 제조하고 그 폭발성질을 확인하였으나 위험성 때문에 공업적으로 이용하지 못하다가 1862년 스웨덴의 알프레드 노벨Alfred Bernhard Nobel에 의해 공업적 생산을 개시하면서 비로소 암석발파에 사용되기 시작하였다. 하지만 당시 NG를 사용하는 방법은 액체상태의 NG를 천공穿孔 구멍에 부어 넣고 폭발시키는 방법이었는데 이와 같은 원시적 NG 취급방법으로는 인명과 재산피해를 동반하는 폭발사고가 자주 발생할 수밖에 없었다.

알프레드 노벨(1833.10~1896.12)

1867년 노벨이 규조토에 NG를 흡수시킨 규조토 다이너마이트를 발명하면서 좀 더 안전한 사용이 가능케 되었다. 이어서 노벨은 다시 니트로셀룰로오스와 니트로글리세린을 교화膠化시킨 니트로겔Nitrogel을 사용, 교질膠質다이너마이트Gelatine Dynamite를 발명하였고 오늘날의 다이너마이트로 발전하였다.

노벨에 의해 젤라틴 다이너마이트가 만들어진 후, 니트로셀룰로오스나 질산암모늄(초안硝安)을 사용하느냐에 따라, 또는 감열소염제(Salt)를 사용하는지 여부와 제품의 용도, 성상 등에 따라 서로 다른 명칭으로 불리면서 세계 각국에서 발전에 발전을 거듭하였다. 이 과정을 간략히 요약해보면 다음과 같다.

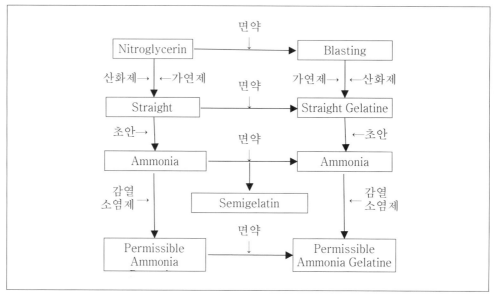

젤라틴 다이너마이트의 발달

상기 다이너마이트의 발달과정은 오늘날의 다이너마이트 종류와도 일치한다. 다만 Straight Dynamite나 Ammonia Dynamite, Permissible Ammonia Dynamite 등 니트로셀룰로오스를 사용하지 않은 것들은 장기 저장 시, 니트로글리세린이 침출浸出되기 때문에 현재는 생산되지 않는다.

● 교질다이너마이트 제조방법

다이너마이트 제조공정은 크게 4개 공정으로 나누어볼 수 있다. 일반적으로는 **초화**硝化(니트로글리세린 또는 니트로글리콜 합성), **날화**捏和(다이너마이트 혼화 및 반죽), **압신**壓伸(다이너마이트 성형成形 Cartridging), 완제품 **포장**공정 등으로 구분한다.

① 초화硝化

초화공정은 니트로글리세린 또는 니트로글리콜을 합성하는 공정이다. 초화공정과 날화공정 간에는 니트로글리세린 또는 니트로글리콜에 면약을 넣고 교화膠化하는 배합·교화공정이 있다. 하지만 근래에 와서 작업공정이 자동화되어 날화공정에서 교화작업도 병행할 수 있게 되면서 배합 및 교화공정은 생략되었다. 이처럼 NG(Ng)와 면약의 교화가 끝난 것을 니트로겔Nitrogel이라 한다.

② 날화捏和

날화捏和공정은 니트로겔과 질산암모늄(초안硝安), 질산나트륨, 전분澱粉, 목분木粉 등의 분상粉狀 원료들을 혼화하면서 반죽해주는 공정이다. 그 외에도 다이너마이트의 성능이나 용도 등에 따라 각종 니트로화합물이나 감열소염제, 내수제耐水劑 등을 첨가하기도 하며 니트로겔의 함량이 적은 제품의 경우는 다이너마이트의 반죽을 보조해주는 바인더Binder (결합제結合劑) 종류를 넣기도 한다. 특별하게 니트로겔의 함량을 높여 전폭성傳爆性은 증가시키면서 위력은 약하게 해야 할 경우 화이트카본이나 규조토 등 불활성不活性 물질을 첨가하기도 한다.(제5장 주)38 참조)

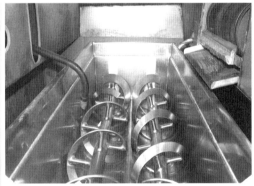

▲ 스크류 타입Screw Type 날화기(TELLEX)
◀ 드라이스베르케식(Dreisberg Type) 날화기

③ 압신壓伸

압신공정은 날화공정에서 반죽한 다이너마이트를 필요한 굵기와 길이로 성형한 다음 크라프트지Kraft紙로 말아 포장하는 공정이다. 여기서 압신이란 방앗간의 가래떡 압출기 형태의 기계(압신기)로 다이너마이트를 압출하여 절단, 포장하던 시절의 공정 명칭이다. 근래에 모든 생산 공정이 기계화, 자동화되었고 그에 따라 총단법도 개정되어 그 명칭을 '압신'과 '자동포장'이라고 구분하고 있다.

④ 포장包裝

완제품 포장공정은 압신공정에서 생산된 다이너마이트를 상자에 담아 포장하는 단순한 공정이다. 총단법상 정체량, 정원 등의 제한과 함께 압신공정과는 별도의 건물로 분리하도록 되어 있지만, '자동포장' 공정의 경우는 성형(압신)작업과 지상자 포장공정을 동시에 할 수 있도록 하였다.

1960년대 압신공정

▲▲ 소구경 다이너마이트 자동포장기(Rollex)
▲ 대구경 다이너마이트 자동포장기(LD-EX)

다이너마이트 지상자 포장공정

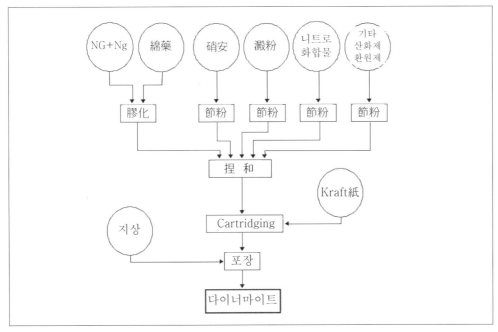

2000년대 교질다이너마이트 제조공정도

● 다이너마이트 종류

다이너마이트는 "젤라틴 다이너마이트의 발달(제4장 80쪽 그림 참조)"에서 보듯이 크게 두 가지로 나뉜다. 하나는 니트로겔 즉 니트로셀룰로오스를 사용하지 않은 스트레이트 다이너마이트Straight Dynamite, 암모니아 다이너마이트Ammonia Dynamite를 비롯하여 다이너마이트의 원조가 되었던 규조토硅藻土 다이너마이트 등 흡수제吸收劑에 직접 니트로글리세린을 흡수시킨 혼합混合다이너마이트가 있고, 또 하나는 젤라틴Gelatine(교질膠質) 다이너마이트, 분상粉狀다이너마이트 등과 같이 니트로글리세린(글리콜)과 면약綿藥을 교화膠化시킨 니트로겔을 사용한 니트로겔 계열系列의 다이너마이트가 있다.

　분상粉狀다이너마이트는 보통 니트로겔을 6~20% 정도 포함하고, 그 이상 포함하면 교질膠質다이너마이트가 되는 것으로 알려져 있다. 하지만 별도의 바인더Binder(결합제結合劑)를 사용하면 니트로겔을 14% 정도로 아주 적게 사용하면서도 교질상태의 다이너마이트를 만들 수가 있다.

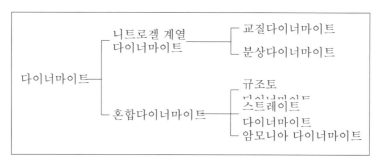

〈표 4-3〉 다이너마이트의 종류

또한 다이너마이트는 사용하고자 하는 용도, 즉 갱내坑內·갱외坑外발파용, 수중水中발파용, 장공長孔발파용, 대구경大口徑발파용, 시가지市街地발파용, 탄광용炭鑛用, 경암硬岩발파용, 연암軟岩발파용 등 다양한 용도에 맞게 수많은 종류의 제품들이 각 나라별, 제조회사별로 생산되었다. 일반적으로 20~60%의 니트로겔을 포함하며 초안(질산암모늄), 질산나트륨 등의 질산염과 목분, 전분 등을 주원료로 하지만 제조사별로 사용하는 원료들이 다양하다.

우리나라에는 폭속이 4,500~5,000m/s의 일반용과 5,500~6,000m/s 정도의 고성능 다이너마이트 두 종류가 있었으며 용도에 따라서는 감열소염제로 식염(NaCl)이나 염화칼륨(KCl)을 사용한 탄광용과 니트로겔의 함량을 높여 감도는 증가시킨 반면에 화이트카본White carbon과 규조토 등 불활성물질을 첨가하여 폭속은 감소시킨 정밀발파용 다이너마이트가 사용되었다.[28] 또한 니트로글리콜의 함량을 조절하여 동결 온도를 달리한 난동難凍다이너마이트와 부동不凍다이너마이트를 사용하기도 하였다. 보통 부동다이너마이트에는 니트로글리콜이 10% 정도 포함된 니트로겔을 사용하고, 난동 다이너마이트에는 25% 정도 포함된 니트로겔을 사용한다.

우리나라에서는 혼합다이너마이트 종류와 분상다이너마이트는 사용하지 않는바, 이하 이 책에서도 교질다이너마이트 위주로 다루었다.

---

28) (주)한화에서 정밀폭약(FiNEX)이라는 상품명으로 생산하였으나 2006년 생산을 중단하였고, 현재 에멀션폭약 제품으로 대체되었다.

● 교질다이너마이트의 특성[29]

① 비중: 교질다이너마이트 1.3~1.6, 분상다이너마이트 0.8~1.1

② 폭속: 약 3,500~7,500m/s

③ 폭발온도: 2,200~4,500℃ [제4장 주)4 참조]

④ 폭발열: 850~1,600kcal/kg

⑤ 연주확대치: 350~650cc

⑥ 헤스맹도[30]: 15~26mm

⑦ 탄동진자彈動振子[31]: 60~95mm

⑧ 낙추감도(불폭점)[32]: 15~30Cm

⑨ 가스 비용比容[33]: 550~900l/Kg

⑩ 순폭도: 4~8배

⑪ 니트로글리세린이 동결되면 매우 위험하므로 동결된 다이너마이트는 온수溫水 중탕中 湯이나 따뜻한 실내에서 녹인 후 사용해야 하나,[34] 현재 우리나라에 유통되는 다이너 마이트는 니트로글리콜이 포함된 것으로 동결 우려는 없다.

⑫ 장기 저장 시 니트로글리세린(니트로글리콜)이 다이너마이트 포장지 밖으로 침출浸出 될 수도 있어 주의가 필요하다. 흘러나온 니트로글리세린은 분해액(NaOH + 에탄올) 으로 분해하거나[제4장 3-1) 니트로글리세린 특성 참조] 또는 안전하게 회수하여 소각 처리하며 해

---

29) 다이너마이트는 용도나 발파방법에 맞게 제조사별로 다양한 규격의 제품들이 생산되고 있다. 따라서 한마디로 그 성능규격을 말하기는 곤란하다. 각 제조사의 카탈로그를 참조하여 사용하여야 한다.

30) 헤스맹도시험(Hess brisance test)이란 맹도시험법의 하나이다.(제4장 주)21 참조) 강철판 위에 연주(鉛柱) 2개를 겹쳐 놓고 다시 강철판을 올려놓고 그 위에 폭약이 들어 있는 아연관을 놓는다. 이 폭약을 8호 뇌관으로 기폭시켜 연주가 압축된 높이를 측정한다. 연주 압축시험이라고도 한다.

31) 폭약의 정적효과를 측정하는 시험의 하나로 Ballistic pendulum test라 한다. 질량이 큰 진자(振子)가 외부로부 터 폭약의 폭발생성 가스의 충격을 받아 운동량이 변화하는 것을 이용한다.

32) 낙추감도는 1/6폭점 및 불폭점으로 평가한다. 1/6폭점은 6회 시험하여 1회 폭발하는 높이이고 불폭점은 동일 높이에서 반복시험하여 1회도 폭발하지 않는 높이를 말한다.

33) 폭발생성 가스가 0℃, 1기압의 표준상태에서 차지하는 용적을 말하며 비용(比容, Specific volume)이라고도 한다. 생성가스의 mole수(數)에 22.4리터를 곱하여 구한다.

34) 총단법 시행령 제16조 ①항 4호

당 다이너마이트는 즉시 사용하거나 폐기한다.

⑬ 니트로겔을 포함하고 있는 교질다이너마이트는 장기 저장 시 주기적으로 안정도 검사를 해야 한다.(제4장 주)26 참조)

2) 그 밖의 질산에스테르를 주성분으로 하는 폭약

우리나라에서는 다이너마이트 외에 질산에스테르를 주성분으로 하는 폭약이 실용화된 바 없으나, 유럽과 일본에서 이에 해당하는 몇몇 폭약이 생산된 적이 있었다. 주로 사용된 질산에스테르는 PETN, NG, Ng, 강면약 등이다.

(1) 펜트리니트(Pentrinit)

PETN 10~70%에 니트로글리세린 90~30%을 흡수시킨 강력한 폭약이다.

(2) 펜토라이트(Pentolite)

PETN 10~50%와 TNT 90~50%를 혼합한 폭약으로 뇌관의 첨장약으로 사용하였으며 주로 5:5 비율로 혼합한 폭약이 사용되었다. '니트로기 3 이상이 들어 있는 니트로화합물을 주성분으로 하는 폭약'(제4장 5-11) 참조)으로 분류할 수도 있다.

(3) 광산면약鑛山綿藥

강면약과 질산칼륨을 배합한 다음, 약포藥包 포장한 일본에서 생산했던 폭약이다.

(4) 산성화약山城火藥

일본에서 제2차 세계대전 종료 후 발생한 군용 폐화약廢火藥(무연화약)을 재사용하기 위해 만들었던 폭약이다. 무연화약을 분쇄한 다음, 사용이 편리하도록 약포藥包(카트리지 Cartridge) 포장을 하였다.

5. 폭발에 쓰이는 트리니트로벤젠·트리니트로토루엔·피크린산·트리니트로클로로벤젠·테트릴·트리니트로아니졸·핵사니트로디페닐아민·트리메틸렌트리니트라민·펜트리트 및 니트로기 3 이상이 들어 있는 그 밖의 니트로화합물과 이들을 주성분으로 하는 폭약(총단법 제2조 ③항 2호 '마'목)

1) 트리니트로벤젠(Trinitrobenzene, TNB)

열이나 충격에 둔감하며 맹도猛度가 큰 장점이 있지만 가격이 고가여서 널리 사용되지 못하였다.

• TNB 제조방법

벤젠을 혼산混酸(질산+황산)으로 초화硝化하여 니트로벤젠Nitrobenzene → 디니트로벤젠 Dinitrobenzene → 트리니트로벤젠Trinitrobenzene 순으로 3단段 초화硝化과정을 거쳐 합성한다. 2단 초화물인 DNB(Dinitrobenzene) 역시 일종의 폭약이긴 하나 폭굉爆轟시키기는 무척 어렵다.

• TNB 특성

① 형상: 밝은 황녹색 결정
② 비중: 1.688(20℃)
③ 폭발속도: 7,440m/s(1.61)

④ 폭발열: 710kcal/kg

⑤ 폭발온도: 2,500℃

⑥ 발화온도: 550℃(5초)

⑦ 융점: 123.25℃

⑧ 열이나 충격에 둔감하다.

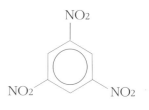

구조식

2) 트리니트로토루엔(2,4,6-Trinitrotoluene, TNT)

1863년 빌브란트Wilbrand가 처음으로 합성하였다. 1891년 독일에서 공업적으로 생산하였으며 1901년 피크린산 대신 각종 포탄의 작약炸藥으로 사용되기 시작하였고, 산업용으로는 뇌관의 첨장약, 도폭선의 심약心藥,(제5장 주)30, 제5장 1-4)-(3) 참조) 초안폭약의 예감제 등으로 사용된다.

• TNT 제조방법

톨루엔Toluene을 혼산混酸(질산+황산)으로 니트로Nitro화한다. 1단법段法, 2단법, 3단법의 세 가지 합성방법이 있다.

① 1단법: 톨루엔을 단 한 번의 반응으로 TNT로 만드는 방법이나 반응이 너무 격렬하여 실용성이 없다.

② 2단법: 먼저 모노Mono 혹은 디니트로톨루엔Dinitrotoluene을 만들고 다음에 TNT가 되는 반응이다.

③ 3단법: 모노Mono, 디Di, 그 다음에 트리니트로톨루엔Trinitrotoluene을 3단계로 제조하는 방법이다. 2단법과 3단법이 공업화 되었으나 3단법이 수율收率이 좋고 제품 순도도 높으며 산酸의 농도에 따라 반응온도를 조절하는 것이 용이한 이점이 있다.

1차 초화	2차 초화	3차 초화

$$C_6H_5CH_3 \longrightarrow C_6H_4CH_3NO_2 \longrightarrow C_6H_3CH_3(NO_2)_2 \longrightarrow C_6H_2CH_3(NO_2)_3$$

Toluene　　　Mononitrotoluene　　　Dinitrotoluene　　　Trinitrotoluene

3단 초화과정에서 2,4,6-과 함께 2,3,4-, 2,3,5-, 2,3,6-, 2,4,5-, 2,5,6- 등 6종의 이성체異性體가 생성되며, 이를 정제하여 2,4,6-Trinitrotoluene을 분리한다.

• TNT 특성

① 형상: 담황색 결정
② 비중: 1.654
③ 발화온도: 475℃(5초)
④ 폭발열: 1,020kcal/kg
⑤ 융점融點: 90.9℃
⑥ 비점沸點: 300℃
⑦ 수용성: 0.013%(20℃)
⑧ 폭속: 6,800m/s(1.55), 7,000m/s(1.60), 7,140m/s(1.65)
⑨ 마찰, 충격에 비교적 둔감하다.

구조식

3) 피크린산酸(Picric acid, PA, 2,4,6−Trinitrophenol, TNP)

1771년 Woulff가 처음 만들었다. 황색 염료로 사용되다가 1885년 프랑스에서 군용포탄의 작약炸藥으로 사용하였다. 산업용으로는 제1종 도폭선의 심약心藥으로 사용한 적이 있었으나 현재는 농약, DDNP의 원료로 사용되고 있다.

• 피크린산 제조방법

① 설폰화법Sulfonation[35] process: 페놀을 발연황산으로 설폰화한 후, 혼산으로 초화한다.

① 클로로벤젠법Chlorobenzene process: 클로로벤젠을 초화하여 디니트로클로 로벤젠을 만들고 여기에 가성소다(NaOH)를 가하여 비누화Saponifying[36]한 후, 발연황산과 농황산으로 초화한다.

● 피크린산 특성

① 형상: 황색 결정
② 비중: 1.763(결정), 1.60~1.71(주조물鑄造物)
③ 융점: 122.5℃
④ 폭발열: 810kcal/kg
⑤ 연소열: 2,672kcal/kg
⑥ 발화온도: 322℃(5초)
⑦ 폭발속도: 7,100m/s(1.69), 7,260m/s(1.71), 7,800m/s(1.76)
⑧ 기계적 충격에는 둔감한 편이나, 각종 금속과 반응하여 매우 민감한 금속염이 만들어지기 때문에 주의해야 한다.

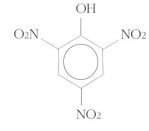

구조식

4) 트리니트로클로로벤젠(Trinitrochlorobenzene, TNCB)

TNT와 유사한 감도를 가지고 있으며, 염화피크릴Picryl chloride이라고도 한다. 6종의 이성체가 있으나 일반적으로 2,4,6-Trinitrochlorobenzene을 일컫는다. 우리나라에서는 실용화되지 않았다.

● TNCB 제조방법

Dinitrochlorobenzene을 발연황산과 질산으로 초화하여 합성한다.

---

35) 유기화합물에 설폰기(Sulfonic group, -SO3H)를 도입하여 설폰산(RSO2H)을 생성하는 반응이다.
36) 에스테르화의 역반응으로 에스테르가 가수분해를 하여 카복실산과 알코올을 생성하는 반응이다.

● TNCB 특성

① 형상: 밝은 황색의 침상 결정
② 비중: 1.76
③ 폭발열: 670kcal/kg
④ 폭발속도: 7,150m/s(1.76)
⑤ 융점: 83℃

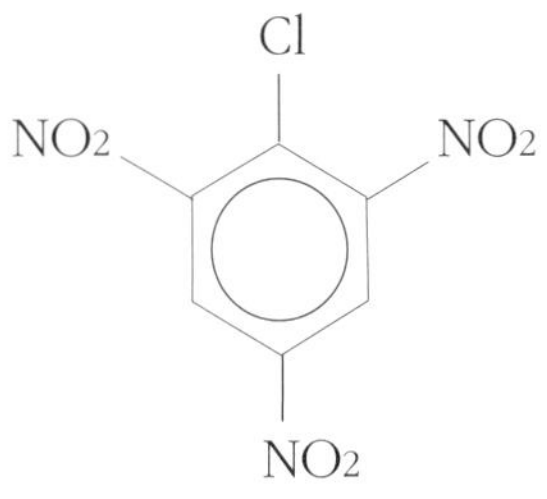

구조식

5) 테트릴(Tetryl, Tetranitromethylaniline, 2,4,6−Trinitrophenylmethylnitramine)

1877년 마르텐스Martens가 처음 합성하였다. TNT와 혼합하여 포탄의 작약炸藥이나 폭파용으로 사용하였고 산업용으로는 뇌관의 첨장약, 도폭선의 심약 등으로 사용하였으나 현재는 사용하지 않는다. 우리나라에서는 (주)한화에서 생산하였으나 1980년대 초 생산을 중단하였다.

● 테트릴 제조방법

가장 기본적인 방법으로 디메틸아닐린Dimethylaniline을 농황산과 농질산으로 초화하는 방법이 있다. 반응 완료 후, 폐산廢酸 중에 용해되어 있는 테트릴을 결정화하여 분리한 다음물로 세척하고 정제공정을 거쳐 만든다. 반응식은 다음과 같다.

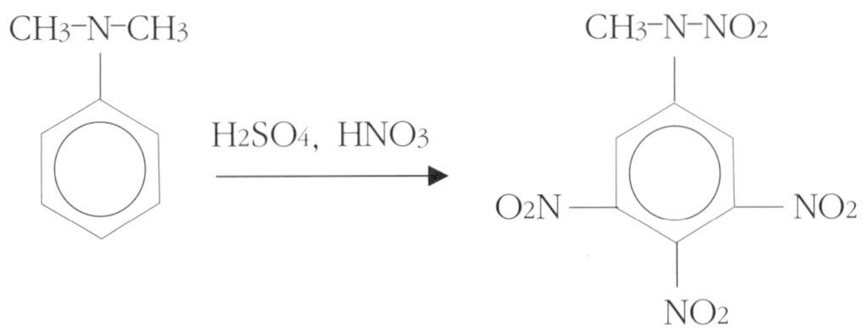

● 테트릴 특성

① 형상: 무색 결정이나, 빛에 노출되면 황색으로 변한다.

② 비중: 1.73

③ 폭발속도: 7,170m/s(1.50), 7,660m/s(1.62), 7,850m/s(1.71)

④ 폭발열: 1,090kcal/kg

⑤ 융점: 130℃

⑥ 발화온도: 257℃(5초)

⑦ 마찰, 충격에 대해서는 TNT보다 민감하다. TNT와 같은 둔감한 폭약에 폭굉爆轟을 전달하는 전폭약傳爆藥으로 적당하다.

6) 트리니트로아니졸(Trinitroanisol, Methylpicrate, Trinol, Trisol)

위력은 TNT보다는 약하나 피크린산보다는 강하다. 헥사니트로디페닐설파이드Hexanitro-diphenylsulfide와 혼합하여 군용폭약에 사용한다.

● 트리니트로아니졸 특성

① 형상: 백색 또는 황색 결정

② 비중: 1.70

③ 폭발열: 589kcal/kg

④ 폭발속도: 7,600m/s(1.70)

⑤ 융점: 69℃

⑥ 발화온도: 290~295℃(5초)

구조식

7) 헥사니트로디페닐아민(Hexanitrodiphenylamine, HNDP)

헥사민Hexamine, 헥실Hexyl; Hexil, 디피크릴아민Dipicrylamine, 헥사이트Hexite라고도 하며 HNDP 또는 HNDPHA로 약기略記한다.

● HNDP 제조방법

디니트로클로로벤젠Dinitrochlorobenzene과 아닐린Aniline을 반응시켜 만들어진 비대칭형 의 디니트로디페닐아민Dinitrodiphenylamine을 농질산으로 초화하여 만든다.

● HNDP 특성

① 형상: 황색 결정
② 비중: 1.653
③ 폭발열: 750kcal/kg
④ 발화온도: 325℃(5초)
⑤ 폭발속도: 7,250m/s(1.5), 7,500m/s(1.67)

구조식

8) 트리메틸렌트리니트라민(Trimethylenetrinitramine, RDX Hexogen, Cyclotrimethylentrinitramine, Cyclonite)

보통 RDX라고 한다. 1899년 헤닝Henning이 처음 합성하였다. 매우 강력한 폭약으로 제2 차 세계대전 때 대량으로 사용되었다. 전폭약傳爆藥, 강력한 작약炸藥, 가소성 폭약에 사용 된다. TNT와 혼합하여 Comp B를 제조한다. 산업용 뇌관의 첨장약, 도폭선의 심약心藥으 로도 사용한다.

● RDX 제조방법

질산법窒酸法과 무수초산법無水醋酸法이 있다.

① 질산법窒酸法

헥사메틸렌테트라민Hexamethylenetetramine(헥사민Hexamine)을 다량의 질산으로 초화한 후, 물로 희석하여 RDX 결정을 석출시켜 여과한다. 다시 재결정화 공정을 거쳐 필요로 하는 입자의 크기를 얻는다.

$$
\begin{array}{c}
\text{N} \\
\text{H}_2\text{C} \quad \text{CH}_2 \\
\text{CH}_2 \\
\text{N} - \text{CH}_2 - \text{N} \\
\text{H}_2\text{C} - \text{N} \\
\text{CH}_2
\end{array}
\;+\; 4HNO_3 \;\rightarrow\;
\begin{array}{c}
\text{CH}_2 \\
\text{O}_2\text{N} - \text{N} \qquad \text{N} - \text{NO}_2 \\
\text{H}_2\text{C} \qquad \text{CH}_2 \\
\text{N} \\
\text{NO}_2
\end{array}
\;+\; 3HCHO \;+\; NH_4NO_2
$$

② 무수초산법無水醋酸法

헥사민Hexamine, 질산, 질산암모늄, 무수초산을 사용하여 다음 반응식과 같이 합성한다.

$$(CH_2)_6N_4 + 4HNO_3 + 2NH_4NO_3 + 6(CH_3CO)_2O$$

Hexamine

$$\downarrow$$

$$2(CH_2)_3(N-NO_2)_3 + 12CH_3COOH$$

RDX

● RDX 특성

① 형상: 무색 결정

② 비중: 1.806

③ 융점: 204.1℃(분해)

④ 발화온도: 257℃(5초)

⑤ 폭발열: 1,420kcal/kg

⑥ 폭발속도: 6,080m/s(1.0), 8,400m/s(1.80)

⑧ 충격감도는 테트릴과 유사하고 마찰감도와 기폭약에 의한 기폭감도는 테트릴보다 민
감敏感하며 PETN보다는 둔감鈍感하다.

9) 펜트리트(Penthrite, Pentaerithritoltetranitrate, PETN)

통상 PETN으로 통용된다. 1891년 톨렌스Tollens가 처음 합성에 성공하였다. 강력한 폭력
爆力과 맹도猛度를 가진 폭약으로서 군용으로부터 산업용까지 광범위하게 사용되었다. 도
폭선의 심약, 산업용 뇌관의 첨장약, 포탄의 전폭약으로 사용된다.

• PETN 제조방법

Acetaldehyde(CH3CHO)와 Formaldehyde(HCHO)의 축합반응[37]으로 Pentaerithrit
를 만들고 이를 다시 농질산으로 초화하여 제조한다. 반응식은 다음과 같다.

$$CH_3CHO + 3HCHO \xrightarrow{OH^-} HOH_2C-\underset{\underset{CH_2OH}{|}}{\overset{\overset{CH_2OH}{|}}{C}}-CHO$$

$$HOH_2C-\underset{\underset{CH_2OH}{|}}{\overset{\overset{CH_2OH}{|}}{C}}-CHO + HCHO + MOH \longrightarrow HOH_2C-\underset{\underset{CH_2OH}{|}}{\overset{\overset{CH_2OH}{|}}{C}}-CH_2OH + HCOOM$$

※ 'M'은 알칼리 금속 또는 알칼리 토금속土金屬을 의미한다.

---

[37] 2개 혹은 그 이상의 분자끼리의 반응으로, 쌍방의 분자 내에 있는 작용기 사이에서 간단한 분자(H_2O, NH_3
등)의 탈리를 수반하여 새로운 공유결합을 형성하는 반응의 총칭

$$CH_2OH$$
$$|$$
$$HOH_2C - C - CH_2OH + 4HNO_3 \longrightarrow O_2NOH_2C - C - CH_2ONO_2 + 4H_2O$$
$$|$$
$$CH_2OH \qquad\qquad\qquad\qquad CH_2ONO_2$$

(위: CH_2OH / CH_2ONO_2, 아래: CH_2OH / CH_2ONO_2)

● PETN 특성

① 형상: 무색 사방斜方 결정

② 비중: 1.77

③ 발화온도: 225℃(5초)

④ 융점: 141.3℃

⑤ 폭발열: 1,385kcal/kg

⑥ 폭발속도: 5,330m/s(0.85), 7,600m/s(1.5), 8,300m/s(1.7)

⑦ 마찰에는 민감하나 열에는 비교적 둔감하다.

⑧ 물에는 녹지 않고 에틸알콜, 에틸에테르, 벤젠, 이염화에틸렌, 디클로로벤젠에는 약간 용해되며 아세톤, 초산메틸에는 잘 녹는다.

⑨ 운반할 때는 수분 또는 알코올 성분을 15% 정도 머금은 상태로 운반해야 한다.[38]

10) 그 밖의 니트로기 3 이상이 들어 있는 니트로화합물

폭약으로 분류할 수 있는 화학물질들은 꽤 많이 있다. 하지만 여기서는 그동안 폭약으로 실용화되었던 물질들 위주로 열거하였다.

(1) 피크린산암모늄(암모늄피크레이트Ammonium picrate)

황색결정으로 비중 1.54, 폭발속도는 7,100m/s이다. 미국에서는 Explosives D(D폭약)

---

38) 총단법 시행령 제50조 ①항 15호

라 한다. 군용폭약에 사용하며 D unit라고도 한다.

(2) HMX(High melting point explosives, Homocyclonite, Cyclotetramethylenetetranitramine, Octogen)

RDX와 함께 현재 사용되고 있는 폭약류 중 가장 강력한 폭약 중의 하나이다. TNT와 함께 옥톨Octol폭약에, 그리고 전폭약傳爆藥, 작약炸藥 및 Composite추진제의 산화제로 사용된다. 산업용으로는 비전기식뇌관 점화에 사용하는 도폭관(제5장 2-1)-(4) 참조)의 심약心藥으로 쓰인다. α, β, γ, δ의 4종류의 결정형이 있으며 각각 그 성질이 다르다.

● HMX 제조방법

헥사메틸렌테트라민Hexamethylenetetramine(헥사민Hexamine)과 질산, 무수초산無水醋酸 등을 반응시켜 제조한다. RDX와 함께 만들어지며 반응 후 용해도 차에 의해 두 물질을 분리한다. α, β, γ, δ의 4종류의 결정형이 있다. 반응식은 다음과 같다.

• HMX 특성

① 형상: 무색 결정

② 비중: 1.87(β형)

③ 융점: 276~277℃

④ 발화온도: 335℃(5초)

⑤ 폭발열: 1,358kcal/kg

⑥ 폭발속도: 8,350m/s(1.70), 9,100m/s(1.84)

⑦ 아세톤에 비교적 잘 녹는다.

⑧ 결정형별 특성

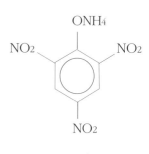

구조식

〈표 4-4〉 HMX결정형별 특성 비교

결정형	α	β	γ	δ
비 중	1.96	1.87	1.82	1.77
충격 감도 (RDX=100)	60	325	45	75
안정성安定性	△	○	△	×

11) 그 밖의 니트로기 3 이상이 들어 있는 니트로화합물을 주성분으로 하는 폭약

'니트로기 3 이상이 들어 있는 니트로화합물을 주성분으로 하는 폭약'에는 수십 가지가 있다. 대표적인 것으로는 암몬폭약, 옥톨을 비롯하여 컴포지션Composition 계열의 폭약과 HBX폭약 등을 들 수 있다. 주로 군용 포탄류의 작약으로 사용된다.

(1) 펜토라이트(Pentolite)

PETN 10~50%와 TNT 90~50%를 혼합한 폭약이다. 주로 5:5 비율로 혼합한 폭약이 사용되었으며, 뇌관의 첨장약으로도 사용하였다. PETN을 포함하고 있으므로, '질산에스테르를 주성분으로 하는 폭약'으로 분류할 수도 있다.(제4장 4-2)-(2) 참조)

(2) 암몬폭약

TNT, RDX 등 '니트로기 3 이상이 들어 있는 니트로화합물'과 질산암모늄을 혼합한 혼합폭약의 일종으로 기본적으로는 '초안폭약'에 해당되는 것이지만 총단법상으로는 니트로화합물의 함량이 10% 미만일 경우에만 초안폭약으로 분류된다.(제4장 주)17 참조) 아마톨Amatol 등여러 종류가 있다.

① 아마톨(Amatol)

TNT와 질산암모늄 등을 섞어 만든 혼합폭약이다. TNT와 질산암모늄을 4:6, 5:5, 2:8 등의 비율로 만들어 1차 세계대전 당시 투하탄의 작약으로 사용된 적이 있으며 산업용으로는 TNT 20%, 초안 77%, Al 3%로 혼합한 제품이 있었다.

② 암모날(Ammonal)

알루미늄을 혼합하여 만든 암몬폭약을 말한다. 구舊 소련에서 사용되던 암몬폭약(RDX + Al의 혼합물, 비중 0.9~1.0, 연주 확대치 450~470cc, 맹도 8~10mm)과 영국의 비탄광용 초안폭약(TNT 12 + 초안 83 + Al 5의 혼합물, 비중 1.1, 폭속 3,500m/s) 등이 이에 해당한다.

③ 알루모톨(Alumotol)

구 소련에서 TNT 등을 혼합하여 만들었다. 비중 0.95~1.0, 폭속 4,300~4,800m/s이다.

④ DBX 폭약

TNT, RDX, 질산암모늄 및 알루미늄을 혼합한 폭약이다.

(3) 옥톨(Octol)

HMX(옥토겐Octogen)와 TNT 등으로 구성된 혼합폭약의 일종으로 HMX와 TNT를 75:25, 70:30으로 혼합한 두 가지 유형이 있다.

(4) 컴포지션(Composition) 폭약

RDX를 베이스로 한 폭약으로 Composition A, B, C 등이 있다. Composition A계열은 RDX에 둔화제鈍化劑(Desensitizer, 둔감제鈍感劑)를 혼합하여 둔감성을 더 강화시킨 폭약이다. Composition B계열은 RDX, TNT혼합물에 둔감제와 계면활성제를 첨가한 폭약으로 RDX의 위력과 TNT의 저융점低融點을 이용한 것으로 용전溶塡이 가능하고, 둔감하면서 맹도猛度가 큰 특징을 갖는 폭약이다. Composition C계열은 RDX에 가소제可塑劑를 첨가한 폭약으로 보통 플라스틱폭약이라고 하면 Composition C 계열, 그중에서도 Composition C4(Comp-C4)를 말한다.

　　컴퍼지션 폭약류는 일반 산업용보다는 주로 방산용 무기류에 널리 사용되나, 말랑말랑한 특성의 이점으로 성형폭약, 특히 테이프 형태로 가공해야 하는 FLSC(Flexible linear shaped charge, 연질 선형線形 성형폭약)에(제5장 2-2)-(3) 참조) 사용하기도 한다.

① Comp-B(Composition-B): RDX 약 60%, TNT 약 40%에 둔감제와 계면활성제를 첨가한 폭약이다. RDX의 위력과 TNT의 저융점을 이용한 폭약으로 황갈색 고체이며, 비중 1.70, 폭발열 1,240kcal/kg, 폭속은 7,800m/s이다. RDX나 TNT 대신 군용폭약(작약)으로 쓰인다.

② Comp-A3: RDX 91%, 둔화제 9%를 혼합한 폭약이다. 분홍색, 황색, 회백색 등을 띠며 폭속은 8,100m/s이다.

③ Comp-C3: RDX와 가소제可塑劑를 혼합한 폭약이다. 황색이며 폭속은 7,630m/s이다.

④ Comp-C4: RDX 91%에 가소제可塑劑, 고무, 기름 등을 혼합한 폭약이다. 회백색을 띠며 Comp-C3보다 안정성이 좋고, 폭속은 8,040m/s으로 Comp-C3보다 빠르다.

(5) 기타

그 외 '니트로기 3 이상의 니트로화합물을 사용한 폭약'에는 다음의 것들이 있다.

① Baratol: TNT 33% + 질산바륨 67%, 폭속 4,100m/s(1.0)
② Cyclotol: TNT 25~40% + RDX 75~60%, 폭속 7,900m/s(1.72), 8,100m/s(1.73),
   폭발열 1,195~1,225kcal/kg
③ Tetrytol: TNT 35~20% + Tetryl 65~80%, 폭속 7,400m/s(1.6)
④ Torpex: RDX 42% + TNT 40% + 알루미늄 18 + 기타), 폭속 7,500m/s(1.81), 폭발열
   1,800kcal/kg
⑤ Tritonal: TNT 80% + 알루미늄 20%, 폭속 6,500m/s(1.71), 6,700m/s(1.72), 폭발열
   1,225kcal/kg

6. 액체산소폭약 그 밖의 액체폭약(총단법 제2조 ③항 2호 '바'목)

1) 액체산소폭약

액체산소液體酸素를 가연물可燃物에 흡수吸收시켜 만드는 폭약이다. 카트리지Cartridge(약 포藥包) 안에 흡수력이 큰 흡수제(가연물)를 넣고 발파 직전, 카트리지 안의 흡수제에 액체산소를 넣어 흡수시킨 다음, 액체산소가 증발하기 전 가능한 빨리 발파공에 장전, 발파를 한다. 흡수제로는 카본 블랙Carbon black, 목분木粉, 코르크 더스트Cork dust 등을 사용한다.

2) 그 밖의 액체폭약

니트로글리세린이나 니트로글리콜이 액체상태 폭약의 좋은 예이나 이들은 총단법상 별도 품목으로 정의되어 있는바, 여기에 해당하지는 않는다.

액체상태의 폭약은 고체 폭약을 사용하기 곤란한 장소에서 또는 고체상태의 폭약 사용방법으로는 사용이 곤란할 때 유동성流動性이라는 액체의 특성을 살려 활용할 수 있다면 매우 유용할 것이다. 하지만 안정성, 감도, 폭력 등에서 고체폭약에 비해 취약하고, 저장에도 문제가 있다.

단체單體로 실용화된 것은 없고, 산화제와 가연제를 혼합하여 사용하는 것들이 대부분이다. 상기의 액체산소폭약처럼 사용 직전까지는 안전한 상태로 각각 보관하였다가 사용 직전에 간단히 처리하여 폭약의 기능을 갖도록 하는 것이다. 우리나라에서 액체폭약이 산업용으로 실용화된 것은 없다.

7. 그 밖의 폭약과 비슷한 파괴적 폭발에 사용될 수 있는 것으로써 대통령령이 정하는 것(총단법 제2조 ③항 2호 '사'목)

1) 폭발의 용도로 사용되는 질산요소 또는 이를 주성분으로 한 폭약(총단법 시행령 제5조 ②항 1호)

(1) 질산요소窒酸尿素(Urea nitrate)

우리나라에서 질산요소 자체를 폭약의 용도로 사용한 사례는 없다. 1960년대에 다이너마이트의 원료로 사용하였다.

● 질산요소 제조방법

요소를 질산으로 초화하여 만든다.

• 질산요소 특성

① 형상: 무색 결정
② 비중: 1.65
③ 융점: 158~159℃에서 분해
④ 폭발열: 800kcal/kg
⑤ 발화온도: 180℃(5초)
⑥ 물이나 알코올에 녹지 않는다.

$$O=C-NH_2$$
$$|$$
$$NH_2 \cdot HNO_3$$

구조식

(2) 질산요소를 주성분으로 한 폭약

현재 이에 해당하는 화약은 없다. 과거 일본에서 '질산요소를 주성분으로 하는 폭약'이 곧 생산될 것으로 예상하여 '화약류취체법'에 명시했던 것을 우리나라 '총단법'에서도 이를 인용한 것이었으나 우리나라는 물론 일본에서도 이러한 폭약은 생산되지 않았다.

2) 디아조디니트로페놀(DDNP) 또는 무수규산無水硅酸 75% 이상을 함유含有한 폭약(총단법 시행령 제5조 ②항 2호)

단순히 총단법상 표현된 문장으로 보면 '디아조디니트로페놀(DDNP)이나 혹은 무수규산無水硅酸 두 가지 중 하나를 75% 이상 함유하고 있는 폭약'을 뜻하는 것으로 이해된다. 하지만 이것은 '디아조디니트로페놀(DDNP)을 함유含有하고 또 무수규산 75% 이상을 함유한 폭약'의 오기誤記이다. 이 조항은 총단법 제정 당시 일본의 '화약류취체법'을 인용하는 과정에서 번역 또는 인쇄 오류로 인해 완전히 다른 뜻으로 기록되어 있는 조항이다.

일본에서 '화약류취체법'에 이 조항을 삽입한 것은 'DDNP에 무수규산을 첨가하여 감도를 둔성화鈍性化시킨 폭약'을 정의하기 위해서였다. 물론 일본의 현행 '화약류취체법'에는 '디아조디니트로페놀(DDNP)을 함유含有하고 또 무수규산 75% 이상을 함유한 폭약'으로 정의되어 있다. 일본에서는 이 폭약을 전기뇌관 기폭약을 점화하는 점화제로 사용하였으나 우리나라에서는 사용된 적이 없다.

하지만 'DDNP를 함유했거나 안했거나 무수규산 75% 이상을 함유한 폭약'이라는 것은 우리나라에는 존재하지 않았던 폭약이며 앞으로도 그런 폭약이 만들어질 확률은 없다고 본다. 따라서 현실적으로는 이 조항의 해석이나 적용을 놓고 논란이 발생할 일은 없을 것 같지만 그렇더라도 잘못된 법조문은 바로 잡는 것이 옳을 것이다.

3) 초유폭약硝油爆藥(초안유제폭약硝安油劑爆藥, Ammonium nitrate fuel oil explosive, AN-FO)(총단법 시행령 제5조 ②항 3호)

통상 AN-FO(안포)폭약이라고 부른다. 총단법 시행령 제2조 제11항에 '초유폭약은 질산 암모늄을 주성분으로 하여 연료유를 혼합한 일종의 초안폭약으로 경찰청장과 산업통상자원부 장관의 고시[39]로 정하는 원료·규격 및 혼합비율과 기폭감도시험에 의하여 제조된 폭약'으로 정의하고 있다.

1921년 독일 오파우Oppau의 비료용 초안창고에서 4,500톤의 초안이 폭발, 669명이 사망하거나 행방불명되고 1,952명이 부상하는 재해가 발생하면서 초안의 폭발성에 대한 광범위한 연구가 진행되었다. 그 후 1947년 미국의 텍사스 항구에서 각각 2,300톤, 1,000톤의 비료용 초안을 싣고 정박해 있던 두 척의 증기선 '그랜드 캠프Grand camp호'와 '하이 플라이어High flyer호'가 4월 16, 17일 연쇄적으로 폭발하였고 인근 시가지로 화재가 확산되어 사망 및 행방불명 568명, 부상 3,500명 이상의 인명피해가 발생하였다.

이 몇 차례의 초안폭발 사고에서 힌트를 얻고 개발된 것이 바로 초유폭약硝油爆藥이다. 1955년 미국의 아크레R. L. Akre와 리H. B. Lee가 비료용 초안에 목탄, 기름 등을 섞은 폭약을 개발하고 아크레마이트Akremite라 명명하였다. 이 후 '프릴초안'에 디젤유를 섞는 제품으로 발전, AN-FO라는 이름으로 실용화되었다. 계속해서 AN-FO는 작업의 편리성을 위해 'Bagged AN-FO'로 포장되기 시작했으며 1958년에는 캐나다의 Canadian Industrial Limited와 Iron Ore Company에 의해 기계식 현장 충전방법이 고안되었고 1960

---

39) 경찰청(내무부) 告示 제3호(1968. 12. 9), 〈부록 3〉
   산업통상자원부(상공부) 고시 제4088호(1968. 12. 9), 〈부록 3〉

년 미국에서는 공압식空壓式(Pneumatic) AN-FO 충전트럭도 개발되었다. 이 후 AN-FO 는 원료확보의 용이성, 저렴한 가격 및 사용상의 편리성뿐만 아니라 특히 안전하다는 장점을 가지고, 단기간에 전 세계 산업용폭약 수요의 70%를 점유할 정도로 성장하였다.

우리나라에서는 1966년 (주)한화에서 처음으로 제조하기 시작하여 한때는 국내 총 폭약사용량의 약 30%를 점유하기도 하였으나 2002년 말 (주)한화에서 벌크 에멀션Bulk Emulsion폭약을 보급하기 시작하면서 점차 그 비중이 감소하였다. 석회석광산, 골재 채취용 석산石山, 각종 토목공사현장 등에서 광범위하게 사용된다.

● AN-FO 제조방법

초안Ammonium nitrate에 디젤 오일Diesel oil을 섞어 만든다. AN-FO에 사용하는 초안은 구상球狀의 다공성多孔性 프릴초안Prilled ammonium nitrate을 사용한다. 구상의 초안을 사용하는 것은 천공穿孔 안에 AN-FO를 부어 장전裝塡할 때 흐름성을 좋게 하기 위해서이다. 디젤 오일은 인화점이 50℃ 이상의 것을 적황색赤黃色 등으로 착색着色하여 사용한다. 착색하는 이유는 AN-FO와 초안의 식별을 위함이지만 부수적으로 AN-FO 제조 시에 초안과 오일의 혼화 정도를 육안으로 확인하는 수단도 된다.

또한 AN-FO를 장전할 때는 정전기가 다량 발생하는데 이는 전기뇌관을 기폭시켜 폭발사고를 유발할 수가 있다. 따라서 AN-FO 제조 시에는 대전방지제帶電防止劑를 첨가하고, AN-FO장전기裝塡機는 반드시 접지接地를 하는 등 정전기 발생과 축적蓄積을 방지하는 예방조치를 취해야 하고 아울러 내정전기耐靜電氣 전기뇌관을 사용하는 것이 좋다.

일반적으로 혼화가 끝난 AN-FO를 종이 또는 합성수지제의 포대(Bag)에 담아 포장하고 있으나, 현재는 발파현장에서 직접 AN-FO를 제조하면서 장전하는 사이트 믹싱 시스템Site mixing system도 운영되고 있다.

산화제(초안)와 가연제(경유 혼합물)를 트럭으로 발파현장까지 운반하여 트럭에 장치된 스크루 타입Screw type의 혼화기를 이용하여 혼화하면서 직접 발파공 내에 장전하는 방법이다. 비화약非火藥 상태의 원료들을 발파현장까지 운반하게 되므로 운반 중의 안전성을 높인 점과, 적게는 수 톤에서 많게는 수십 톤의 화약을 사용하는 대발파 시의 작업 능률

을 대폭 향상시킨 장점이 있다. 이때 사용하는 장비를
AN-FO 믹싱 트럭 또는 벌크Bulk AN-FO 트럭이라 하며,
통상은 이를 줄여서 AN-FO 트럭이라고 부른다. 우리나
라에서는 주로 석회석광산의 대구경 발파에 사용되고 있
으며 1970년대 말부터 석회석광산이 밀집된 지역을 중심
으로 ㈜한화에서 운영하기 시작하였다.

포장된 AN-FO

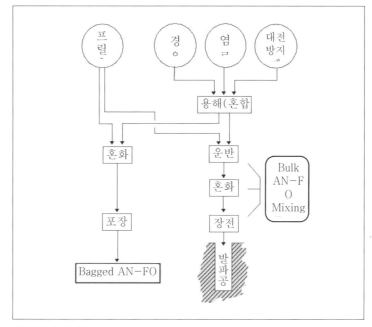

AN-FO 제조공정도

● AN-FO의 특성

① 비중: 0.8~0.9

② 폭속: 2,500~3,700m/s

③ 충격, 마찰에 둔감하며 다이너마이트에 비해 매우 안전하다.

④ 6호 뇌관으로 기폭되지 않으며, 다이너마이트나 함수폭약 등의 전폭약(傳爆藥40)을 약

10% 정도 사용한다.

⑤ 내수성耐水性이 없다. 천공穿孔 안에 물이 있는 수공水孔에 사용할 때는 천공 내에 비닐 튜브를 먼저 넣고 그 안에 AN-FO를 넣는다.

⑥ 후가스가 많이 발생한다. 특히 NO_2가 다량 발생하므로 갱내坑內에서 사용할 경우 환기를 철저히 해주어야 한다.

⑦ 발파공發破孔 직경이 3Cm 이상이 아니면 최고이론폭속最高理論爆速이 나오지 않으며, 장전비중裝塡比重 1.15 이상이면 사압死壓이 발생하여 불폭不爆 원인이 된다.

▲ 벌크 AN-FO 장전광경
▶ 석회석 광산 AN-FO 발파광경

4) 함수폭약含水爆藥(총단법 시행령 제5조 ②항 4호)

'질산염을 주성분으로 하는 폭약의 일종으로서 조성 중에 물이 포함되어 있기 때문에 함수폭약含水爆藥이라고 한다.

주로 사용하는 산화제로는 질산암모늄, 질산나트륨, 질산모노메틸아민Monomethyl-

---

40) 일반적으로 폭약의 폭발을 확실하게 본체 폭약에 전하기 위해 사용하는 폭약을 말한다. 예를 들어 뇌관의 첨장약은 기폭약의 폭발력을 확대하여 본체 폭약에 전해주는 일종의 전폭약이라 할 수 있다. Primer 또는 Booster라고 한다.

aminenitrate(MMAN) 등의 질산염 및 과염소산염 등을 사용하며, 예감제, 발열제, 가연제, 유화제 등과 함께 물을 포함한다. 10~20%의 물을 포함하는 것이 가장 큰 특징이다. 조성 중에 상당량의 물을 포함하기 때문에 마찰, 충격, 화염 등에 매우 둔감하여 제조, 저장, 운반, 사용 시에 다른 폭약에 비해 매우 안전하다.

수중유형水中油形Oil in water type의 슬러리Slurry폭약과 유중수형油中水形Water in oil type의 에멀션Emulsion폭약 두 가지가 있다. 총단법 시행령 제2조 제12항에 "함수폭약은 산화제(질산암모늄 및 질산모노메칠아민 등의 질산염을 말한다)·물·예감제 및 발열제 등을 주성분으로 하고 죽상태(스러리) 또는 맑은 묵상태(엠엘존)로서 물에서 그 성질이 변하지 아니하는 강한 폭약"이라고 정의하고 있다.

함수폭약 조성의 예를 들어보면 다음의 것이 있다.

〈표 4-4〉 함수폭약 배합조성 예

슬러리폭약		에멀션폭약	
물	12.0 %	물	11.5 %
질산암모늄	34.0	질산암모늄	62.1
질산나트륨	10.1	질산나트륨	15.5
질산모노메칠아민	30.0	유화제	2.0
알루미늄분말	3.0	Microcrystalline wax	3.8
구아검	2.6	Glassmicroballon	5.1
에칠렌글리콜	5.3	-	
기타	3.0	-	

우리나라에서는 1981년 (주)한화에서 처음으로 슬러리폭약을 생산하였고 1984년부터 미국 듀퐁DuPont사社의 워터겔Water gel 기술을 적용하였다. 소구경小口徑용과 대구경大口徑용, 탄광용炭鑛用, 동절기冬節期용 등 네 가지 조성의 슬러리폭약을 생산하였으나 다이너마이트에 비해서는 위력이 약하고 AN-FO에 비해서는 가격이 비싸다는 단점 등으로 생산량은 많지 않았다. 에멀션폭약으로 대체되면서 2002년 생산이 종료되었다.

에멀션폭약 역시 (주)한화가 1993년부터 처음으로 생산하기 시작하였다. 이후 에멀션폭약은 초안폭약 및 다이너마이트 등 니트로글리세린 계열의 폭약을 비롯하여 슬러리폭약의 수요까지 완전히 대체하였고 현재 AN-FO와 함께 우리나라 산업용폭약의 주류를 이루고 있다.

(1) 슬러리(Slurry)폭약

AN-FO가 니트로글리세린을 사용하는 다이너마이트의 단점인 위험성을 보완하였지만 AN-FO는 초안이 지니고 있는 고유의 성질 때문에 그 성능에는 한계가 있다. 첫째 위력이 약하고, 둘째 내수성이 취약하다. 또한 뇌관만으로는 완벽하게 기폭起爆시킬 수가 없기 때문에 반드시 전폭약傳爆藥(부스터Booster)(제4장 주)40 참조)이 필요하다.

   뿐만 아니라 비중이 0.8~0.9로서 물보다 가벼워 수공水孔에는 충전充塡하기가 곤란하며 장전비중裝塡比重이 낮아 경암硬岩 발파용에는 부적당하다. 이러한 AN-FO의 문제점과 다이너마이트의 위험성을 보완하기 위해 만들어진 것이 슬러리폭약이라 할 수 있다. 1956년 12월 미국 유타Utah 대학의 쿡M. A. Cook 교수와 캐나다의 파르남H. E. Farnam이 슬러리폭약의 원형을 처음 만들었다.

   초기의 슬러리폭약은 AN-FO에 물과 가교제(구아검Guar Gum)을 가하여 슬러리Slurry 상태로 만들고 예감제로 알루미늄 분말과 TNT를 사용하였다. 이후 쿡Cook이 설립한 아이레코Ireco사에서 1963년 예감제로 비금속 가연제를 사용한 슬러리폭약을 개발하였으며 'Field Slurry Mixing System'을 고안하였고 1969년 미국의 듀퐁DuPont사社에서는 예감제로 MMAN(Monomethyl amine nitrate)을 사용한 슬러리폭약(Water gel)을 생산하였다. 슬러리폭약의 발전은 70년대 들어 비화약 예감제를 사용하는 기술과 함께 뇌관기폭성41) 제품이 개발되면서 직경 약 25mm 정도의 소구경발파도 가능해졌고 1964년에는 'Chemical gassing' 방법에 의한 예감화銳感化 기술도 개발되었다.

---

41) Cap sensitivity라 한다. 뇌관에 의한 폭약의 기폭감도를 나타내는데 6호 뇌관 1개로 기폭될 수 있는 것을 뇌관기폭성 폭약, 기폭될 수 없으면 뇌관 비기폭성 폭약이라 한다.

● 슬러리(Slurry)폭약 제조방법

산화제 수용액에 예감제銳感劑, 중공입자中空粒
子를 첨가한 후, 점조제粘稠劑, 발열제, 가교제架
橋劑 등을 넣고 혼화하여 종이 또는 합성수지제
Film으로 포장하여 제조한다. 우리나라의 경우
종이포장 제품은 유통되지 않았다.

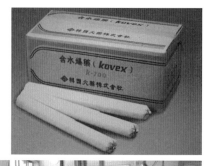

　　제품 품종별, 각 제조회사별로 사
용하는 원료들은 여러 가지가 있다. 산
화제로는 초안, 질산나트륨 등을, 예감
제로는 초창기 TNT, PETN, RDX,
Tetryl 등 폭약을 사용하였으나 최근에
는 액체 예감제를 사용한다. 액체 예감
제로 사용되는 것에는 질산모노메칠아
민(MMAN), 질산하이드라진Hydrazine
nitrate(HN), 에틸렌글리콜모노나이트

▲▲ 슬러리폭약
▲ Monomethylaminenitrate(MMAN) 합성시설

레이트Ethylene glycol mononitrate 등이 있다. 발열제로는 알루미늄 분말, 그리고 점조제粘稠
劑로는 구아검Guar gum을 사용하였으며, 기포제氣泡劑로는 펄라이트Pearlite를 사용하였다.

● 슬러리(Slurry)폭약의 성능 및 특성

① 형상: 죽(슬러리) 상태이다.

② 비중: 1.0~1.3

③ 폭발속도: 3,500~5,500m/s

④ 순폭도: 2~6배

⑤ 낙추감도: 1/6 폭점爆点 50Cm 이상

⑥ 후後 가스[42]가 다이너마이트에 비해 매우 우수하며 발연량發煙量이 적다. NOx 발생량

은 큰 차이가 없으나, CO 발생량은 1/2~1/3로 매우 적다.

⑦ 충격, 마찰에 안전하다.

⑧ 열이나 화염에 둔감하며, 연소하기 어렵다. 연소하더라도 폭굉爆轟으로는 잘 이행되지 않는다.

⑨ 내수성耐水性, 내습성耐濕性이 우수하여 수공水孔에서도 사용이 가능하다.

슬러리폭약 제조시설

⑩ 6호 뇌관으로 기폭이 되는 제품도 생산이 가능하다.

⑪ 위력威力은 AN-FO와 다이너마이트의 중간 정도이나 최근에는 다이너마이트에 버금가는 위력의 고성능 제품이 만들어지고 있다.

⑫ 순폭성殉爆性이 좋지 않다. 약포藥包 사이에 암분岩粉 등이 끼면 순폭되지 않을 수 있다. 따라서 2본本 이상의 약포를 장전할 경우에는 약포와 약포를 서로 밀착시켜 장전하는 것에 유의하여야 한다.

⑬ 내한성耐寒性이 좋지 않다. 보통 4℃ 이하에서는 기폭성起爆性이 현저하게 떨어진다. 5℃ 이상에서 사용하는 것이 좋다.

⑭ 내압성耐壓性이 떨어진다. 인접공隣接孔의 폭굉압력으로 기포氣泡가 감소하여 불폭不爆이 될 수 있어 공간격孔間隔을 넓히는 것이 필요하다. 수심水深이 깊은 곳에서는 수압水壓을 받아 불폭되는 경우도 있다.

(2) 에멀션(Emulsion)폭약

슬러리폭약이 화약은 물과는 상극이라는 관념을 깨면서 산업용폭약의 새로운 역사를 썼지만 이 역시 또 다른 약점이 있다. 슬러리폭약은 O/W(Oil in Water)형의 폭약으로서 물

---

42) 발파 시에 발생하는 가스를 말하며, After-detonation fume 또는 Fume라 한다. 폭약이 폭발하면 N2, CO2, H2O 등의 가스가 발생하는데 폭약의 성분이나 발파상황에 따라 NOX, CO 등의 유독 가스가 발생한다. 갱내에서 발파 시 이러한 유독가스는 매우 위험하므로 갱외용으로 만든 폭약을 갱내에서 사용해서는 안 된다.

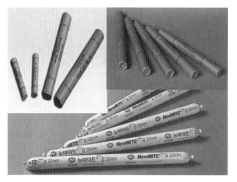
에멀션폭약

층이 대기와 노출되어 있어 겨울철에는 동결로 인해 기폭성을 잃어버리는 치명적 결점이 있다. 보통 4℃ 이하에서는 기폭성이 현저히 떨어져 불폭不爆현상이 발생하고, 위력도 다이너마이트에 미치지 못한다.

에멀션폭약은 이러한 슬러리폭약의 단점을 개선한 폭약이다. 1961년, 미국의 커머셜 솔벤트사Commercial Solvents Corp.의 어글리R. S. Egly가 최초로 W/O(Water in Oil)형 에멀션과 O/W(Oil in Water)형 슬러리를 혼합한 형태의 폭약을 만든 것이 에멀션폭약의 원형이 되었다. 1963년 미국의 아틀라스사Atlas Chemical Industrial Limited의 게릭N. E. Gehrig이 슬러리를 포함하지 않는 에멀션을 개발하였다. 그 후 1969년 6월 미국 아틀라스사의 블럼H. F. Bluhm이 에멀션폭약 기술의 특허를 등록, 공개하였다. 하지만 초기의 에멀션폭약은 뇌관 비기폭성으로서 부스터를 사용해야만 했기 때문에 소구경의 발파에는 사용되지 못하고 대구경에만 사용되었다.

이어서 1972년에는 미국 듀퐁사의 카터몰G. R. Catermole이 Aminenitrates(MMAN 등)를 사용하여 폭굉감도를 증가시킴으로써 직경 25mm의 소구경 천공 내에서도 완폭完爆이 가능한 에멀션폭약을 개발하였다.

1977년에 아틀라스 파우더Atlas Powder사의 웨이드가 속이 빈 미세한 유리공, 즉 미소중공구체微小中孔球體Hollow microballoons[43]를 사용하여 6호 뇌관으로 기폭할 수 있는 에멀션폭약을 개발하였는데, 이것이 바로 오늘날 보편적으로 사용되고 있는 GMB(Glass microballoon)[44]를 사용한 에멀션폭약이다. 이후 에멀션폭약의 연속식 제조기술을 비롯하여 비중조절 기술, 유화제와 유화기 등 유화기술, Field loading(Bulk) 에멀션폭약,

---

43) 함수폭약류에 사용하는 속이 빈 입자를 말한다. 함수폭약 중에 미소(微小) 기포(氣泡)를 분산시켜 뇌관의 기폭충격을 받았을 때 급속(急速)히 단열압축되면서 고온, 고압상태를 만들어 인접한 폭약성분의 폭발분해를 촉진시킨다. 기폭감도를 높여주고 전폭성을 확보하는 역할을 한다. NaNO2와 같은 기포발생제를 사용하기도 하고 Pearlite나 GMB(Glass microballoons)와 같은 속이 빈 입자를 사용한다.
44) 상기 주)43의 미소중공구체를 유리로 만든 것을 말한다. 즉, 속이 빈 미소(微小)한 유리공이다.

내수성 에멀션폭약, 에멀션 AN-FO폭약, 지포장紙包裝Paper Cartridge 에멀션폭약 등 제조기술도 발전이 거듭되었다.

우리나라에서는 1993년 (주)한화가 최초로 생산하였다. 처음에는 소시지 형태의 필름포장 제품 위주로 유통되었으나, 현재는 소구경에서 대구경까지 종이포장 제품도 생산되고 있으며 Site mixing system(Bulk emulsion truck)도 운영되고 있다. 갱외용과 탄광용, 정밀발파용에 이르기까지 국내에서 필요로 하는 모든 용도의 제품들이 구경별口徑別, 약장별藥長別로 다양하게 생산되고 있다.

● 에멀션폭약 제조방법

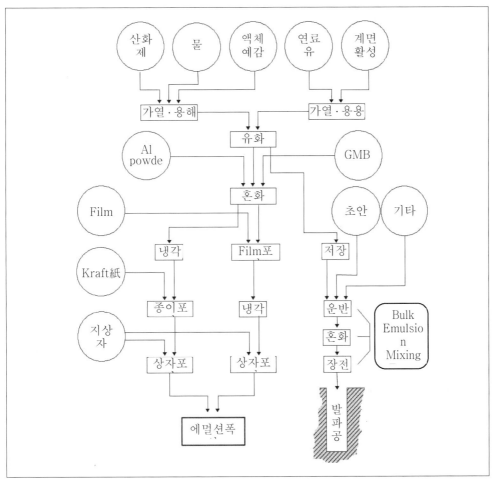

에멀션폭약 제조공정도

산화제 수용액과 예감제鋭感劑, 중공입자中空粒子를 사용하는 점 등 슬러리폭약과 유사한 부분이 있다. 산화제 수용액과 예감제鋭感劑, 연료유燃料油를 계면활성제界面活性劑(유화제 乳化劑)와 함께 유화乳化한 다음, 중공입자中空粒子, 발열제 등을 혼화하고 종이 또는 필름 포 장을 하여 만들어진다. 유화가 끝난 반제품을 운반하여 발파현장에서 직접 혼화하여 천공 내에 장전하는 Site mixing system(벌크 에멀션 믹싱 트럭Bulk emulsion mixing truck)도 있다.

역시 각 제조회사별로 다양한 원료와 조성으로 다양한 성능과 용도의 제품들이 만들 어진다. 주로 사용되는 산화제로는 초안, 질산나트륨, 질산칼슘, 과염소산염 등이 있고 예 감제로는 질산모노메칠아민Monomethylaminenitrate(MMAN), 질산하이드라진Hydrazineni- trate (HN), 에틸렌글리콜모노나이트레이트Ethylene glycol mononitrate 등이 있으나 슬러리 폭약과는 달리 에멀션폭약에서는 예감제를 사용하지 않는 것도 있다. 발열제로는 알루미 늄 분말이 주로 사용되며 중공입자中空粒子로는 Glassmicroballoon(GMB, 미소중공구체 微小中空球體)이 사용된다. 연료燃料로는 왁스와 Fuel oil이 사용된다. 그 외에도 요소尿素, 유황Sulfur powder을 비롯해서 비중 조절제로 실리콘 고무Silicon rubber 등을 사용하기도 한다.

에멀션폭약 제조시설

• 에멀선폭약의 특성

① 형상: 교질膠質 상태이다.

② 비중: 1.0~1.4

③ 폭발속도: 4,000~6,000m/s

④ 순폭: 2~6배

⑤ 낙추감도: 1/6 폭점爆点 50Cm 이상

⑥ 후後가스: 매우 양호

⑦ 물을 포함한 함수폭약의 특성에 따라 충격, 마찰에 안전하며, 열이나 화염에 둔감하고, 내수성耐水性, 내습성耐濕性이 좋고, 후後가스가 우수한 점 등은 슬러리폭약과 유사하다.

⑧ 슬러리폭약의 단점인 순폭성, 위력, 내한성, 내압성 등을 개선한 보다 우수한 제품의 제조가 가능하다.

5) 면약綿藥(Nitrocellulose, NC) (질소窒素 함량이 12.2% 이상의 것에 한한다) (총단법 시행령 제5조 ②항 5호)

면약綿藥은 셀룰로오스Cellulose(섬유소纖維素)의 질산에스테르로서 원명은 Cellulose nitrate이나 관용적으로 니트로셀룰로오스Nitrocellulose라고 한다. NC로 약기略記하며, 면화약綿火藥, 초화면硝化綿, 질산섬유소窒酸纖維素, 니트로코튼Nitrocotton 등 여러 이름으로 표기한다.

1833년 프랑스의 브라코노Braconnot가 전분澱粉, 목면木棉, 톱밥 등을 농질산濃窒酸에 넣고 가온하여 용해시킨 후, 물을 가하면 부피가 커지면서 연소성이 강한 침전물이 생성되는 것을 발견한 것이 면약의 기원이라 할 수 있다. 그 후 1838년 페루즈Pélouze가 목면木棉, 아마亞麻, 종이 등을 농질산으로 처리하여 가연성물질을 만들었고, 다시 1845년 스위스의 쉔바인Schönbein은 혼산混酸으로 목면木棉을 초화Nitration하여 면약을 만들고 그 화약적 성질을 발견하였다. 질소함량이 12.5% 이상인 것을 강면약强綿藥Gun cotton, 10~12%인 것을 약면약弱綿藥Collodion cotton, 10% 이하인 것을 취면약脆綿藥Friable cotton이라 한다. 강면약은 무연화약 제조에 사용되며 약면약은 NG나 Ng에 녹아 교화膠化되는 성질을 이용하여 다이너마이트 제조 시에 사용한다. 취면약은 특별한 용도가 없다.

우리나라 총단법에서는 질소함량이 12.2% 이상인 면약에 대해서만 화약으로 분류하고 있다. 약면약은 화약에도 사용되지만 필름Film, 래커Lacquer, 셀룰로이드Celluloid 등에도 사용되기 때문에 화약 이외 용도로 사용할 경우의 편의를 위해서다. 하지만 엄밀히 말하면 니트로셀룰로오스는 '그 밖의 폭약으로 사용되는 질산에스테르'의 일종으로서 파괴나 추진 용도, 즉 화약의 용도로 사용된다면 질소함량이 12.2% 미만이라도 화약으로 분류하는 것이 옳다고 본다. 면약은 보통 수분을 7% 정도 함유하면 겨우 연소할 수 있는 정도이며, 수분을 15% 이상 함유하면 연소가 되지 않지만 건조 상태의 면약은 충격, 마찰에 민감하고 일단 점화가 되면 폭발적으로 연소하는 매우 위험한 물질이기 때문이다.

따라서 폭약의 용도로 사용할 경우에는 질소의 함량에 관계없이 당연히 화약으로 분류해야 하고, 폭약의 용도로 사용하지는 않더라도 운송, 저장, 사용 등의 취급 시 건조 상태에 따라서는 화약과 동등한 수준으로 안전관리를 해야 할 필요도 있다. 보통의 경우 23% 이상의 수분을 첨가하여 보관한다.(제4장 주)55 참조)

● 면약綿藥 제조방법

섬유소纖維素Cellulose(면綿 또는 목섬유木纖維)를 혼산(질산+황산)으로 초화Nitration하여 제조한다. 초화 온도, 시간 및 혼산의 농도 등에 따라 강면약, 약면약, 취면약 등으로 질소 함량이 다른 면약이 만들어진다. 이론상 최대 질소량은 14.14%이나 실제 공업적으로 제조 가능한 최대치는 13.5%이다. 반응식은 다음과 같다.

$$[C_6H_7O_2(OH)_3]n + xHNO_3 \rightarrow (C_6H_7O_2)n(OH)3n\text{-}x + xH_2O$$

초화 후 제산除酸을 마친 면약 중에 산분酸分이 남아 있으면 면약은 자연분해를 일으키게 되므로 잔존하는 산분酸分을 완전히 제거하는 것이 매우 중요하다. 온수溫水 내에서 장시간 교반攪拌하여 산분을 제거하고 미량의 탄산소다로 중화시키기도 한다.

면약의 초화硝化장치로는 듀퐁법(교반법攪拌法), 톰슨법(치환법置換法), 셀비히 랑게 Selwig Lange법(원심초화법遠心硝化法) 등이 있다.

① 듀퐁(DuPont)법(교반법攪拌法)
스테인리스 스틸로 만든 4개의 초화조硝化槽에 차례로 셀룰로오스와 혼산混酸을 넣고 교반하여 초화硝化한 다음, 원심분리기식遠心分離機式 제산기除酸機로 제산하는 방식이다. 균일한 제품을 생산할 수가 있고 산酸 가스가 외부로 거의 나오지 않는 특징이 있다.

② 톰슨(Tomson)법(치환법置換法)
내산성耐酸性의 도자기나 스테인리스 스틸로 만든 초화기硝化器에 셀룰로오스를 넣고 그

위에 고루 펴듯 혼산을 넣은 다음, 일정 시간 후에 서서히 위에서 물을 주입하면서 아래로 산酸을 빼내어 제산除酸하는 방식이다. 균일한 제품을 다량으로 생산하는 기술을 필요로 한다.

③ 셀비히 랑게(Selwig Lange)법

　(원심초화법遠心硝化法)

원심분리기형遠心分離機型의 초화기硝化機를 사용하는 방법이다. 바스켓 형태의 원심분리기에 셀룰로오스와 혼산을 넣고 서서히 회전시키면 산酸이 순환하면서 초화가 진행되고 초화가 끝난 다음 고속으로 회전시키면 산酸은 빠져나가고 바스켓 안에는 니트로셀룰로오스만 남는다.

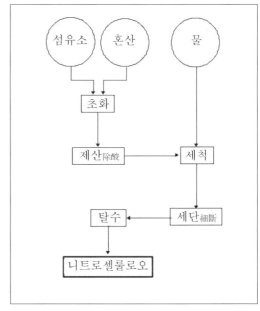

니트로셀룰로오스 제조공정

● 면약綿藥의 특성

① 백색의 섬유상纖維狀으로 외관상 초화하기 전의 섬유소(셀룰로오스)와 비슷하나, 섬유소에 비해 신장력伸張力이 약하고 부드럽지 못하다.

② 진비중眞比重은 1.61~1.69이나, 겉보기 비중은 섬유상纖維狀에서는 0.1, 세단細斷한 것은 0.3 정도이고 압축壓縮하면 1.0~1.3이다.

③ 질소함량에 따라 흡습성은 감소하고, 폭발열은 증대된다. 질소함량 11%의 것은 폭발열이 800cal/g이고, 13%의 것은 1,100cal/g이다.

④ 물에는 녹지 않고, 벤젠에는 어느 정도 녹으며 기타 유기용제에 대해서는 질소함량에 따라 용해도가 다르다. 약면약은 니트로글리세린, 니트로글리콜 등에 의해 교화膠化되어 다이너마이트에 사용된다.

⑤ 발화온도는 230℃(5초)이며 화염火焰, 스파크에 쉽게 착화着火된다. 질소량이 높을수

록 급격하게 연소한다.

⑥ 폭발속도는 비중 1.20으로 압축했을 때 7,300m/s이다.

⑦ 마찰, 충격에 예민하다.

⑧ 직사광선, 가열 및 장기간 저장 시 자연분해의 위험성이 있다. 충분히 정제精製되지 않아 산분酸分이 남아 있을 경우 자연분해가 촉진되므로 정제를 충분히 해야 하고 냉암소冷暗所에 보관하는 것이 필요하다.

⑨ 건조 시에는 고온 건조를 피하고 40~50℃의 습한 공기를 이용하여 건조하고, 정기적으로 안정도 시험을 해야 한다.(제4장 주)26 참조)

⑩ 저장이나 운반을 할 때는 수분 또는 알코올분이 23% 정도 머금은 상태로 운반해야 한다.45)

〈표 4-5〉 면약의 용해성

면약綿藥 \ 용제溶劑	아세톤	에테르:알코올 = 2:1 혼합용액	에틸알코올
강면약强綿藥	가용可溶	난용難溶 ~ 불용不溶	불용不溶
약면약弱綿藥	가용可溶	가용可溶	난용難溶 ~ 불용不溶
취면약脆綿藥	난용難溶 ~ 불용不溶	난용難溶 ~ 불용不溶	불용不溶

---

45) 총단법 시행령 제50조 ①항 14호

제5장 화공품

화약·폭약과 마찬가지로 화공품 역시 총단법 '화약의 정의'에는 이름이 없으나 포괄적인 개념으로 화공품의 범주에 포함시켜야만 할 것들이 많다. 하지만 화약이나 폭약은 '~를 주성분으로 하는 화약 또는 폭약'이라 하여 어느 정도 '학술적' 기준을 가지고 그 사례를 찾는 것이 어렵지 않으나 화공품의 경우에는 문제가 있다. 왜냐하면 지난 수십 년간 국내외의 여러 화약 제조사들은 다양한 형상의 화공품들을 다양한 이름으로 계속 만들어오고 있기 때문이다.

우리나라에도 총단법 '화공품의 정의'에 포함되지 않은 화공품들이 이미 공업적으로 실용화되어 유통되고 있는 것이 많지만 이러한 것들은 용도가 발생할 때마다 그 용도에 맞게 만들어진 것들로서 분류 원칙이 애매할 수밖에 없다. 물론 총단법 절차에 따른 '제조허가'나 '수입허가' 등 '허가'를 득하여 적법하게 유통되는 것들로서 '허가' 자체가 하나의 분류가 될 것인바, 학술적 기준으로는 설명이 곤란한 것은 당연하다.

따라서 이 책에서는 화공품의 종류를
1. 총단법 '화약의 정의'에 이름이 명시된 화공품과
2. 기타의 화공품('화약의 정의'에는 없으나 법조문에는 이름이 있거나, 이미 실용

화된 화공품)으로 구분하여 다루었다.

기타의 화공품에는 국내뿐 아니라 외국에서 사용된 실적이 있는 것까지 포함하였으며 꽃불류에 대해서는 제6장에 별도로 다루었다.

1. 총단법 '화약의 정의'에 따른 화공품

〈표 5-1〉 총단법 〈화약의 정의〉에 따른 화공품

화공품의 종류			관련 법조항
가. 공업용뇌관 · 전기뇌관 · 총용뇌관 및 신호뇌관			총단법 제2조 ③항 3호
나. 실탄實彈(산탄을 포함한다. 이하 같다) 및 공포탄空包彈			
다. 신관 및 화관			
라. 도폭선 · 미진동파쇄기 · 도화선 및 전기도화선			
마. 신호염관 · 신호화전 및 신호용 화공품			
바. 시동약始動藥			
사.	꽃불		
	그 밖의 화약이나 폭약을 사용한 화공품		
아.	장난감용 꽃불 등으로서 안전행정부령이 정하는 것	1)~8) 생략	총단법 제2조 ③항 3호 동 시행규칙 제4조 ①항 1~11호
		9) 시동약	
		10) 화재경보용 또는 도난방지용 꽃불류	
		11) 기밀시험용 발연화공품	
자. 자동차 긴급신용용 불꽃신호기			총단법 제2조 ③항 3호
차. 자동차에어백용 가스발생기			

1) 공업용뇌관·전기뇌관·총용뇌관 및 신호뇌관(총단법 제2조 ③항 3호 '가'목)

'뇌관'이란 화약이나 폭약을 폭발시키기 위한 화공품을 말한다. 보통 관체管體 안에 점화약點火藥 또는 점폭약點爆藥, 필요에 따라 연시약延時藥[1] 등을 장전裝塡하여 만든다. 용도에 따라 점화용 뇌관과 점폭용 뇌관으로 분류한다.

점화용 뇌관은 소총이나 권총Pistol의 약협藥莢(Case) 저부低部에 부착하여 발사약에 점화하는 것으로 격발擊發뇌관[2]과 전기식 뇌관이 있으며, 점폭용 뇌관은 폭약을 폭굉爆轟시키기 위한 것으로 군용과 산업용으로 분류할 수 있는데, 산업용으로는 공업뇌관, 전기뇌관을 비롯하여 최근에는 비전기뇌관非電氣雷管, 전자뇌관電子雷管 등이 사용되고 있다.

1864년 노벨이 뇌홍雷汞을 사용하여 도화선으로 점화하는 공업뇌관, 즉 "Fuse Blasting Detonator"를 발명하였다. 1907년 독일의 뵐러Wöhler가 아지화연Lead azide(LA)을 처음 사용하였고, 그 후 뇌관 자체에 전폭약傳爆藥Booster 기능을 부가하기 위한 2중 기폭약시스템 뇌관이 만들어지면서 기폭약 하부에 TNT, Tetryl, PETN, RDX 등을 추가로 장전하였는데 이들을 기폭약Primary explosive과 구별하여 첨장약添裝藥Secondary explosives이라 한다. 아지화연을 사용하던 기폭약도 종류가 다양해져서 테트라센, DDNP, 뇌산염류雷酸鹽類, 디아조화합물류, 니트로화 중금속염류와 그 혼합물 또는 염소산염 등 산화제를 혼합한 폭분爆粉에 이르기까지 수많은 것들이 만들어졌다.

그 후 도화선으로 점화하던 공업뇌관의 단점을 해결하기 위한 전기식 점화시스템을 적용한 전기뇌관이 만들어졌고 전기뇌관의 발파 효율성을 높이기 위한 방법으로 지발遲發(단발段發)전기뇌관도 등장하였다. 하지만 전기뇌관도 단점은 있다. 현재는 전기뇌관의 단점인 전기적 위험성을 보완해주는 비전기뇌관 그리고 보다 정밀한 지연초시를 갖고 있는 전자뇌관電子雷管 등이 실용화되었다.

---

1) 지발(遲發) 전기뇌관 또는 시한신관(時限信管)의 연시장치로 사용하는 약제(藥劑)를 말한다. 초기에는 흑색화약 등을 사용했으나 가스 발생량이 많아 지연효과가 일정치 않은 단점이 있어 요즘에는 무가스(Gasless) 지연제를 사용한다. 산화제와 환원제의 혼합물로서 산화제로는 BaO_2, Pb_3O_2, $KMnO_4$, $PbCrO_4$ 등을, 환원제로는 금속, 비금속 분말을 사용한다. 폭연 또는 폭굉에 이르지는 않고 단순히 연소만 하는 물질로 총단법상 화약의 범주에 속하지 않는다.

2) 총용뇌관에서 타격 또는 마찰에 의한 충격으로 발화하는 뇌관을 말한다.

비전기뇌관은 도화선이나 전기식 점화장치 대신에 합성수지로 만든 가느다란 관管 Tube 안에 미량微量의 폭약을 넣은 도폭관導爆管Shock tube, Signal tube^{(제5장 2-1)-(4) 참조)}으로 점화해주는 뇌관을 말하고 전자뇌관이란 전기뇌관의 화약식火藥式 연시장치延時裝置 대신에 전자식 연시장치를 사용하는 뇌관이다.

우리나라에서도 비전기식뇌관의 사용은 보편화되었고 그에 따른 여러 액세서리들도 실용화되었으며, 전자뇌관도 이미 상용화되었다. 하지만 아직 총단법은 이들 두 가지 뇌관에 대해서는 법조문에 그 명칭이 없다. 따라서 본서에서는 이들 뇌관들은 '기타의 화공품'으로 분류하고 별도로 다루었다.

(1) 공업용뇌관工業用雷管(공업뇌관, Blasting Cap)

공업용뇌관이라 하면 공업적으로 사용되는 모든 뇌관을 지칭하는 것으로 볼 수도 있으나, 총단법에서는 도화선 발파에 사용되는 뇌관을 뜻하며 일반적으로 '공업뇌관'으로 통용된다.

공업뇌관은 1864년 노벨이 발명하였다. 당시에 이미 뇌홍雷汞을 이용한 격발식擊發式 뇌관Percussion Cap이 총용銃用뇌관으로 사용되고 있는 것에서 착안하여 주석朱錫 관체管體3)에 뇌홍을 장전裝塡한 뇌관을 발명하고 'Fuse Blasting Detonator'라고 부르기 시작하였다.

1907년 뇌홍대신에 아지화연鉛Lead Azide을 사용하기 시작했고, 제2차 세계대전 이후 뇌관 자체에 전폭약傳爆藥Booster or Primer 기능을 부가하여 폭약을 확실하게 기폭시켜주기 위해 기폭약 하부에 TNT, Tetryl, PETN, RDX 등을 추가로 장전한 2중 기폭약시스템 뇌관이 등장하였다. 이처럼 2중 기폭약 시스템을 만들기 시작하면서 기존의 단일 기폭약시스템에서 사용하던 기폭약Primary Charge과 구분하여 이들을 첨장약添裝藥Secondary, Base or Main Charge이라 한다.

기폭약도 종류가 다양해져서 뇌홍이나 아지화연鉛뿐만 아니라 테트라센, DDNP, 뇌산염류雷酸鹽類, 디아조화합물류, 니트로화중금속염류와 그 혼합물 또는 염소산염 등 산화제를 혼합한 폭분爆粉에 이르기까지 다양한 기폭약들이 사용되기도 하였다.(제4장 1절 참조)

---

3) Detonator shell, Detonator capsule이라 한다. 뇌관에서 화약을 장전하는 금속제 관(管=통筒)을 말한다. 공업뇌관 등 산업용 뇌관에는 구리, 알루미늄, 철을 사용하고 총용뇌관에는 황동을 사용한다.

공업뇌관

공업뇌관의 점화는 도화선이나 전기도화선을 이용하여 점화시킨다. 사용하는 방법은 공업뇌관 상부上部의 화약이 없는 빈 공간에 도화선을 끼우고 뇌관집게4)를 이용하여 크림핑Crimping한 다음, 이 뇌관5)을 폭약에 꼽는다. 도화선의 다른 한쪽에 점화를 하면, 도화선이 연소를 시작하여 뇌관 상부의 크림핑 부분까지 연소가 진행되고 도화선 끝으로 화염이 나와 뇌관 안의 기폭약을 점화, 폭굉시키고 다시 첨장약이 폭발하여 폭약을 폭굉시키게 된다. 점화 후 대피시간을 감안하여 도화선의 길이로 연소시간을 조절한다.

도화선 발파에 사용하는 뇌관을 '공업뇌관'이라 부르게 된 것은 군사용 뇌관과 구분하기 위해 붙여진 명칭일 것으로 생각된다. 19세기 말 처음 만들어진 뇌관은 군사용 뇌관인 Percussion Cap이었고, 그 후 암석발파용 뇌관이 만들어지자 군사용과 구별하기 위한 명칭으로 '공업뇌관'이라고 부르기 시작한 것 같다. 하지만 전기뇌관이나 비전기식뇌관 등은 역시 군사용이 아닌 암석발파용이지만 굳이 공업용이라는 용어를 사용하지 않는다.

우리나라에서는 1956년부터 (주)한화에서 생산하기 시작하였으나 전기뇌관, 비전기뇌관의 보급으로 수요가 급격히 줄어 1998년 말 도화선과 함께 생산이 중단되었으며 현재는 전기뇌관, 전자뇌관 또는 비전기뇌관을 만들기 위한 반제품半製品, 즉 원관原管(원료뇌관)으로 생산되고 있다. 현재 우리나라에서 유통되는 뇌관 종류는 대부분이 8호 뇌관이지만 과거에는 6호 뇌관을 사용하였다.

---

4) Cap crimper라고 한다. 도화선과 뇌관을 결합시키기 위한 도구로서 도화선 구제기라고도 한다. 뇌관에 도화선을 끼워 넣고 펜치(pinchers)처럼 뇌관의 양방향에서 집어 주는 휴대용 Crimper를 뇌관집게라고 한다.
5) 약포(藥包)에 삽입하기 직전의 것, 즉 전폭약포를 만들기 위한 것으로 공업뇌관과 도화선을 부착(Crimping)하였다는 뜻으로 '도화선부(導火線附) 뇌관' 또는 '뇌관부(雷管附) 도화선'이라고 한다.

● 공업뇌관 구조

① 관체: 뇌관의 외부 껍데기Case을 일컫는
　다. 알루미늄이나 구리(銅)를 사용하며,
　특수한 경우 철鐵 관체를 사용하는 경우도
　있다.

② 기폭약: 뇌홍이나 아지화연은 폭분을 제조
　하여 사용하며 DDNP는 폭분이나 혹은 구
　상球狀DDNP를 단독으로 사용한다.

③ 첨장약: 테트릴, PETN 등을 사용한다.

④ 내관內管: 기폭약 상부에 삽입하는 소형 관
　체를 말한다. 기폭약이 밖으로 흘러나오지
　못하게 하는 목적과 기폭약의 밀폐도密閉
　度를 높여 폭발력을 보강하는 용도로 사용

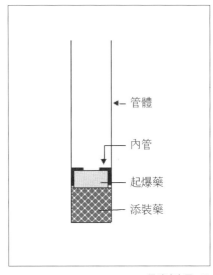

공업뇌관 구조도

한다. 내관의 중앙에는 작은 구멍이 뚫려 있어 도화선의 화염이 기폭약에 전달될 수 있
는 구조이다. 지발전기뇌관의 경우, 기폭약 상부에 연시약을 넣고 다시 한 번 강하게
압착을 해주어야 하므로 이때 기폭약을 보호하기 위해 기폭약 상부와 하부 양쪽에 두
개의 내관을 서로 마주보는 형태로(제5장 132쪽 그림 참조) 삽입한다.

● 공업뇌관 제조공정

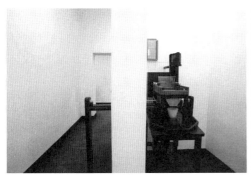

◀ 1970년대 기폭약 계량기
▶ 1970년대 첨장약 압착 Press

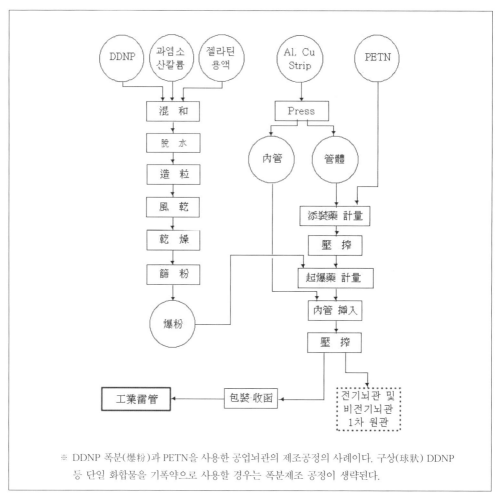

공업뇌관 제조공정도

● 공업뇌관 특성

① 연판시험鉛版試驗[6]: 두께 4mm 연판 관통
② 둔성폭약시험鈍性爆藥試驗[7]: TNT 70%, 활석滑石(Talc) 30% 기폭

---

6) 뇌관 기폭력 시험 중의 하나로 Lead plate test라 한다. 철관 통 위에 놓은 40×40mm, 두께 4mm의 연판 중앙에
   뇌관을 수직으로 세워 기폭시킨다. 6호 뇌관의 경우 11~12mm의 관통구멍이 생긴다.
7) 뇌관 위력시험 중의 하나로 Insensitive explosives test라고 한다. 둔감제를 섞어 둔성화한 폭약을 뇌관으로 기폭시
   켜 둔감제 양이 많아도 기폭되면 위력이 크다고 판정하는 방법이다. 폭약에 따라 면실유, 파라핀 오일, 탈크, 산화철
   등의 둔감제를 사용한다.

③ 아지화연 기폭약은 착화력 증대를 위해 트리시네이트Tricinate를 함께 사용하는 경우가 많다.

④ 관체 재질에 따른 특성

−동銅(구리) 관체: 아지화연을 기폭약으로 사용하는 경우 동관체를 사용해서는 안 된다. 아지화연은 동銅과 반응하여 아지화동銅이 만들어지는데 이 아지화동은 충격이나 마찰에 매우 예민하여 대단히 위험하기 때문이다. 아지화연을 기폭약으로 사용할 경우는 알루미늄 관체를 사용한다.

−알루미늄 관체: 알루미늄 관체는 두 가지 피해야 할 경우가 있다. 첫째, 알루미늄은 폭발 시에 화염과 함께 고열高熱이 발생한다. 따라서 탄광에서 사용할 경우 갱내坑內의 가스나 탄진炭塵이 인화引火되어 폭발할 위험이 있는 곳에서는 사용해서 안 되며, 동銅(구리) 관체를 사용해야 한다. 둘째, 알루미늄은 뇌홍과 접촉하면 아말감Amalgam을 형성하면서 관체가 훼손될 수 있으므로 뇌홍을 기폭약으로 사용하는 뇌관에는 알루미늄을 사용해서는 안 된다.

−철鐵 관체: 철鐵로 만든 관체를 말한다. 철이 화약류와 접촉할 경우의 위험성과 부식을 방지하기 위해 동銅 도금을 하거나 특수한 도료로 도장塗裝하여 만들며 철관체로 만든 뇌관을 통상 철뇌관이라 한다. 석탄광에서 불발뇌관이 발생할 경우 석탄에 섞여 들어간 뇌관이 공장이나 가정 등 석탄 사용 장소에서 폭발할 수가 있다. 이를 방지하기 위해 자석식 철분선별장치Magnetic separator or Magnetic catcher를 통과시켜 자력磁力으로 뇌관을 골라내기 위해 사용하는 뇌관이다. 수중발파 등 내수압耐水壓을 필요로 하는 내압 전기뇌관에도 철관체를 사용한다.

⑤ 흡습吸濕을 하게 되면 불발의 원인이 되므로 취급에 주의하여야 한다.

⑥ 공업뇌관은 그 자체로 유통될 경우의 명칭이며, 이 뇌관에 전기 점화장치를 부착하여 전기뇌관을 만들고자 할 경우는 전기뇌관용 원료뇌관, 이를 줄여 '원관原管Plain detonator'이라 한다.

(2) 전기뇌관(Electric Detonator, Electric cap, Electric blasting cap)

공업뇌관에 도화선을 대신하여 전기적으로 폭발시키는 장치(전기 점화장치)를 관체 내에 내장한 뇌관을 말한다. 도화선 발파의 문제점을 보완하면서 만들어진 뇌관이다.

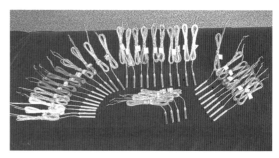

전기뇌관

도화선 발파는 도화선의 길이와 연소속도만을 가지고 시간을 조절해야 하므로 정밀한 발파를 할 수 없다. 또한 한 사람이 여러 개의 폭약을 동시에 점화하는 데도 한계가[8] 있으며, 안전성 측면에서는 도화선의 불규칙한 연소속도, 즉 속연速燃 현상[9]과 흡습 등에 의한 지연遲燃 또는 연소중단 현상에다가 작업자들의 실수 등으로 작업자가 대피하기 전에 폭약이 폭발하는 사고의 우려도 있다. 이러한 도화선 발파의 문제점을 해결할 수 있도록 고안한 것이 전기식 점화시스템을 적용한 전기뇌관이다.

1745년 영국의 왓슨Watson이 전기스파크로도 화약이 폭발된다는 것을 발견하였고, 1749년 벤자민 프랭클린Benjamin Franklin은 압착한 소량의 흑색화약에 약간 간격을 두고 두 가닥의 전선을 꼽은 뒤, 전기를 통하면 두 전선 사이에서 발생하는 전기스파크에 의해 흑색화약이 점화되고 그때 발생하는 화염으로 다른 흑색화약까지 점화시킬 수 있다는 사실을 확인하였다. 1830년 모지스 쇼Moses Shaw는 뇌산은雷酸銀Fulminating Silver과 흑색화약의 혼합물을 기폭약으로 사용하고 여기에 전기를 통하면 그 기폭약이 폭발하여 주장약主裝藥인 흑색화약을 폭발시킬 수 있는 장치를 만들었다.

전기뇌관은 전기로 화약을 기폭시키는 방법에 따라 크게 두 가지로 구분한다. 하나는 두 전극 사이에 간격을 두고 그 간격에 화약을 채워 넣은 다음 전류를 흘려 두 전극 사이에서 발생하는 스파크를 이용해서 화약을 기폭시키는 방법이고, 또 하나는 두 전극 사이에

---

8) 총단법 시행령 제18조 ①항 14호(동일인의 연속점화수: 도화선 길이가 1.5m 이상인 때에는 10발 이하, 1.5m 미만인 때에는 5발 이하, 0.5m 미만인 때에는 연속점화 금지)
9) 화약류가 예정된 정상 연소속도보다 빠른 속도로 연소하는 것을 말한다.

저항이 큰 와이어Wire를 연결해서 전류를 흘릴 때 발생하는 열로 화약을 기폭시키는 방법이다. 전자의 경우는 고압전류를 필요로 하기 때문에 'High Tension Caps'라 하고 후자의 경우를 'Low Tension Caps'라 한다. 오늘날 우리가 보편적으로 사용하고 있는 전기뇌관이 바로 'Low Tension Caps'이다. 따라서 이 책에서는 'Low Tension Caps'를 중심으로 설명하였다.

1830년 모지스 쇼가 고안한 장치는 'High Tension Caps'로서 실용화에는 크게 불만족스러운 상태였는데 1832년 쇼가 다시 미국 펜실베이니아 대학의 로버트 헤어Robert Hare와 협력하여 최초로 'Low Tension Caps'를 만들어냈다. 배터리를 사용해서 저항이 큰 가느다란 전선電線Bridge Wire(전교電橋)을 고온으로 발열시켜 화약을 기폭시키는 장치였다. 당시 사용한 점화약은 염소산칼륨과 비소(As) 또는 유황의 혼합물이었는데 오늘날 사용하고 있는 전기뇌관의 기본 아이디어라고 할 수 있다.

하지만 이때는 아직 공업뇌관이 만들어지기 전으로서 역시 하나의 아이디어였을 뿐이었고 본격적으로 전기뇌관이 구상되고 만들어진 것은 1864년 노벨이 뇌홍뇌관을 만들고 난 이후라고 할 수 있다. 이후 휴대가 간편한 전기 발파기가 만들어지면서 전기뇌관이 널리 사용될 수 있었다.

우리나라에서는 1956년 (주)한화에서 처음으로 순발瞬發전기뇌관을 생산하였고 이어서 1959년, 1977년에 각각 DS지발遲發전기뇌관과 MS지발전기뇌관[10])을 생산한 이래 오늘 날까지 널리 사용되고 있는 뇌관이다. 과거에는 주로 6호 뇌관을 사용하였으나 최근에는 대부분 8호 뇌관을 사용한다.

● 전기뇌관 종류

기본적인 전기뇌관의 구조는 색전塞栓[11])으로 고정시킨 각선脚線[12])의 일단에 전교電橋[13])

---

10) 지발전기뇌관은 각 뇌관별로 서로 다른 발화 지연시간(초시秒時)을 갖고 있다. DS는 Deci-second를 약기(略記)한 것으로 뇌관의 지연시간 간격을 DS, 즉 1/10초 단위로 만들어진 것을 말하고, MS는 Milli-second를 약기한 말로서 1/1,000초 단위의 뇌관을 뜻한다. 이 외에도 HS(Half-second) 지발전기뇌관이 있다. 현재는 각 제조업체별로 다양한 지연초시를 갖는 전기뇌관이 만들어지면서 우리나라에는 DS, HS라고 칭하는 뇌관은 없다.

를 부착하고 전교에 점화약을 입힌 뒤, 이것을 공업뇌관 상부의 화약이 없는 빈 공간에 삽입한 다음 색전과 관체를 결합Crimping시킨 형태이다. 각선에 전류를 통하면 전교가 적열赤熱되고 그 열에 의해 점화약이 발화하여 하부에 있는 기폭약을 폭굉시키게 되는 것이다.

　　용도나 기능 등에 따라 다양한 종류의 전기뇌관이 있다. 발화 지연시간에 따라서는 순발瞬發전기뇌관과 지발遲發전기뇌관Delay Electric Detonator이 있고, 외부 정전기로부터의 안전성을 감안한 내정전기뇌관이 있다. 뇌관의 제조방법(구조)에 따라서도 몇 가지로 나누어 볼 수 있다. 점화장치의 형태에 따라서는 점화옥식과 컵Cup식으로, 연시장치에 따라서는 직전식, 도화선식, 금속관식으로도 나누어진다. 용도에 따라서는 철각선鐵脚線[14]을 사용한 철각선뇌관, 지하구조 탐사를 위한 지질탐사용地質探査用 뇌관, 고온·고압 하에서도 사용이 가능한 내압뇌관, 내열뇌관 등등 다양한 것들이 실용화되었다. 엄밀히 말하면 전자뇌관(IC뇌관)도 전기를 이용하여 기폭시킨다는 점에서는 전기뇌관의 일종으로 분류가 가능할 것이지만 본서에서는 '기타의 화공품'(제6장 2-1)-(7) 참조)으로 분류하였다.

① 순발瞬發전기뇌관(Instantaneous Electric Detonator)

각선脚線에 전기를 통하는 순간 즉시 폭발하는 전기뇌관이다. 하지만 실제로는 통전 후, 전교가 적열赤熱되는 시간, 점화약이 연소하는 시간, 그로부터 기폭약, 첨장약이 폭발하여 전기회로가 차단될 때까지의 시간이 모두 기폭 초시秒時[15]로 합산되므로 보통 순발전기뇌

---

11) 전기뇌관의 점화장치와 뇌관을 결합하기 위해 사용하는 것이다. 고무 또는 합성수지로 만들며 각선 두 가닥이 색전을 통과한다. 전기뇌관의 내수성을 확보하고 또한 점화약과 연시약이 발화할 때 발생하는 가스 압력으로 색전이 뇌관으로부터 빠지는 것을 방지하기 위해 단단히 결합시켜야 한다. 통상 재질의 이름을 붙여 고무전(Rubber plug), PE전(PE plug) 등으로 부르며 슬래브(Slab)라고도 한다.

12) Leg wire(미), Leading wire(영)라고 한다. 전기뇌관에 전류를 공급해주는 가는 전선을 말하며 통상 구리선에 합성수지를 피복한 것을 사용한다. 한쪽 끝단에 색전, 전교, 점화약 순으로 조합된 점화장치를 뇌관과 결합하고 다른 한쪽에서 발파기로 전류를 흘려 뇌관을 기폭시킨다.

13) 전기뇌관 점화장치 부분의 끝단에 부착한 금속 선(線, Wire)을 말하며 Bridge wire라고 한다. 백금과 이리듐 80~90% : 10~20% 비율로 만들어진 합금, 또는 니크롬선 등의 재질을 사용한다. 전기뇌관에 통전(通電)을 하면 이 전교가 적열(赤熱)하여 점화약을 발화시키는 역할을 한다. 백열전구의 필라멘트를 생각하면 좋을 것이다.

14) 보통 전기뇌관은 동(銅; 구리) 재질의 각선을 사용하지만 철(鐵)로 만든 각선을 사용하기도 한다. 부식 방지를 위해 구리도금을 하며 사용 목적은 철관체(鐵管體) 뇌관과 같다.(제5장 1-1)-(1) 공업뇌관 특성 참조)

15) 뇌관의 발화(發火) 지연시간(遲延時間)을 말한다. 발화 지연시간이란 전기뇌관에 통전(通電)을 하고 나서 뇌관이 기폭되기까지 걸리는 시간을 말한다. 예를 들면 25MS뇌관은 25/1,000초, 100MS뇌관은 1/10초 후에 기폭된

관의 초시秒時는 1.5~2m/s로 측정된다.

② 지발遲發전기뇌관(Delay Electric Detonator)

도화선 발파의 단점을 극복한 것이 전기뇌관이지만 도화선도 장점은 있다. 즉 도화선에 점화하는 순서에 따라 또는 도화선의 길이에 따라 뇌관이 기폭되는 순서를 정할 수 있는 것이다. 이처럼 여러 개의 뇌관을 동시에 점화하더라도 기폭은 순차적으로 일어나도록 한 것이 지발전기뇌관이다.

　기본 원리는 점화약(점화장치)과 기폭약 사이에 연시약(연시장치)를 넣어 연시약의 연소시간에 따라 뇌관이 기폭되는 시간을 지연遲延시키는 것이다. 이 지발遲發전기뇌관은 발화發火 지연시간遲延時間, 즉 초시秒時가 짧은 것에서부터 시작하여 1단段, 2단, 3단 등으로 호칭하며 각 단별段別 지연시간의 간격을 단차段差라고 한다. 따라서 단발段發 전기뇌관이라고도 한다. 보통 단차段差나 단수段數 등은 제조회사별로 상이하다.

　이 같은 지발 전기뇌관의 아이디어는 1910년 영국에서 처음 고안되었는데 도화선 한쪽에 전기점화 장치를 결합하고 다른 쪽에는 공업뇌관을 결합하여 전기점화를 하면서도 도화선의 길이에 따라 기폭시간을 조절할 수 있도록 한 것으로 이것이 바로 오늘날 지발전기뇌관의 시초가 되었다.

　하지만 이 전기뇌관은 도화선이 연소할 때 발생하는 연소가스에 의해 뇌관 내부 압력이 증가하여 속연速燃현상이 발생하는 문제점이 있다. 이를 예방하기 위해 가스 방출용 배기구Vent Hole를 뚫기도 하였으나 도화선 속연에 의한 폭약의 조기폭발早期爆發 문제점을 완전히 해결하지는 못하다가 후에 에쉬바흐Eschbach가 흑색화약 대신 가스 발생이 매우 적은 연시약延時藥Gasless delay powder(제5장 주)1 참조)을 개발함으로써 밀리세컨드Millisecond[16] 단위의 매우 정교한 지연초시를 가진 다양한 지발전기뇌관의 생산이 가능케 되었다.

다. 지연초시(遲延秒時) 또는 연시초시(延時秒時)라고도 하며 통상은 이를 줄여서 초시(秒時)라고도 한다.
16) Millisecond: 1/1,000초

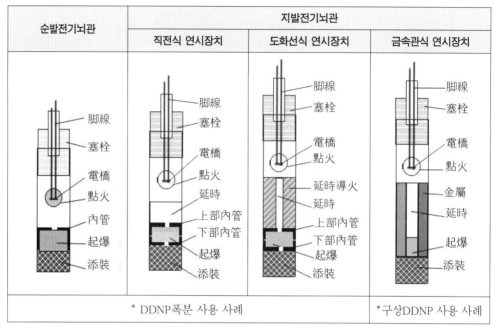

순발전기뇌관	지발전기뇌관		
	직전식 연시장치	도화선식 연시장치	금속관식 연시장치
脚線 塞栓 電橋 點火 內管 起爆 添裝	脚線 塞栓 電橋 點火 延時 上部內管 下部內管 起爆 添裝	脚線 塞栓 電橋 點火 延時導火 延時 上部內管 下部內管 起爆 添裝	脚線 塞栓 電橋 點火 金屬 延時 起爆 添裝
* DDNP폭분 사용 사례			*구상DDNP 사용 사례

연시장치 종류별 전기뇌관 구조 비교(점화옥식 점화장치의 경우)

연시약을 사용하는 방법에 따라 직전식直塡式[17])과 연시도화선延時導火線[18])식이 있다. 이 두 가지 방법은 우리나라에서도 오랫동안 사용되었으나 현재는 지연초시가 더욱 정밀한, 즉 알루미늄이나 아연 또는 납과 같은 금속관金屬管에 연시약을 충전한 일명 금속관식 연시장치[19])가 사용되고 있다.

③ 내정전기耐靜電氣 전기뇌관(Antistatic Electric Detonator)

전기뇌관의 단점은 낙뢰, 누설전류, 정전기 등 원치 않는 외부 전기의 유입에 의해서도 뇌관이 폭발하는 사고가 발생한다는 점이다. 내정전기뇌관이란 이 같은 외부 전기 중 정전기에 의한 뇌관의 폭발을 예방하기 위한 전기뇌관이다. 정전기에 의한 뇌관의 폭발은 주로

---

17) 기폭약 상부에 연시약을 직접 장전하는 방법이다. 저단(低段)의 지발뇌관에서 사용한다.

18) 도화선의 심약(心藥)을 흑색화약 대신에 연시약을 사용한 것이다. 사용하는 연시약의 조성과 연시도화선의 길이를 가지고 연시초시를 조절하며, 고단(高段)의 지발뇌관에 사용한다.

19) 연시약의 연소 단면적이 커서 연소속도가 불균일한 직전식 점화장치의 약점과 연시도화선식의 불균일한 연시약 약량 및 밀도를 개선한 방법이다. 관체 내경과 동일한 외경을 가진 가는 구멍이 뚫린 금속 관에 연시약을 소량씩 나누어 압착·장전한 후, 이 금속관을 관체에 넣어 뇌관을 만든다. 최근에는 금속관 내에 기폭약도 함께 장전한 후, 뇌관에 삽입하는 방법도 연구되어 첨장약 위에서 직접 기폭약을 압착하는 위험작업도 피할 수가 있다.

점화옥 부근의 각선과 관체 사이에서 방전放電 Spark이 일어나면서 점화옥이 발화되어 발생한다. 정전기가 위험에 이르려면 발생, 축적蓄積, 방전放電의 과정을 거쳐야 하는데 이러한 정전기로부터의 위험을 예방하는 방법은

    a) 정전기의 발생을 방지하거나,

    b) 위험에 이를 정도의 크기로 축적되는 것을 막거나,

    c) 축적된 정전기가 방전하지 못하도록 차단하거나,

    d) 사전에 안전한 곳으로 방전을 유도시키는 방법을 들 수가 있다.

    하지만 정전기가 발생되는 것을 막는 것은 불가능하다. 따라서 전기뇌관에서는 정전기가 유입되더라도

    a) 방전을 차단하는 방법(절연, 차단식),

    b) 뇌관 상부의 화약이 없는 부분에서 방전을 시키는 방법(방전식),

    c) 도전성 재질의 색전塞栓을 사용하는 방법(통전식通電式) 및

    d) 이들의 복합방식 등을 사용한다.

절연(차단)식	절연(차단)식 + 방전식	절연(차단)식 + 통전식
관체와 점화옥 간 절연저항을 높여주는 방법이다. 관체 내에 절연성이 있는 Sleeve를 끼워 넣어 방전을 예방하는 방법이다.	점화옥과 떨어진 부분에서 미리 방전이 일어날 수 있도록 하여 점화옥이 발화하지 않도록 하는 방법이다.	도전성 색전塞栓(Plug)을 사용, 각선과 관체 간에 전위차가 발생하지 않도록 하여 방전이 일어나지 않도록 하는 방법이다.
	* 절연식과 방전식 및 통전식의 혼용混用 사례	

내정전기 뇌관의 점화장치 구조 예(점화옥식 점화장치의 경우)

④ 지진탐광용地震探鑛用 전기뇌관(Seismograph Electric Detonator)

인공적으로 지진파地震波를 발생시켜서 지진파의 전파시간 및 파형波形을 분석하여 지질구조를 판단하는 것을 지진탐광, 지진탐사Seismic prospecting, Seismic exploration 또는 탄성파탐사彈性波探査Elastic wave exploration라고 한다.

　굴절파屈折波탐사와 반사파反射波탐사가 있다. 토목공사를 위한 지반(지질)조사의 경우 굴절파 탐사방법을 사용하고, 석유탐사에서는 반사파 탐사방법을 사용한다. 지진파가 지층의 경계면에 입사入射하면 반사파와 굴절파가 발생하는데 이를 측정, 분석하여 지질구조를 규명할 수 있다. 보통 반사파에 의해서는 지하 3,000m까지, 굴절파에 의해서는 지하 1,000m 정도까지 지하구조를 알 수 있다. 이때 사용하는 폭약을 지진탐광용 폭약[20], 뇌관은 지진탐광용 뇌관이라 한다.

　지진탐광용 전기뇌관은 통전通電 후, 발화發火·점폭点爆에 걸리는 시간(초시秒時)을 정확히 알 수 있는 뇌관이어야 한다. 지진파탐광은 진동振動이 시작한 시간과 이를 감지한 시간을 정확히 측정하는 것이 중요한데 허용되는 오차가 약 ±0.1m/s 정도이다.

　하지만 기존의 순발전기뇌관은 초시秒時가 1.5~2m/s로서 그 범위가 너무 넓은 반면에 뇌관의 기폭시간을 비파괴검사非破壞檢査를 통해 사전에 측정하는 것은 현실적으로 불가능하다. 따라서 뇌관 자체의 초시가 0.1m/s 이하인 뇌관을 만듦으로서 최대 오차가 0.1m/s 이내에 들도록 하는 방법을 쓴다. 공업적으로 만들 수 있는 가장 빠른 수준의 초시 (0.1m/s 수준)로 만들어 오차를 줄인 것이다.

　지진탐광용 전기뇌관의 구조는 관체管體, 각선脚線, 장약裝藥(기폭약, 첨장약) 등에서는 일반적인 순발전기뇌관과 동일하지만 점화옥點火玉에 특수한 처리를 하여 전교電橋 Bridge wire의 적열赤熱로부터 장약이 폭발하기까지의 시간을 줄이는 방법으로 제조한다.

⑤ 내열耐熱전기뇌관(Heat-resistant Electric Detonator)

140℃에서 24시간 경과 시에도 기폭이 가능하고, 최대 비점화전류 0.2Amp, 최소 점화전

---

20) 폭약의 경우 특별히 지진탐광용으로 특별한 규격은 없고 교질 다이너마이트 등을 사용하기도 한다. 하지만 지진탐광이 지하 깊은 곳을 진원(震源)으로 하는 경우가 많기 때문에 사용조건에 따라 가압(加壓)하에서도 기폭감도 (起爆感度)나 폭속(爆速)이 저하되지 않고 완전한 폭굉(爆轟)이 일어날 수 있는 폭약을 선정하는 것이 중요하다.

류 0.6Amp, 점화에너지 3mW/sec의 내열전기뇌관이 일본에서 실용화되었다.

● 전기뇌관 제조공정

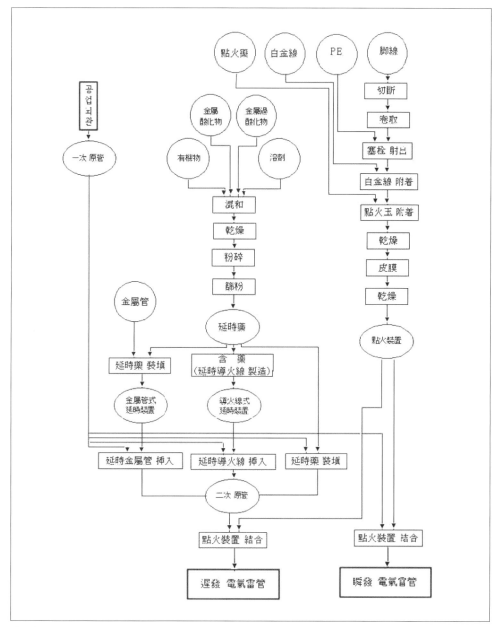

연시장치별 전기뇌관 제조공정도(점화옥식 점화장치 적용)

⑥ 내압耐壓전기뇌관(Pressure Electric Detonator)

수중발파 등 내수압하에서 사용하는 전기뇌관이다. 동도금 한 철관체를 사용하고 3단구제하여 밀폐도를 높인다. 내수압성이 400, 800, 1,800Kg/cm인 세 종류의 내압耐壓 전기뇌관이 일본에서 실용화되었다.

● 전기뇌관의 특성

① 공업뇌관을 도화선으로 점화하여 발파하고자 할 경우는 한 사람이 연속해서 점화할 수 있는 수량이 정해져 있으나(제5장 주)8 참조) 전기뇌관의 경우는 제한이 없다.

② 전기뇌관을 사용하고자 할 때는 전기발파기 · 누설漏泄전류측정기 · 저항측정기 또는 도통시험기 · 전기발파기 능력시험기 등의 기구들이 필요하다.

③ 전기뇌관 발파 시, 결선結線 방법에는 직렬直列결선, 병렬竝列결선 및 직병렬直竝列결선 등 세 가지 방법이 사용된다.

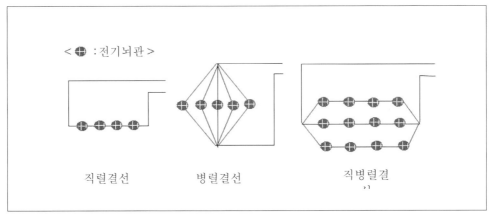

전기뇌관 결선도

④ 전기뇌관 성능시험 방법에는 연판시험(제5장 주)6 참조), 둔성폭약시험(제5장 주)7 참조), 점화전류시험21), 내수성耐水性시험22), 단발발화段發發火시험23), 내정전기시험24) 등이 있다.

---

21) 규정된 전류(0.25A) 이하에서 30초간 통전시 폭발하지 않아야 하고, 규정된 전류(1.0A) 이상에서 통전시 10m/s 이내에 기폭되어야 한다.

22) 수압 98.1kPa(수심 10m에 해당)에서 1시간 이상 침수 후, 연판시험에 합격해야 한다.

⑤ 전기뇌관은 제조회사가 다른 제품을 혼용해서는 안 된다.

- 일반적으로 전기뇌관의 점화전류는 제조회사별로 상이하다. 점화전류가 다른 뇌관을 사용할 경우 불폭不爆 가능성이 있으므로 안전사고의 위험이 있다.
- 지발전기뇌관의 경우는 제조회사별로 각 단별段別 초시秒時 범위가 다르다. 이를 혼용할 경우 초시가 오버랩Overlap25)되어 설계한 대로의 발파효과를 얻을 수 없다.

(3) 총용뇌관

산탄총霰彈銃, 소총小銃, 기관총機關銃 등 소구경 총기의 실포實包, 공포空砲에 사용하는 점화용 뇌관을 말하며 약협藥莢26) 속에 장착한다. 격침擊針으로 타격하면 발화되어 그 화염이 발사약을 폭연시킨다.

보통 구리 관체에 폭분을 압착, 장전하여 만든다. 총용뇌관용 폭분으로는 뇌홍, 염소산칼륨, 삼황화안티몬의 혼합물이나 트리시네이트, 테트라센, 질산바륨 등의 혼합물을 사용한다. 총기의 종류나 약협藥莢의 형태에 따라 뇌관의 종류도 여러 가지가 있다. 산업용 총용뇌관으로는 산탄총용 뇌관이 있다.

산탄총용뇌관散彈銃用雷管

수렵용 산탄총의 장탄裝彈27)에 사용되는 뇌관으로서 엽용뇌관獵用雷管이라고도 한다. 관체, 발화금發火金28) 및 폭분爆粉 케이스 등으로 구성되며 재질은 구리나 황동을 사용한다.

---

23) 단수(段數)가 낮은 것으로부터 순차적으로 기폭되어야 한다.

24) 각선과 관체 사이에 2,000pF, 8kV의 전압을 걸었을 때 기폭되지 않아야 한다.

25) 전기뇌관이 주)23의 단발발화시험에 불합격되었을 때, 초시가 오버랩(Overlap)되었다고 한다. 예를 들면 1, 2, 3단 순서로 기폭시키고자 하였으나, 지발뇌관의 연소초시가 잘못되어 1→3→2단, 또는 2→1→3단 등으로 순서가 바뀌어 기폭되는 경우이다.

26) 발사약을 장전하는 통(筒)으로 카트리지 케이스(Cartridge case)라고 한다. 산탄총의 경우는 종이 또는 합성수지제의 재질을 사용한다.

27) 약협에 탄환을 조립하여 완성탄으로 만든 것으로 실단을 뜻한다.(제5장 1-2)-(1) 참조)

28) 격침(擊針)의 충격으로 기폭약을 폭발시키는 수동식 장치로서 총포용 뇌관의 내부에 삽입된 작은 금속 조각이다. 앤빌(Anvil)이라고 하며 방아쇠를 당기면 격침이 전진하여 뇌관을 타격하고 이때 뇌관 안에 있는 발화금이 기폭약에 충돌, 기폭시킨다. 뇌관공(雷管孔) 밑 부분의 케이스를 볼록하게 하여 발화금의 목적을 겸하게 만든 것도 있다.

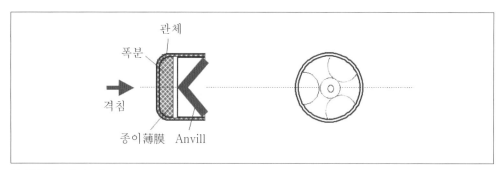
산탄총용 뇌관 구조도 예

(4) 신호뇌관

폭발음에 의해 위험을 알려주는 뇌관류를 통칭하는 용어로 볼 수도 있으나, 총단법에서는 신호염관信號焰管(제5장 1-5)-1 참조)과 함께 철도사고 예방에 사용되는 화공품을 말하며 철도 레일 위에 설치하여 기관사에게 위험 신호를 보내는 화공품이다. Signal detonator, Rail-way(fog) signal이라고 한다. 발뢰신호發雷信號라고도 한다.

신호뇌관을 설치한 레일 위를 열차가 지나갈 때 열차 바퀴가 레일 위에 있는 뇌관을 압착하게 되고 그 충격으로 뇌관이 폭발하게 되는데, 기관사가 이때 발생하는 폭음을 듣고 전방前方에 위험이 있음을 인지認知하는 원리이다. 소리를 내는 발음제發音劑로는 연화煙火를 제조할 때 많이 사용하는 과염소산칼륨과 알루미늄 분말을 혼합한 것을 주로 사용하며 수 개의 총용뇌관과 함께 용기에 넣어 납으로 만든 밴드Band로 레일 위에 부착해 사용한다.

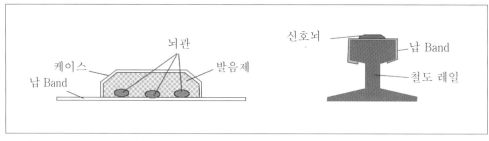
신호뇌관 구조 및 레일 위에 장착된 모습

2) 실탄實彈(산탄) 및 공포탄空包彈(총단법 제2조 ③항 3호 '나'목)

(1) 실탄實彈

실탄實彈이란 약협藥莢에 총용뇌관, 발사약 및 탄환彈丸(또는 산탄散彈)이 모두 장전된 것으로서 총을 쏘면 탄환이 발사되는 탄彈을 말한다. 산탄총, 권총, 소총, 기관총 등에 사용하는 탄을 말하며 실포實包라고도 한다. 산업용으로는 수렵용 산탄총의 장탄裝彈이 대표적이다.

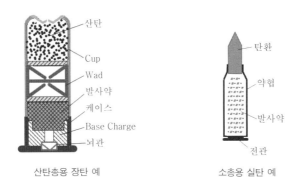

산탄총용 장탄 예   소총용 실탄 예

(2) 공포탄空包彈

공포탄이란 상기의 실탄 중에서 탄환彈丸(또는 산탄)을 제거한 탄을 말한다. 경고사격 또는 사격 연습용, 또는 운동경기의 출발신호용(제5장 2-3)-(2) 참조) 등으로 사용되며 유해 조수鳥獸를 쫓기 위해 폭음을 내는 데(제5장 2-4)-(3) 참조) 쓰기도 한다. 건설용 타정총용 공포탄(제5장 2-5)-(1) 참조)도 이에 해당한다.

3) 신관 및 화관(총단법 제2조 ③항 3호 '다'목)

(1) 신관信管

신관信管이란 포탄砲彈, 폭탄爆彈, 지뢰地雷 등 탄약에 장착하여 희망하는 시간에 폭발시키기 위한 장치를 말한다. 착발着發신관, 시한時限신관, 근접近接신관, 복합複合신관 등이 있다. 대부분이 군용으로 사용되며 산업용으로는 포경용捕鯨用(고래잡이용)으로 사용되는 신관이 있다.

① 착발着發신관

탄환彈丸이 목표물에 충돌할 때의 충격으로 신관 내의 기구가 작동하여 기폭약을 폭발시키고 다시 기폭약에 의해 폭발된 전폭약傳爆藥의 힘에 의해 작약炸藥을 폭발시키는 것으로 충돌하는 순간 즉시 폭발하는 예민銳敏신관과 충돌 후 일정 시간이 경과 후에 폭발하는 연기延期신관이 있다.

② 시한時限신관

탄환이 발사될 때 신관 내의 기구가 작동하기 시작하여 일정 시간이 경과하면 물체에 격돌하지 않고도 폭발하는 구조를 갖는 것으로 시계時計신관이라고도 한다.

③ 근접近接신관

물체에 충돌하지 않아도 일정 거리 안에 근접하면 작동하여 작약을 폭발시키는 신관을 말하고 복합複合신관은 이들을 조합시킨 기능을 갖는 신관이다.

(2) 화관火管

화관火管이란 각종 포砲의 발사약(흑색화약, 무연화약 등)을 점화시키기 위한 화공품을 말한다. 약협藥莢 아래 중앙에 있으며, 점화약點火藥(뇌관을 사용하기도 한다.)과 전화약傳火藥으로 구성된다.

격침擊針에 의한 타격打擊으로 발화하는 타격식, 전기를 이용한 전기발화식이 있다. 타격이나 전기적 충격이 가해지면 화관 내의 흑색화약이 점화되고 그 화염으로 발사약을 점화시킨다. 신관信管과 마찬가지로 대부분 군사용으로 사용되며 산업용으로는 사용되는 것은 역시 포경용이 있다.

4) 도폭선·미진동파쇄기·도화선 및 전기도화선(총단법 제2조 ③항 3호 '라' 목)

총단법에서는 도폭선 · 미진동파쇄기 · 도화선 및 전기도화선 순으로 나열되어 있으나 본서에서는 설명의 편의상 도화선 · 전기도화선 · 도폭선 · 미진동파쇄기로 순서를 바꾸었다.

(1) 도화선導火線(Safety fuse)

분상흑색화약을 심약心藥29)으로 하고, 그것에 실 등으로 피복被覆을 하여 가는 선線 모양으로 만든 화공품이다. 한쪽 끝에 점화를 하면 심약이 연소하여 다른 쪽으로 화염을 전달한다. 주로 공업뇌관을 기폭시키는 용도로 사용하였으며, 연화발사 등에도 사용되고 있다. 우리나라에서는 1956년 (주)한화에서 처음으로 만들기 시작하여 한때는 연간 약 4,000만m씩 사용되기도 하였으나, 1998년 말 공업뇌관과 함께 생산이 중단되었고 현재는 연화용 등으로 소량씩 사용되고 있다.

도화선

● 도화선 제조방법

분상흑색화약이 들어 있는 통을 세 가닥의 심사心絲30)가 통과하면서 흑색화약을 끌고 나오면 그(심약心藥) 주위를 마사麻絲, 면사綿絲 등으로 피복하고 이것을 아스팔트 등으로 방수防水 도포Coating한 후, 다시 면사 등으로 피복하면 직경 약 5mm의 끈 형태의 도화선이 만들어진다.

---

29) Powder core라 한다. 도화선이나 도폭선 등에 들어 있는 화약 또는 폭약을 지칭하는 말이다. 도화선에는 흑색화약, 도폭선에는 피크린산, TNT, PETN 등을 사용한다.

30) Middle yarn이라 한다. 도화선이나 도폭선을 제조할 때 화약(심약心藥)을 도화선, 도폭선 가운데로 끌어들이기 위해 사용하는 실로서 주로 면사(綿絲) 또는 스프사(SF사絲, Staple Fiber의 약칭略稱)를 사용한다.

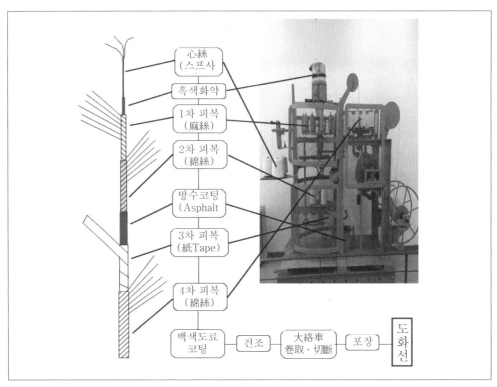

도화선의 구조, 제조공정 및 도화선 함약기

이 같은 구조의 도화선을 빅포드Bick ford식 도화선이라 하며, 심약을 미리 지紙테이프로 감은 다음 섬유로 피복한 유니버설Universal식 도화선도 있다. 비닐로 피복한 것은 비닐도화선이라고 하고, 도화선을 만드는 기계는 도화선 함약기含藥機라고 한다.

우리나라에서는 빅포드식 도화선이 유통되었으며 속연速燃도화선31)과 대비하여 완연緩燃도화선이라고도 하고, 안전安全도화선이라고도 한다. 제1종, 2종, 3종의 세 종류가 있으나, 우리나라에서는 제2종 도화선만이 사용되었다.

● 도화선 특성

① 제2종 도화선 규격

---

31) 면사(綿絲) 묶음에 흑색화약을 입히고 면(綿)테이프로 견고하게 피복을 하고 합성수지로 방수(防水; Coating) 한 도화선으로 연소속도가 30~100m/sec로 완연도화선에 비해 빠르다.

- 외관: 백색, 지름 4.8mm,

- 연소속도: 100~140m/sec

- 내수성: 수심 1m에서 2시간

- 점화력[32]: 50Cm 이상

② 점화방법: 사용 장소나 목적에 따라 여러 가지 도화선 점화구點火具가 있으나, 우리나라에서는 대부분 점화심點火心을 사용하였다. 초석지硝石紙라고도 하였으며 질산칼륨 용액을 바른 종이(한지韓紙)를 말아서 건조한 것으로 한번 불을 붙이면 다 탈 때까지 잘 꺼지지 않는다. 여름에 사용하는 모기향과 유사하다고 생각하면 된다.

③ 도화선은 흡습을 하게 되면 연소속도가 변하거나 연소중단 현상이 발생할 수 있어 사고의 위험이 있다. 다시 건조한다 해도 원래의 상태로 되지는 않으므로 주의해야 한다.

④ 도화선을 공업뇌관에 삽입할 때, 공업뇌관에 들어갈 부분의 도화선 끝은 직각直角이 되도록 절단해야 한다. 사각斜角으로 절단하게 되면 절단면이 비틀어져 도화선의 화염火焰이 기폭약에 정확히 전달되지 않을 수 있으며, 착화着火가 불충분하게 되고 불발의 원인이 되기도 한다.

⑤ 도화선을 공업뇌관에 연결(구제, Crimping)할 때는 뇌관집게(뇌관구제기)를 사용한다.

⑥ 도화선 발파 시 일인당 연속점화 숫자를 지켜야 한다.

⑦ 초유폭약 발파에 사용할 경우 공업뇌관과 도화선을 크림핑Crimping한 부분의 틈으로 경유가 침투하면 불발의 원인이 될 수 있다. 그리스Grease를 바르는 등의 방유防油처리를 해야 한다.

(2) 전기도화선電氣導火線(Electric fuse, Electric ignitor)

도화선의 점화를 전기적으로 하는 화공품으로 전기점화관[33]을 도화선의 한 끝에 결합한

---

32) 유리관 양쪽에서 50Cm 떨어지게 도화선 두 개를 마주보게 넣고 어느 한쪽 도화선(제1도화선)에 점화하였을 때 그 화염으로 반대쪽 도화선(제2도화선)이 점화가 되는 것을 측정한다.

33) 전기도화선에서 도화선 부분을 구제하기 전의 제품을 말한다. 점화옥이 흡습하는 것을 방지하기 위해 공업뇌관에

것을 말한다. 도화선의 다른 한 끝에 공업뇌관
을 장착하면 전기뇌관과 유사한 형태가 된다.
도화선의 길이를 조절하여 단발段發 전기뇌관
의 지연장치 역할을 할 수도 있는데 실제로 단
발전기뇌관이 만들어지던 초창기에는 도화선
을 지연장치로 사용하였다.

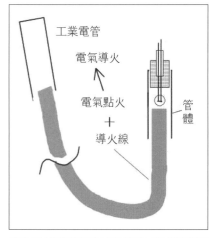

전기도화선(전기점화관＋도화선)과 공업뇌관 결합도

하지만 전기도화선은 도화선을 사용하기
때문에 장기간 저장하면 흡습되어 연소 중단
이 우려되는 단점이 있다. 또한 점화하는 방법
이 전기뇌관과 동일한 반면 그에 비해 특별한
장점이 없어 전기뇌관이 보급되면서 널리 사용되지는 않았다. 우리나라에서도 사용되지
않았다.

(3) 도폭선(Detonating cord, Detonating fuse)

폭약을 심약心藥으로 하고, 이것을 섬유, 합성수지 또는 금속관으로 피복한 것을 말한다.
제1종과 2종 두 가지가 있다.

① 제1종 도폭선
납(연鉛)이나 주석朱錫 Tube 안에 TNT, 피크린산Pcric acid을 용전溶塡하여 만든다. 폭속
측정용(D'Autriche Method) 기준 도폭선용으로 사용하였다. 우리나라에서는 시용되지
않았다. 최근에는 도폭선의 길이 방향을 따라 노이만 효과Neuman effect를(제5장 2-2)-(3) 참조)
줄 수 있는 구조의 금속피복 도폭선들이 폭발용접 코드(제5장 2-2)-(4) 참조), 성형폭약(제5장 2-2)-(3)
참조) 등의 이름으로 다용도로 응용되고 있다. 내수성耐水性 및 내압성耐壓性이 우수하다.

삽입하기 전까지는 캡(Cap)을 씌워둔다. 점화옥에 끝이 막히지 않은 관체(Pipe형태)를 크림핑해놓은 것이다.

② 제2종 도폭선

TNT, Tetryl, PETN, RDX 등의 폭약을 면사綿絲, 마사麻絲, 종이테이프 등으로 피복한 후, PVC로 코팅한 도화선과 유사한 형태의 화공품이다. 도화선 제조방법과 유사하나 합성수지(주로 PVC를 사용한다)로 코팅한 것이 다른 점이다. 주로 뇌관을 대신하여 폭약을 기폭시키는 데 사용한다.

예를 들면 갱도식坑道式 발파에서 여러 곳에 분산하여 장전한 폭약들을 일제히, 그리고 확실하게 폭발시키고자 할 때라든가, 낙뢰의 우려가 있거나 누설전류의 위험이 있는 경우 등 전기발파가 실용적이지 못할 때 사용하며 이를 두고 도폭선 발파라고 한다. 도폭선의 기폭방법은 뇌관을 도폭선 한쪽 끝에 묶고 이 뇌관을 기폭시킨다. 특별한 용도로 산불진화, 물체의 절단, 도랑을 파기 위한 발파 등에도 사용할 수 있다.

우리나라에서는 1976년 (주)한화에서 생산하기 시작했으며, 심약의 약량에 따라 다양한 종류가

▲▲ 제2종 도폭선
▲ 도폭선 함약기

유통되고 있다. 1m당 심약의 양이 5g, 10g, 20g, 40g 등의 제품이 있다.

두 개의 도폭선 중앙에 지연장치를 설치하여 단차段差를 두고 기폭시키는 방법도 있으며 이때 사용하는 지연장치를 도폭선 지연관 또는 MS 커넥터(제5장 2-2)-(2) 참조)라고 한다.

(4) 미진동파쇄기微振動破碎器(Vibration control cracker)

건물의 기초나 교각橋脚 등을 철거하거나 터파기 또는 소할발파小割發破[34]가 필요한 경우, 발파 대상물이 시가지市街地, 민가民家 부근 혹은 중요시설물 등에 근접해 있다면 폭음爆音

---

34) Secondary blasting 또는 Boulder blasting이라고 한다. 발파한 암석이 너무 커서 운반 등 취급이 곤란할 경우 적당한 크기로 파쇄하는 발파로 2차 발파라고도 한다.

과 진동振動, 비산물飛散物에 의한 피해가 예상되므로 종래의 발파방법으로는 작업을 할 수가 없다.

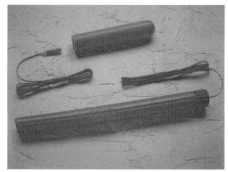

따라서 브레이카 등 장비를 이용해야 하지만 이 또한 소음이나 분진粉塵을 완벽하게 피할 수는 없으며, 작업에 장기간이 소요되어 경제성이 떨어지는 단점이 있다. 이러한 제반 문제점을 해결하여 공해발생을 최소화하고 안전한 작업을 할 수 있도록 개발된 것이 미진동파쇄기이다.

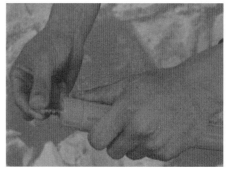

▲▲ 미진동 파쇄기
▲ 미진동파쇄기와 점화구 결합 광경

미진동파쇄기微振動破碎器에는 전술한 바와 같이 총단법 시행령 제5조 ①항 1호~3호에서 정의하고 있는 '산화납, 산화바륨, 브로모산염, 크롬산납 등을 주로 한 화약' 등을 주성분으로 하는 화약이 사용된다. (제3장 2)~4) 참조)

'미진동파쇄기'는 1977년 (주)한화에서 처음 생산할 때는 한화의 상품명이었으나, 1981년 법 개정(법률 제3354호) 시, 총단법 '화공품의 정의'에 포함시킴으로서 보통명사화되었다. 일본에서는 콘크리트파쇄기라고 한다.

● 미진동파쇄기 구조 및 특성

① 미진동파쇄기는 파쇄약을 장전한 합성수지제의 '약통藥筒'과 이를 점화시켜주는 '점화구點火具'로 구성된다. 점화구는 금속 관체에 점화약을 넣고 전기점화장치를 부착한 것으로 전기뇌관과 유사하다.
② 미진동파쇄기에 사용하는 화약의 기폭감도起爆感度는 직경 50mm 강관鋼管(배관용 탄소강炭素鋼)에 충전한 후, 6호 뇌관으로 기폭시켰을 때 폭발하지 않아야 한다.
③ 점화구 약량은 1g 이하여야 하고, 30mA 이하의 전류에는 발화하지 않아야 한다.

④ 미진동파쇄기 성능 규격

- 반응열: 1,500Kcal/kg

- 낙추감도: 60cm

- 마찰감도: 300Kg/Cm^2

- 발화온도: 455℃(5초)

- 연소속도: 60m/sec

⑤ 전기점화장치를 이용하는 점이 전기뇌관
과 같다. 사용 전에 도통시험을 한다거나,
낙뢰나 누설전류 등 전기적 위험이 있는
곳에서는 사용하지 않아야 하는 등 전기
뇌관에 준하여 취급해야 한다.

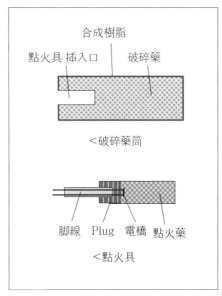

미진동 파쇄기 구조도

⑥ 미진동파쇄기는 순폭기능이 없다. 따라
서 같은 발파공發破孔 내에 여러 개를 장전하는 경우, 각각의 미진동파쇄기마다 1개씩
의 점화구를 사용해야 한다.

⑦ 동일한 발파공 내에 다른 폭약과 함께 사용해서는 안 된다.

● 미진동파쇄기의 용도

〈표 5-2〉 미진동파쇄기의 용도

파쇄 대상물	사용 장소 및 용도	사용 목적
콘크리트 구조물	시가지 및 그 주변	진동·소음 경감, 비석 방지, 작업기간 단축
	부분 발파(교각 부분 절단, 터널내부 보수, 댐 보수 등)	보존할 필요가 있는 부분에는 크랙을 발생시키지 않는 안전한 공법
암반	민가 부근 등의 낙석落石지역 전석轉石35) 제거	인허가 용이, 취급 안전, 작업기간 단축, 진동·소음 경감, 비석 방지
	시가지의 택지조성 및 건물 터파기, 지하철 등 시가지 터널공사 등	진동·소음 경감, 비석 방지, 작업기간 단축

수중 구조물	항만, 하천, 호수의 수중 구조물 철거 및 보수공사	사압死壓 현상이 없고, 충격파가 발생하지 않아 물고기 피해 예방 가능

5) 신호염관·신호화전 및 신호용 화공품(총단법 제2조 ③항 3호 '마'목)

신호에 쓰이는 화공품에는 대부분 소리(폭발음爆發音)를 내는 발음제發音劑, 연기(연막煙幕)를 내는 발연제發煙劑, 불꽃을 내는 발염제發炎劑, 색깔과 함께 밝은 빛을 내는 조명제照明劑, 고온의 열을 내는 발열제發熱劑 종류의 화약을 원료로 사용한다.(제6장 1-5) 참조)

총단법에서는 이들을 통칭하여 '신호염관, 신호화전 및 꽃불류와 이의 원료용 화약 및 폭약'이라 분류하고 있다.36)

(1) 신호염관信號炎管(Fire signal)

신호뇌관이 비상시 폭발음으로 위험을 알려 주는 것이라면 신호염관은 불꽃과 연기를 이용하는 신호용 화공품이다. Fire signal, Railway signal, Signal candle fire, Flame signal fuse 등 여러 명칭으로 부른다.

과염소산암모늄과 질산스트론튬을 배합한 화약, 즉 완연성緩燃性 발염제發焰劑(제6장 1-3) 참조)를 직경 약 3Cm 내외의 지관紙管(지통紙筒)에 충전充塡한 것으로 점화시키면 적색 불꽃을 내며 연소한다. 철도, 선박, 자동차 등에서 다양하게 사용할 수 있다.

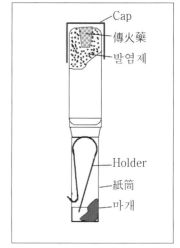

신호염관 구조도

---

35) 암반(巖盤) 또는 커다란 바위에서 떨어져 나와 원 위치에서 밀려나 있는 돌(흘러 내려온 돌)을 말한다. 이 돌이 굴러 떨어져 낙석(落石) 사고가 발생한다.

36) 총단법 시행령 28조 ③항 〈별표7〉 및 제45조 ①항 〈별표 12〉

휴대용携帶用과 고정형固定形이 있으나 그 차이는 고정시킬 수 있는 고리나 받침 등의 유무에 의한 차이일 뿐이다. 휴대용은 철도, 자동차, 대형 석박, 보트, 요트 등 어느 곳에서도 사용할 수 있다. 뚜껑Cap을 비틀어 당기면 자동으로 점화가 되는 편리한 구조이며 약 5분간 적색 불꽃을 발하며 연소한다. 고정형은 주로 철도용으로 사용되는데 열차 운행에 위험요인이 발생한 장소에 설치하고 점화하여 다가오는 열차를 정지시키는 데 사용한다. 여기서 위험요인이라면 낙석落石, 산사태, 눈사태, 지반침하, 홍수 등에 의한 철도유실, 기타 철로 위에 장애물이 방치된 경우 등을 예상해볼 수 있다.

이처럼 신호염관은 철도용뿐만 아니라 선박용 신호홍염, 자동차 긴급신호용 불꽃신호기 등 이름만 다를 뿐 다양한 용도로 사용되고 있으나 총단법에서는 철도용 외의 선박용, 항공기용, 자동차용은 별도의 이름으로 분류하고 있으며, 실제로 '신호염관'이라는 이름은 오랫동안 철도용으로서만 국한하여 취급되고 있었다.

(2) 신호화전信號火箭(Rocket distress Signal)

유성연화遊星煙火와 같은 원리의 일종의 로켓으로서 발사통, 추진제, 결합체, 조명제照明劑 등으로 구성된 선박용 조난신호용 화공품 중의 하나이며 시그널 로켓Signal rocket이라고도 한다. 조명제로는 질산염 또는 과염소산염을 주성분으로 한 화약을 사용한다.(제6장 1-4) 참조)

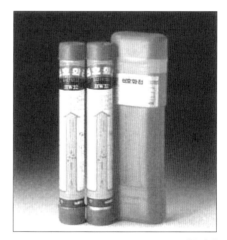

신호화전

발사를 하면 추진제에 의해 300m 이상 상공으로 비행 후, 최고점에 다다를 때 폭발하면서 5개의 조명제照明劑에 점화를 해주고 이 조명제들이 연소하여 밝은 적색 불꽃을 내며 지상으로 낙하한다.

신호화전에 낙하산을 부착한 낙하산부落下傘付 신호화전信號火箭, 신호화전의 발사체를 이용하여 줄(로프)을 발사하는 선박용 구명줄발사기와 민방위용 구명줄발사기 등 신호

화전을 응용한 제품들도 있다.(제5장 2-3)-(1) 참조)

(3) 기타 신호용信號用 화공품火工品

구체적으로 일일이 명칭을 나열하지 않고 포괄적으로 표현한 법조항이다. 따라서 화약 또는 폭약으로 만든 모든 종류의 '신호용 화공품'이 여기에 해당할 것이다.

총단법에서 화약으로 정의되어 있는 '신호염관', '신호화전', '자동차 긴급신호용 불꽃신호기', '화재경보용 화공품'을 포함하여 법조문에 포함되어 있거나 이미 실용화된 것들을 선별하여 아래 〈표 5-3〉에 '신호용 화공품'을 요약, 정리하였다.

〈표 5-3〉 신호용 화공품 종류

구 분	용 도	품 명		총단법 관련조항	제6장
불꽃 신호류 (염관류)	자동차 구난신호용	자동차 긴급 신호용 불꽃신호기		*법 제2조 ③항 3호 '자'목	1-10)
	철도 안전신호용	신호염관		*법 제2조 ③항 3호 '마'목	1-5)-(1)
조명류 (화전류)	선박 조난신호용	신호홍염		*영 <별표 6> 선박용 화공품	2-3)-(4)-②
		낙하산부신호			
		신호화전		*법 제2조 ③항 3호 '마'목	1-5)-(2)
연막류	항공기 조난신호용	신호용 조명탄		*영 제15조 15호 신호용 조명탄 *영 <별표 6> 항공기용 화공품 *규칙 제27조 4호	2-3)-(4)-③
		신호연막			
	선박 조난신호용	발연부신호		*영 <별표 6> 선박용 화공품	2-3)-(4)-②
		자기발연부신호			
로켓류	민방위훈련 (소방훈련) 및 인명구조용	민방위훈련용 연막통(신호연막)		*영 제15조 13호 *규칙 제27조 4호(신호연막)	2-3)-(3)
		줄발사용 로켓	민방용 구명줄 발사기	*영 제12조 ①항 5호 인명구조용 구명줄발사총 *영 제14조 ①항 3호 *영 <별표 6> 출발사용 로켓 *영 <별표 6> 선박용 화공품	2-3)-(1)-②
	조난선박 구조용		선박용 구명줄 발사기		2-3)-(1)-①
발음제류	철도 안전신호용	신호뇌관		*법 제2조 ③항 3호 '가'목	1-1)-(4)

| 출발신호용 | 경기용
종이뇌관 | *영 제15조 6호 '사'목 | 2-3)-(2) |
| 화재경보용 | 화재경보용 화공품 | *규칙 제4조 ①항 10호 | 1-9)-(10)-① |

6) 시동약始動藥 (총단법 제2조 ③항 3호 '바'목)

소형선박용 세미디젤엔진Semi diesel engine의 시동始動을 거는 데 사용하던 화공품이다. 세미디젤엔진은 같은 2행정기관이지만 디젤엔진과는 달리 피스톤의 압축열만으로 분사된 연료를 점화시키지 못한다. 따라서 실린더 상부에 소구燒球[37]를 만들어놓고 이를 가열하여 적열赤熱시킨 후, 연료를 여기에 분사하여 점화시켰다. 따라서 이 세미디젤엔진을 소구점화기관Hot bulb ignition engine이라고 한다. 이때 소구를 가열하여 적열시키는 데 사용하던 화공품이 선박용 시동약이다.

마그네슘과 알루미늄 합금인 마그날륨magnalium 가루에 질산칼륨 등을 혼합한 화약, 즉 일종의 발열제發熱劑를 직경 약 1.5Cm, 길이 약 5~6Cm 크기의 지통紙筒에 충전하여 만든다. 점화를 하면 고열高熱과 함께 불티를 내며 연소한다.

우리나라에서는 1980년대 초까지 시동약공업주식회사(경기도 부천시 중동)에서 생산하였으나, 시동약 대신에 가스 또는 휘발유 토치Torch를 사용하면서 사용이 줄어들다가 디젤엔진의 보급으로 생산이 중단되었다.

7) 꽃불 (총단법 제2조 ③항 3호 '사'목)

제6장에서 별도로 다루었다.

---

37) Hot bulb 또는 열구(熱球)라고도 하며, 점화용 연소실(燃燒室)을 말한다. 따라서 이 점화기관(엔진)을 열구점화기관이라고도 한다.

8) 그 밖의 화약이나 폭약을 사용한 화공품(총단법 제2조 ③항 3호 '사'목)

화약 또는 화약과 관련된 기술을 응용하거나 또는 화약과 유사한 기능을 가진 제품들을 산업에 이용하려는 시도가 곳곳에서 행해지고 있다. 하지만 이 모든 제품이나 행위들을 총단법으로 규제하는 것은 현실적으로 불가능한 일이다.

　　물론 현행 총단법에 화공품으로 정의되어 있지는 않으나 화공품의 기능을 갖춘 새로운 것들이 나타난다면 이들을 대통령령 또는 안전행정부령에 의해 화공품으로 지정할 수 있도록 되어 있기는 하다.[38] 새롭게 출현하는 화공품들을 신속하게 총단법의 범주에 포함하기 위해 시행령에 위임한 것이겠지만 그렇더라도 새롭게 등장하는 모든 화공품을 그 즉시 법으로 지정하기는 현실적으로 어려움이 있을 것이다. 지정을 한다고 하더라도 이미 안전사고를 비롯한 문제가 발생되고 난 후에 지정될 확률이 더 크다고 본다. 실제로도 1980년 이후 지난 25년 간 대통령령 또는 안전행정부령에 의해 화약류로 지정된 것을 보면 화약[39] 및 폭약[40]이 각각 4종씩, 화공품 역시 장난감꽃불을 제외하면 3종[41]이 있을 뿐이다.

　　하지만 총단법에 명시되어 있지는 않더라도 그 성분이나 기능이 화약의 범주에 해당되는 일부 화공품들이 제조허가 또는 수입허가를 거쳐 적법하게 유통되는 사례는 많다. 따라서 본서에서는 총단법과 관계없이 현재 국내에서 유통되고 있거나 과거에 유통되었던 것은 물론이고 국내에서는 유통된 바가 없더라도 외국에서 실용화되었던 사례가 있는 것들까지 '화공품'에 포함시켜 설명하였다. 이에 대해서는 〈제5장 2절〉에서 별도로 다루었다.

9) 장남감용 꽃불 등 행정안전부령이 정하는 것(총단법 제2조 ③항 3호 '아'목)

총단법 입법 당시 '완구연화玩具煙火(장난감용꽃불)'는 법 적용에서 제외되었던 화공품이었다. 1962년 9월 14일 법 개정으로 제조에 대해서는 허가를 받도록 하였고, 다시 1981년

---

38) 총단법 제2조 ③항 1호 '다목', 동 2호 '사목', 동 3호 '아목'
39) 총단법 시행령 제5조 ①항 2~5호
40) 총단법 시행령 제5조 ②항 2~5호
41) 총단법 시행규칙 제4조 9~11호

'완구연화' 자체를 '화약의 정의'에 포함시켰으며, 1985년 '연화'라는 명칭이 '꽃불'로 변경되었다. '장난감용꽃불'이 화약으로 분류되면서 그 종류와 각각의 특징도 법에 명시되었다.[42] 점화를 했을 때 연소 또는 작동하는 방법에 따라 구분하고 다시 그 안에서 형상에 따라 좀 더 상세하게 분류하였으며 각각의 제품별로 사용하는 화약의 양에 대해서도 상한선을 두었다.[43] 따라서 그 상한선을 초과하는 것들은 장난감용이 아닌 일반 꽃불류로 분류해야 한다.

하지만 '장난감용 꽃불'은 제조나 수출입의 경우를 제외하고는 법적으로 특별한 제한을 두지는 않았다.[44] '장난감용 꽃불'을 사용함에 있어 사용하고자 하는 사람이나 사용장소, 사용시간을 특정해서 양도양수허가, 운반신고, 사용허가 등을 적용한다는 것은 현실에 맞지 않을뿐더러 다른 화약류에 비해 공공의 안전에 미치는 위해성도 상대적으로 적다는 점을 감안한 것이다.

또한 '시동약', '화재경보용 또는 도난방지용 꽃불류', '기밀시험용 발연화공품' 등은 장난감용 화약류가 아님에도 불구하고 화약량을 제한하는 조건하에서 '장난감용꽃불'에 포함시킴으로서 사용상 규제를 받지 않도록 하였다. 총단법상 '장난감용꽃불'의 종류는 다음과 같다. (1)~(7)의 '관상용 장난감용꽃불'은 제6장에서 다루었다.

(1) 불꽃·불티 또는 꽃불을 주로 내는 것(총단법 시행규칙 제4조 ①항 1호)(제6장 5-1) 참조)

(2) 회전을 주로 하는 것(총단법 시행규칙 제4조 ①항 2호)(제6장 5-2) 참조)

(3) 달리기를 주로 하는 것(총단법 시행규칙 제4조 ①항 3호)(제6장 5-3) 참조)

(4) 날기를 주로 하는 것(총단법 시행규칙 제4조 ①항 4호)(제6장 5-4) 참조)

---

42) 총단법 시행규칙 제4조 ①항
43) 총단법 시행규칙 제4조 ②항
44) 총단법 제3조 ①항

(5) 위로 쏘아 올리는 것을 주로 하는 것(총단법 시행규칙 제4조 ①항 5호)(제6장 5-5) 참조)

(6) 폭발음을 주로 내는 것(총단법 시행규칙 제4조 ①항 6호)(제6장 5-6) 참조)

(7) 연기를 주로 내는 것(총단법 시행규칙 제4조 ①항 7호)(제6장 5-7) 참조)

(8) 모형비행기 또는 모형로켓트용의 추진기로서 화약 5g 이하인 것(총단법 시행규칙 제4조 ①항 8호)

(9) 시동악으로서 화악 15g 이하인 것(총단법 시행규칙 제4조 ①항 9호)(제5장 1-6) 참조)

(10) 화재경보용 또는 도난방지용 꽃불류(총단법 시행규칙 제4조 ①항 10호)

0.18g 이하의 폭약(폭발음을 내는 것에 한한다)을 사용한다.45)

① 화재경보용 꽃불

화재경보용火災警報用 꽃불이란 소량의 화약을 내장시킨 용기를 화재 위험이 있는 시설 가까이에 설치하고 그 부근에서 화염이 발생하면 화약이 착화되어 폭발음을 냄으로써 화재 발생을 알려주는 경보장치이다.(제6장 1-1) 참조) 이 화재경보용 꽃불(연화)은 일반적으로 소화약제消火藥劑를 내장하고 있어 화재경보뿐만 아니라 화재진압 기능까지 갖추고 있는 것이 보통이다. 경보음을 내는 것과 동시에 소화약제 방출장치를 작동시켜 초기에 화재를 진압할 수 있는 기능을 가지고 있는 것이다. 따라서 화재경보 및 초기 화재진압용火災鎭壓 화공품이라고 이해하는 것이 옳을 것이다.

그 외에도 타상연화打上煙火의46) 옥피玉皮(제6장 주)8 참조) 안에 불꽃을 내는 성星Star(제6장 주)13 참조)대신 소화약제를 넣고 화재발생 시 화염 속에 이것을 투척하면 화염에 의해 폭발하면서 소화약제를 주변에 살포하여 소화消火 기능을 하는 화재진압용 꽃불도 있다. 즉 분

---

45) 총단법 시행규칙 제4조 ①항 10호
46) 타상연화: 공중으로 높이 쏘아 올리는 연화(꽃불)를 말한다.(제5장 3절 참조)

말소화기의 기능을 하는 화공품이다.

② 도난방지용 꽃불

두 가지를 생각해볼 수 있다. 그 하나는 출입문과 폭발음을 내는 화공품을 줄로 연결해놓는 방법이다. 외부 침입자가 잠긴 문을 무단으로 열었을 경우, 문에 달린 줄을 잡아당기게 되고, 그 줄의 다른 끝에 장치된 소량의 화약이 들어 있는 화공품이 폭발하여 폭발음을 내도록 하는 장치이다.

다른 하나는 돈다발이나 귀중품 등 침입자가 탐낼 만한 물건을 모조품으로 만들어 놓고, 그 안에 염료를 이용한 발연제發煙劑(제6장 1-2) 참조)를 장치해놓는 방법이다. 침입자가 이것을 개봉하게 되면 폭발음과 함께 발연제를 점화시키고 순간적으로 염료가 분사噴射되어 침입자의 옷이나 몸을 염료로 물들이게 된다. 이를 이용하여 일차적으로는 침입자를 쫓아내고, 사후에는 침입자 색출에도 활용할 수 있다.

(11) 기밀시험용氣密試驗用 발연화공품發煙火工品(총단법 시행규칙 제4조 ①항 11호)

15g 이하의 화약을 사용해야 한다.[47]

창고나 연통煙筒 등 기밀氣密을 요하는 설비들의 기밀상태, 즉 새는 곳이 있는지를 시험하기 위한 화공품으로 보통 발연통發煙筒을 사용한다. 해충을 퇴치한다거나 화재진압 연습(제5장 2-3)-(3) 참조) 등에도 사용한다. 대개는 이 발연통을 연막통煙幕筒, 연막탄煙幕彈 또는 줄여서 연막煙幕이라고도 한다.

수출화물을 적재하는 해상컨테이너의 기밀시험에도 사용되고 있으며 이 기밀시험용으로는 주로 백색연기를 내는 발연통發煙筒을 사용하는 경우가 많다.(제6장 1-2) 참조) 물론 백색 이외에 다양한 색깔의 연기를 내는 것을 사용할 수도 있지만 대부분의 유색有色 발연제發煙劑는 염료를 미세한 입자로 분산시켜 연기를 발생시키기 때문에 기밀시험을 실시한 후 해당 시설물을 오염시킬 우려가 있다. 따라서 연소를 통해 연기를 발생시키는 백색 발연통

---

47) 총단법 시행규칙 제4조 ①항 11호

을 사용하는 것이 좋다.

10) 자동차 긴급신호용 불꽃신호기(총단법 제2조 ③항 3호 '자'목)

Red Fuse for Motor Vehicles라 한다. 고
속도로 등에서 자동차 운행 중 후방 차량에
게 위험을 알려주기 위한 화공품이다. 손잡
이 부분을 잡고 사용할 수도 있고 거치대가
부착된 것은 지면에 세워놓고 점화할 수도
있다.

철도용 신호염관과 동일한 원리로서
과염소산암모늄과 질산스트론튬을 배합한
화약, 즉 완연성緩燃性 발염제發炎劑를 직경
약 3Cm 내외의 지관紙管(지통紙筒)에 충전
充塡한 것으로 점화하면 적색 불꽃을 내며
연소한다. 선박용 구난신호용으로 사용하
는 신호홍염도 동일한 원리의 제품이다.

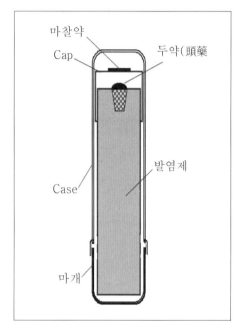

자동차긴급신호용 불꽃신호기 구조도

우리나라에서는 야간에 차량 고장 시 적색 섬광신호나 전기제등 또는 불꽃신호기를 선
택하여 설치하도록 하고 있다.[48] 1987년 (주)한화에서 개발하였으나 유통되지는 않았다.

11) 자동차 에어백용 가스발생기(총단법 제2조 ③항 3호 '차'목)

'자동차 에어백용 가스발생기'란 차량 충돌 사고 시, 탑승자를 보호하는 '에어백 시스템'의
일부분으로 이름 그대로 가스를 발생시켜주는 장치이다.

승용차가 정면충돌하게 되면 운전자나 조수석 동승자는 핸들과 앞 유리, 또는 대시보

---

[48] 도로교통법 시행규칙 제40조(고장자동차의 표지) ②밤에는 〈中略〉 사방 500미터 지점에서 식별할 수 있는
적색의 섬광신호 · 전기제등 또는 불꽃신호를 추가로 설치하여야 한다. 〈부록 4〉

드Dashboard 등에, 그리고 뒷좌석 탑승자는 앞좌석 등받이와 부딪히게 된다. 하지만 차량이 충돌하는 시점과 탑승자의 몸이나 머리가 부딪히는 시점 사이에는 매우 짧기는 하지만[49] 약간의 시간이 소요된다. 이 시간 안에 완충작용을 할 수 있는 공기주머니(에어백)를 팽창시켜 탑승자를 보호해주는 것이 에어백 시스템이다. 자동차 '안전 보조장치' 중의 하나로서 'SRS(Supplemental Restraint System) 에어백'이라 한다.

에어백 시스템이 갖추어야 할 조건에는 여러 가지가 있겠으나 그중 제일 중요한 것은 탑승자가 부딪히기 전에 에어백을 부풀려주어야 하는 것인데 그 짧은 시간 안에 가스를 발생시켜줄 수 있는 방법으로 연소속도가 빠른 '화약'을 응용하게 된 것이다. 이때 에어백(공기주머니)을 부풀리는 데 필요한 가스를 발생시켜주는 화공품이 바로 '자동차 에어백용 가스발생기'로 통상 인플레이터Inflator라 한다.

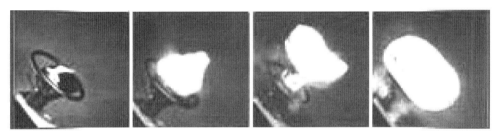

승용차 운전석의 에어백 작동 장면(출처: http://www.hanwhacorp.co.kr)

처음에는 운전석용으로 시작하였으나, 최근에는 조수석, 뒷좌석용은 물론이고 측면충돌에 대비한 측면용 에어백과 심지어는 무릎 보호용까지도 있으며, 시트벨트를 당겨주는 장치Seat belt tensioning system에 이르기까지 차량 한 대에 10여 개의 가스발생장치를 장착하기도 한다. 한번 작동하고 나면 재사용이 불가능하여 신품으로 교체하여야 한다.

인플레이터는 가스발생 방법에 따라 가스발생제의 주원료로 화약을 사용하는 '화약식火藥式'과 화약 및 고압으로 충전된 가스를 함께 사용하는 '하이브리드Hybrid식'이 있다. '화약식' 인플레이터의 작동 원리는 충돌감지 센서가 충돌을 감지하면 이 신호에 의해 가스발생기 하부에 있는 점화장치가 발화하고, 이 화염에 의해 가스발생제Propellant가 점화되

---

49) 운전자의 경우 머리가 핸들에 부딪히는 데 걸리는 시간은 약 0.015초 이하이다.

어 가스를 발생시키면 이 가스가 공기주머니(에어백)을 팽창시켜주는 것이다.

　　점화장치(점화구點火具Squib)는 금속분말, 산화제, 바인더 및 첨가제를 혼합하여 만든 점화약과 전기신호를 받아 점화약을 점화시켜주는 발열선發熱線(전교電橋) 등으로 구성되며, 가스발생제로는 아지화나트륨Sodium azide(NaN_3)을 사용한다. 아지화나트륨[50]이 열에 의해 분해되면서 질소가스를 발생시키는 원리로서 반응식은 다음과 같다.

$$6NaN_3 \rightarrow 6Na + 9N_2 \uparrow$$

$$6Na + Fe_2O_3 \rightarrow 3Na_2O + 2Fe$$

$$\overline{6NaN_3 + Fe_2O_3 \rightarrow 3Na_2O + 2Fe + 9N_2 \uparrow}$$

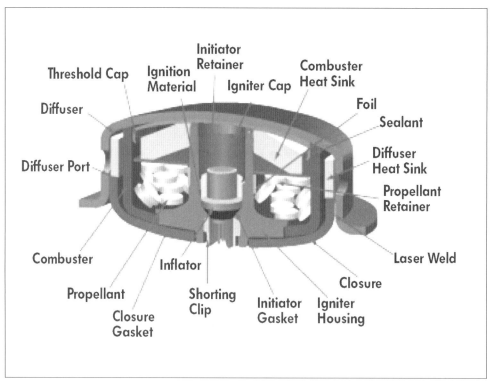

운전석용 화약식 인플레이터 구조 예(출처: http://www.hanwhacorp.co.kr)

50) 아지화나트륨은 약 350℃에서도 불이 붙지 않고 폭발의 위험성이 없어 차내에 장착해 두기에 안전한 물질이다. 기폭약의 일종인 아지화연을 만들기 위한 원료, 또는 순수한 나트륨을 만들 때도 사용된다.

현재는 아지화나트륨을 사용하지 않는 Non-azide type의 가스발생기가 개발되어 사용되고 있으며 압축가스를 사용하는 하이브리드식 가스발생기도 사용되고 있다. 하이브리드식 인플레이터는 에어백 모듈Module[51] 안에 압축가스[52]를 저장해놓았다가 차량 충돌 시 화약이 발화하면서 압축가스를 팽창시켜 에어백을 부풀려주는 구조이다. 가스를 저장해야 하기 때문에 모듈의 부피가 커질 수밖에 없어 핸들 안에 장착해야 하는 운전석보다는 주로 조수석에 사용된다.

에어백에 담기는 가스의 양은 차종車種과 장착 위치에 따라 다르나 보통 운전석은 40~70리터, 조수석은 약 90~150리터, 측면용은 10~50리터 수준이다. 장착 위치에 따른 인플레이터 절개 단면도의 예를 들면 다음과 같은 것들이 있다.

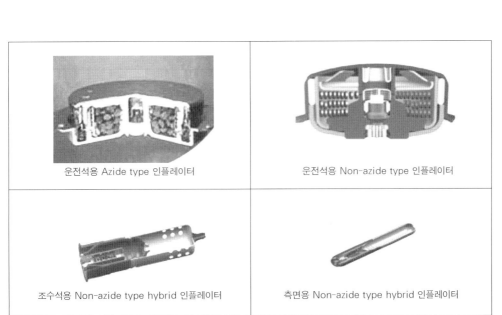

| 운전석용 Azide type 인플레이터 | 운전석용 Non-azide type 인플레이터 |
| 조수석용 Non-azide type hybrid 인플레이터 | 측면용 Non-azide type hybrid 인플레이터 |

인플레이터 종류별 절개도 예(출처: http://www.hanwhacorp.co.kr)

---

51) 에어백 모듈은 에어백, 패트 커버(Pat cover: 에어백 모듈커버), 인플레이터와 고정용 부품들을 조립해놓은 장치를 말한다.
52) 아르곤 가스를 사용한다.

2. 그 밖의 화약이나 폭약을 사용한 화공품
(총단법 제2조 ③항 3호 '사'목)

화공품 중에는 총단법 또는 총단법 시행령 '화약의 정의'에 명칭이 명시되지 않은, 즉 '그 밖의 화공품'으로 분류되는 화공품이 있는데 이들은 다시 크게 두 종류로 나누어볼 수 있다.

첫째, '화약의 정의'에는 명칭이 없으나 법, 시행령, 시행규칙의 개별 조문이나 〈별표〉에 이름이 포함된 화공품과 둘째, 법 조문에는 전혀 이름이 없으나 이미 실용화되어 유통되고 있는 화공품이 그것이다. 다음 〈표 5-4〉에서 이들을 정리하였다.

〈표 5-4〉 그 밖의 화약이나 폭약을 사용한 화공품(법 제2조 ③항 3호 '사' 목)

화공품의 종류		관련 법조항
뇌관류 및 점화 · 기폭용 화공품	1. 점화장치(점화약 달린 각선 또는 점화구 달린 각선)	*규칙 〈별표 7〉 14호
	2. 점화구	*규칙 〈별표 7〉 18호
	3. 비전기뇌관	-
	4. 도폭관(Shock tube, Signal tube)	-
	5. 비전기뇌관 스타터(Starter)	-
	6. 도폭관 커넥타 　- TLD(Trunk line delay) 　- 번치 커넥터(Shock tube Bunch connector)	-
	7. 전자뇌관	-
	8. 전자유도 기폭 뇌관	-
	9. 레이저 기폭뇌관	-
	10. 가스점화식 뇌관	-
도화선 및 도폭선류	1. 속화선	-
	2. 도폭선 지연관	-
	3. 성형폭약(Shaped Charge)	-
	4. 폭발용접 Cord	-

화공품의 종류		관련 법조항
신호용 및 인명 구조용 화공품	1. 줄(Rope) 발사용 로켓 - 선박용, 민방위용 구명줄발사기	*<표 5-3> 참조
	2. 경기용 종이뇌관	*<표 5-3> 참조
	3. 민방위훈련용 연막통	*영 제15조 13호 *<표 5-3> 참조

	4. 철도·선박·항공기용 화공품
	  - 철도차량용: 신호뇌관, 신호염관
	  - 선박용: 신호화전, 낙하산부신호화전,
	   신호홍염, 발연부신호, 자기발연부신호
	  - 항공기용: 조명신호, 신호연막
		*<표 5-3> 참조

	5. 자동차 시트벨트 당김 고정기	–
수렵 및 어업용 화공품	1. 포경용 뇌관, 화관, 신관	*영 <별표13> 뇌관, 화관 *영 <별표14> 신관
	2. 약액주입용 약포	*영 제15조 10호 *영 <별표 6>
	3. 조수鳥獸퇴치용 꽃불	*영 제15조 9호
광공업 및 건설용 화공품	1. 건설용 타정총용 공포탄	*영 제9조의 2 *영 제15조 11호 '가'목 *영 <별표 6, 7, 12> *규칙 <별표 7> 17호
	2. 폭발병	*영 제15조 11호 '라'목
	3. 폭발플러그	–
	4. 폭발확관기	–
	5. 케이블 카터	–
	6. 폭발천공기	*영 제15조 11호 '마'목 *영 <별표 4> 7호, <별표 6>, <별표 13>
	7. 폭발볼트	–
	8. 폭발너트	–
	9. 분기관부착기	–
	10. 가스개방용 천공기	–
	11. 폭발 파이프절단기	–
	12. 섬락표시기	–
	13. 피뢰기용 단로기	–
	14. 광쇄기	*영 제15조 11호 '바'목 *영 <별표 6>
	15. 유정용 화공품	*영 <별표 6>
특수효과용 화공품	1. 연극·영화 효과용 꽃불	*영 제15조 7호
의료용 화공품	1. 요로결석尿路結石 파쇄기	–
	2. 요로결석 파쇄장치용 압력발생기	–
군수용 화공품	폭탄, 어뢰, 로켓탄, 작약, 탄약 등	*규칙 제15조 ②항 <별표 7>

1) 뇌관류 및 점화 · 기폭용 화공품

(1) 점화장치點火裝置(점화약 달린 각선, 점화구 달린 각선)

총단법에 '점화장치'라는 용어는 없다. 다만 전기뇌관 제조공정 중에 '점화약 달린 각선', 또는 '점화구 달린 각선'으로 표기하고 있다.[53] 하지만 이 책에서는 편의상 일반적으로 통용되고 있는 '점화장치'라는 용어를 사용하였다. 파괴적인 폭발효과보다는 추진약이나 기폭약 등의 점화에 사용되는 화공품이다.

　　대표적인 산업용 점화장치로는 전기뇌관과 도화선 점화(전기도화선), 타상연화의 추진제 점화 및 기타 장치연화류의 점화용이 있으며 우리나라에서 주로 사용하고 있는 점화장치는 '점화옥식 점화장치'와 'Cup식 점화장치' 두 종류가 있다. 영문 표기로는 Squib, Ignitor라는 용어가 모두 점화장치를 뜻하지만 Squib와 Ignitor를 구분하여 사용하는 경우도 있다.

　　점화장치에 사용되는 화약을 점화약이라 하며 화약류를 점화시켜 연소 또는 폭굉을 시켜주는 화약을 말한다. 전기뇌관용, 연화용, 총용뇌관용 또는 로켓추진제용 등 목적에 따라 여러 형태로 제조하여 사용한다.(제4장 1-5)-(5) 참조)

① 전기뇌관용 점화장치點火裝置

우리나라에서는 형상에 따라 점화옥식과 컵Cup식, 두 가지가 제조되었으나 기본적인 원리와 용도 등은 동일하다. 다만 컵식은 내정전성을 보강하기 위한 목적으로 사용되기 시작한 것이 다른 점이다.

a) 점화옥식點火玉式 점화장치: 각선의 한쪽 끝에 가느다란 백금선 등을 전교電橋로 하여 붙이고, 이 부분에 발화온도가 낮은 점화약點火藥을 구슬형태로 부착시킨 다음 난연성難燃性 수지를 도포하여 점화약을 보호하는 구조로 되어 있다. 전교에 통전通電을 시키면 전교가 적열赤熱되고 그 열에 의해 발화한다.

---

53) 총단법 시행규칙 규칙 〈별표 7〉 14호

b) 컵Cup식 점화장치: 컵 형태로 만든 작은 합성수지 용기에 점화약을 넣고 전교가 부착된 플러그 Plug로 마개를 씌우듯 조립하여 만든 점화장치이다. 이 컵식 점화장치는 절연방식絶緣方式의 내정 전기 전기뇌관용으로 고안된 것으로 우리나라와 일본에서 사용되었다.

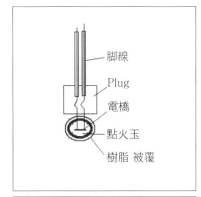

② 점화구點火具

넓은 의미로 점화구點火具는 모든 점화장치를 뜻하기도 하지만 현재 우리나라에 유통되는 점화구는 미진동파쇄기의 점화구를 말한다.

▲▲ 점화옥식 점화장치
▲ 컵식 점화장치

a) 미진동파쇄기용 점화구點火具: 발화구發火具라고도 하며 미진동파쇄기微振動破碎機의 연소 개시용으로 쓰는 화공품이다. 구조는 금속 관체 안에 화약을 장전한 후, 여기에 전기 점화장치를 장착한 것이다.

b) 기타 특수용도의 점화구: 에어백 가스발생기의 점화, 고체 또는 액체 로켓 추진제의 연소 개시, 우주선용 파워 카트리지Power cartridge 등에 사용되는 점화장치를 예로 들 수 있다. 점화약과 주장약主裝藥54)으로 구성되어 점화장치가 결합된 전기뇌관의 형태로 되어 있으며 기능에 따라 Igniter, Squib, Initiator 등 여러 이름으로 구분하여 부르기도 하며, 이들을 통칭하여 점화용 뇌관Ignition cap이라고도 한다.

점화구(발화구)는 조립하고자 하는 장치에 적합하게 설계되어야 하므로 형상은 다양할 수밖에 없다. 점화방법에는 전기적인 것과 타격, 마찰을 이용한 것들도 있고 주장약은

---

54) 주장약이라고 하기에는 그 의미가 다르긴 하지만, 발화구 안에는 점화약과 함께 두 종류의 화약이 사용되는 바, 이 책에서는 이를 구별하기 위해 편의상 주장약이라 하였다. 전화약(傳火藥)으로 이해하면 될 것이다.

일반적으로 열입자熱粒子, 화염火焰 등을 비교적
장시간동안 다량으로 발생시키는 점화능력이 강
한 화약이 사용된다.

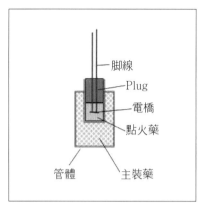

점화구 구조 개념도

• Squib – 소형 점화구로서 점화와 함께 화염과
가스를 방출하지만 파괴적인 폭발효과는 없다.
로켓 추진제의 점화에 사용되는 것이나 자동차
에어백용 가스발생기에 사용되는 점화구가 이에
해당한다.

• Ignitor – 고온으로 발화하지만 가스가 발생하지 않는 것이 특징이다. 고체추진제의 점
화에 사용되며, 점화약으로는 스티프닌산납을 사용하고, 주장약으로는 알루미늄과 과염
소산칼륨의 혼합물 또는 보론과 질산칼륨의 혼합물 등을 사용한다.

　이 외에도 점화약과 함께 추진제를 넣어 점화 시 발생하는 가스의 압력을 이용하는
파워 카트리지Power cartridge, 전기점화를 하지 않고 도폭선의 폭굉파爆轟破를 이용하여 격
벽隔璧으로 분리되어 있는 점화약을 점화시킬 수 있도록 하여 전기적인 위험을 배제한
Through-bulkhead initiator라고 부르는 점화구도 있다.

(3) 비전기뇌관(Non-Electric detonator)

도화선 발파의 단점을 개선하여 전기뇌관이 만들어졌으나 도화선 발파에도 장점은 있다.
전기뇌관이 외부 전기(누설전류, 정전기, 무선전파에너지, 낙뢰 등)에 의한 위험요인을 가
지고 있는 반면에 도화선을 이용한 발파에서는 그런 위험이 없다는 점이다. 이처럼 전기뇌
관과 도화선, 도폭선 발파의 장점을 모두 갖추고 있는 뇌관이 바로 비전기뇌관이라 할 수
있다. '비전기식 뇌관'으로 호칭되기도 하나 이는 공업뇌관이나 도폭선 발파를 비롯하여
전기를 사용하지 않는 모든 발파시스템을 포함하는 뜻으로 볼 수도 있는바, 이 책에서는
'비전기뇌관'이라 하였다.

　1960년대 후반 스웨덴에서 처음 고안되었다. 즉, 전기를 사용하지 않는 새로운 점화

시스템을 개발하였는데 그것이 바로
도폭관導爆管Shock tube, Signal tube[55]
이다. 기능은 전기뇌관에 버금가며 안
전성은 도화선 수준의 기폭시스템이라
고 할 수 있다.

비전기뇌관 및 액세서리

　　이 도폭관식 비전기뇌관은 그
효능이 인정되어 1990년대 전 세계로
전파되었고 현재 가장 발전된 형태의
산업용뇌관 중 하나로 자리 잡고 있다.
물론 이 비전기뇌관도 일부 단점은 있지만 전기적 안전성 측면이 중시되어 우리나라에서
도 점차 그 사용량이 증가하고 있으며 이미 상당 부분 전기뇌관을 대체하고 있다. 하지만
아직 총단법에서는 이를 명시하지 않고 있다. 따라서 본서에서는 도폭관導爆管, 스타터
Starter, TLD, 도폭관 커넥타 등 비전기뇌관의 액세서리들과 함께 '기타의 화공품'으로 분류
하였다.

● 비전기뇌관 제조방법 및 구조

뇌관에 도폭관을 결합한 것으로 뇌관제조공정은
공업뇌관, 전기뇌관과 동일하며 전기점화장치
대신에 도폭관을 결합하는 공정만이 다르다.
　　뇌관과 도폭관을 결합하기 위해 사용하는
색전塞栓Plug으로는 고무Rubber를 사용한다.

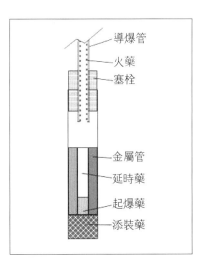

비전기뇌관 구조 예

導爆管
火藥
塞栓
金屬管
延時藥
起爆藥
添裝藥

---

55) 일본에서는 도화관(導火管)이라고 한다. 하지만 HMX 등 고폭약(高爆藥)을 사용한다는 점과 폭속이 2,000m/
　　sec에 이르는 점 등을 감안하여 이 책에서는 도폭관(導爆管)이라 부르기로 하였다.

● 비전기뇌관 특성

① 외부 전기로부터 안전하다.

② TLD, 도폭관 커넥타를 이용하면 뇌관 자체의 연시초시 외에도 매우 다양한 단차段差56)를 구성할 수 있어 무한대의 단수段數57)를 설정하여 발파를 할 수가 있다.

③ 전기뇌관처럼 도통시험을 통해 결선結線의 누락 여부를 확인할 수 없는 단점이 있다. 육안으로 반복 점검해야 한다.

④ 전기 스파크를 이용하여 도폭관을 기폭시켜 주는 전용 발파장비가 있으나, 기존의 공업 뇌관, 전기뇌관을 이용하여 기폭시킬 수도 있다.

(4) 도폭관導爆管(Shock tube, Signal tube)

비전기뇌관을 기폭시키는 데 사용하는 관管Tube을 말한다. 전기뇌관의 점화 장치, 공업뇌관의 도화선 에 해당한다. 합성수지로 만든 내경 약 1.5mm, 외

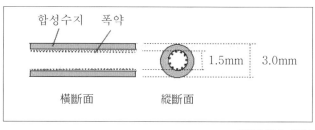

도폭관 절개 단면도

경 약 3mm의 튜브 내면에 화약을 미량微量 코팅한 장치이다. 합성수지로는 폴리에틸렌 Polyethylene, 나일론Nylon 등을 사용하고, 화약으로는 HMX(옥토겐Octogen)와 알루미늄 (Al) 분말의 혼합물을 사용한다.

　뇌관이 연결된 도폭관의 다른 한쪽을 기폭시키면 관 내부의 폭약이 약 2,000m/sec 로 폭굉하여 반대편의 뇌관을 기폭시킨다. 도폭관 내부의 화약량은 20mg/m 정도의 극미

---

56) 연시장치의 연소시간에 따라 뇌관의 발화시간이 지연(遲延)되는데 이 발화(發火) 지연시간(遲延時間), 즉 뇌관 의 지연시간(초시秒時)의 간격을 단차(段差)라고 한다.

57) 지발(遲發)전기뇌관은 지연시간에 따라, 즉 초시가 짧은 것에서부터 시작하여 1단(段), 2단, 3단 등으로 호칭하 며 이 숫자를 단수(段數)라 한다.

량極微量으로서 기폭 후에도 외부의 관은 전혀 손상이 없으며, 발파회로 구성 시 관이 서로 교차할 경우에도 아무런 영향을 주지 않는다. 따라서 역기폭逆起爆[58) 발파의 경우 도폭관이 장약裝藥을 통과하고 있어도 사압死壓현상 역시 일어나지 않는다.

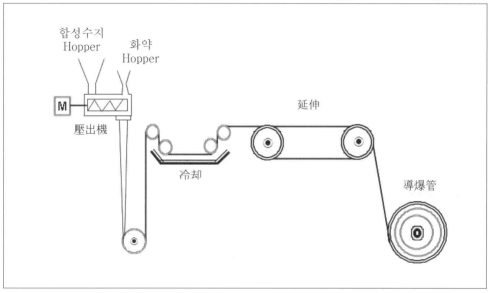

도폭관 제조공정도

(5) 비전기뇌관 스타터(Starter)

비전기뇌관의 발파회로에 점화를 시켜주기 위한 뇌관을 말하며, 전기발파 시 모선母線과 뇌관을 결합해놓은 것으로 볼 수 있다. 현장 여건에 맞게 발파현장과 점화 작업자의 안전거리를 고려하여 도폭관導爆管의 길이를 50m라든가 100m 등으로 길게 만든 순발비전기뇌관이다.

뇌관 한 개로 여러 개의 도폭관을 동시에 기폭시킬 수 있도록 뇌관과 함께 도폭선 및 커넥터를 조합하여 사용할 수도 있으며 도폭관 1개를 기폭시키고자 할 경우는 커넥터가

---

58) Indirect priming, Inverse initiation 또는 Bottom firing이라 한다. 발파공 내에 폭약을 장전할 때 뇌관을 발파공 하부에 장전하는 방법이다. 반대로 공 입구에 뇌관을 장전하고 기폭하는 방법은 정기폭(Direct priming)이라 한다.

없는 뇌관을 사용해도 무방하다.

(6) 도폭관 커넥터(Connector)

전기뇌관은 각선의 연결만으로 여러 발의 뇌관을 동
시에 점화할 수 있으나 비전기뇌관은 도폭관과 도폭
관을 직접 결선할 수가 없다. 따라서 결선 부위마다
별도의 뇌관을 사용해야 하는데 이때 사용하는 뇌관
이 TLD 및 번치 커넥터이다. 즉 TLD와 번치 커넥터
를 이용하면 전기뇌관 결선 방법인 직렬, 병렬 및 직
병렬 결선이 가능해지는 것이다.

　　순발뇌관은 물론 지발뇌관도 있으며, 각 제조
사별로 다양한 형상의 제품들이 만들어지고 있다.

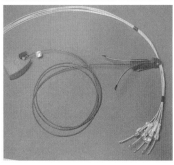

▲▲ 스타터
▲ 스타터 뇌관에 도폭관 및 전용발파기를 연
결한 모습

① TLD(Trunk line delay detonator)
일반적으로 도폭관의 길이가 짧고, 지발
뇌관을 사용한다는 점에서 스타터 뇌관
과 다르다. 순발 비전기뇌관을 이용하여
다단발파多段發破를 하고자 할 경우 유
용하게 사용할 수 있는 뇌관으로서 뇌관
내부에 들어 있는 연시장치 대신에 발파
공 밖에서 지연시간을 조절할 수 있는
뇌관이다.

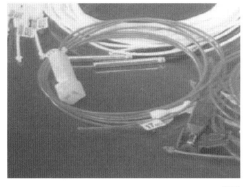

TLD

　　발파공 밖, 즉 지표면에서 사용하는 뇌관이라는 뜻에서 '표면뇌관'이라 부르기도 하
며, 표면에서 기폭되는 점을 감안, 소음을 최소화하기 위해 첨장약을 적게 사용하는 것이
보통이다. 초시 규격은 0, 17, 25, 42, 67 등 발파 패턴에 따라 다양한 것들이 사용된다.
각각의 초시규격별로 커넥터의 색상을 달리하여 편리하게 사용할 수 있도록 했으며, 1개의 커넥터에 도폭관 여러 개를 연결할 수 있는 것도 있다.

제발발파[59]를 할 경우에는 TLD대신에 도폭선을 이용할 수도 있으며, TLD를 이용하면 단수段數를 무한대로 늘려 발파할 수가 있다. 다음의 그림은 TLD에 대한 이해를 돕기 위해 TLD를 이용한 다단발파의 예를 든 것이다. 여기서 DHD란 Down hole delay deto-nator의 약자로서 발파공 안에 장전된 뇌관을 말한다.

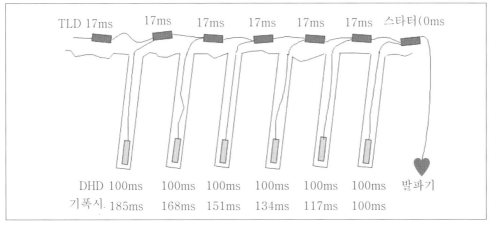

TLD를 이용한 다단발파 예

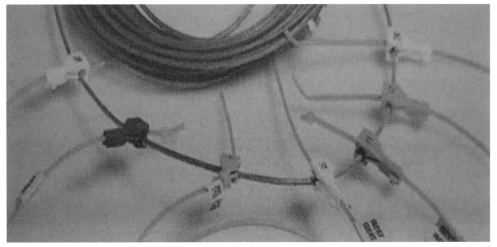

도폭선을 트렁크 라인(Trunk line)으로 사용하여 비전기뇌관을 결선한 모습

59) 여러 개의 발파공을 동시에 기폭시키는 것을 말한다. 발파공간의 폭발위력이 서로 중첩해 발파효과를 높일 수는 있으나, 소음·진동·비석 및 Back break(모암母巖의 균열)의 우려가 있다.

② 번치 커넥터(Shock tube Bunch connector)

TLD가 대부분 직렬결선 방식에 사용된다면 번치 커넥터는 주로 병렬결선에 사용되는 뇌관으로 볼 수 있다. 따라서 번치 커넥터 한 개로 15~20개의 다수의 도폭관을 결선할 수 있는 구조로 되어 있는데, 합성수지로 만든 번치 블록Bunch Block 내에 여러 개의 도폭관을 동시에 기폭시킬 수 있도록 뇌관과

번치 커넥터와 터널발파를 위한 결선 광경

함께 도폭선을 조합해놓은 것이 특징이다. 주로 터널발파에서 유용하게 사용된다.

(7) 전자뇌관(Electronic detonator, IC뇌관)

반도체집적회로半導體集積回路를 이용한 전기뇌관의 일종으로 IC뇌관이라고도 한다. 기존의 전기뇌관이 화약식 연시약을 사용하여 지발뇌관을 만든 것과는 달리 타이머Timer 기능을 갖고 있는 IC를 이용한 뇌관이다. IC 타이머는 주로 지연소자遲延素子와 스위칭Switching 소자素子로 되어 있다. 지연소자가 사전事前에 설정된 초시를 카운트하면 스위칭소자가 열리고 콘덴서의 전기에너지를 순발전기뇌관에 방전하여 기폭시키는 원리이다.

초시秒時 정밀도가 우수하여 1m/s 단위로 지연초시遲延秒時를 조절할 수가 있어 단 몇 초 만에 수십, 수백 단段의 다단발파多段發破가 가능하며 소음, 진동제어와 파쇄된 암석의 분쇄도分碎度를 향상시키는 데 유용하게 사용할 수가 있다.

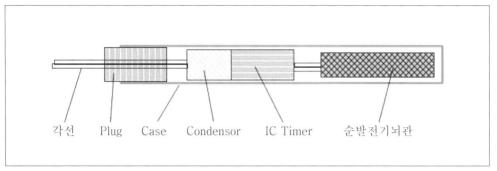

각선   Plug   Case   Condensor   IC Timer   순발전기뇌관

전자뇌관 구조도

● 전자뇌관의 특성

① 안전성은 내정전기뇌관과 동등하다.

② 전용 발파장비를 사용하여야 한다.

③ 처음 사용할 경우에는 사전事前에 제조회사 측의 교육을 받는 것이 필요하다.

④ 터널발파와 같이 공간격이 좁은 경우 인접공의 발파충격으로부터 IC 타이머 부분을 보호하기 위해 외부에 금속관을 끼우고 그 관 내부에 합성수지를 채워주는(Molding) 방법을 쓰기도 한다.

(8) 전자유도 기폭뇌관電磁誘導起爆雷管

전기뇌관을 유도전류를 이용하여 기폭시키는 기폭시스템이다. 사용하는 뇌관은 일반 전기뇌관과 같으나, 점화하는 방식이 다르다.

각선의 말단末端이 단락短絡되어 있을 뿐만 아니라 연결부가 Sealing되어 있다. 발파기로부터의 에너지는 뇌관에 직접 유입되는 것이 아니라 Ferrite core(자성체磁性體)를 통해 전달되는데 통상의 변압기變壓器와 동일한 원리의 전기뇌관 기폭시스템이다. 각선에 나선裸線 부분이 없고 단락이 되어 있어 누설전류나 미주전류에 안전하다.

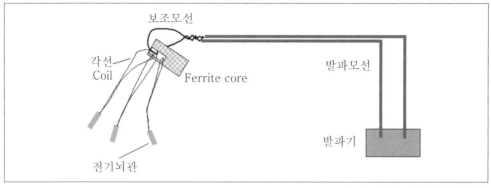

전자유도 기폭 시스템 개념도

(9) 레이저(Laser) 기폭뇌관

비전기식 기폭장치의 일종으로 기폭신호와 에너지 전달에 레이저를 이용하는 기폭시스템이다. 레이저발생장치로부터 발생된 레이저가 광분기장치光分岐裝置와 광光화이버Fiber를 거쳐 전달되어 광화이버 말단에 있는 뇌관을 기폭시키는 시스템이다. 가까운 장래에 상용화될 것으로 전망된다.

(10) 가스점화식 뇌관(Hercudet)

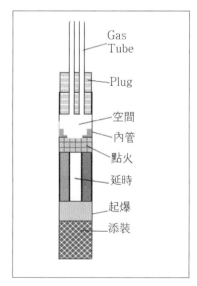

미국의 허큐레스 파우더Hercules powder사에서 만든 뇌관으로 허큐데트Hercudet는 허큐레스사의 상품명이다. 비전기뇌관이 도폭관Shock tube 안에 화약을 넣어 만들었다면 허큐데트는 속이 비어 있는 관管을 통해 뇌관 안으로 가연성可燃性 가스를 주입하고 이 가스를 점화시켜 뇌관을 기폭하는 원리이다. 사용하는 가스는 산소, 수소, 메탄가스를 혼합한 것을 사용한다.

　전기점화장치가 없는 비전기식 뇌관의 일종

Hercudet 구조도

인바, 외부 전기로부터도 안전하다. 발파를 위해 관 안에 가연성 가스를 주입하였다가 취소하고자 할 때는 다시 관 안으로 질소窒素가스를 주입하여 뇌관을 비활성 상태로 만들 수 있다. 산소와 연료가스(수소와 메탄의 혼합가스)를 일정비율로 혼합하여 발파회로(Tube) 안으로 보내주는 전용 발파장비를 이용해야 한다.

2) 도화선 및 도폭선류

(1) 속화선速火線(Quick match)

속연速燃 도화선의 일종으로 주로 연화煙火(꽃불) 발사 시에 사용한다. 흑색화약을 여러 가닥의 스프사60)에 묻힌 후, 크라프트지로 피복하여 만든다. 도화선과 달리 스프사를 감싼 크라프트지 속에 공간이 있어 약 15m/sec 정도로 연소속도가 매우 빠르다. 다량의 연화를 빠른 속도로 연속해서 발사하고자 할 경우, 발사하고자 하는 모든 연화의 발사약發射藥과 발사약 사이를 차례로 속화선으로 연결해놓고, 어느 한 곳의 연화에 점화를 하게 되면 속화선으로 연결된 모든 연화들이 연결된 순서에 따라 연발連發로 발사가 된다.

(2) 도폭선 지연관(MS 커넥터, 도폭선 Delay connector, Detonating relay)

비전기뇌관에 사용하는 TLD(Trunk line delay)에 해당하는 것으로 도폭선 중간에서 폭발시간을 지연시켜주는 화공품이다. 주로 Millisecond(MS) 단위의 제품을 사용한 것에서 유래하여 'MS 커넥터'라고 부르기도 한다.

도폭선 발파의 장점은 전기적으로 안전하다는 것 외에 완전한 제발발파를 할 수 있다는 점이지만 이 도폭선 지연관을 사용하면 도폭선으로도 단발발파를 할 수가 있다. 일종의 도폭선 연시장치로서 기폭용起爆用 뇌관(도너Donor)과 수폭용受爆用 뇌관(억셉터Acceptor)이 서로 마주보는 형태로 만들어져 있다.

---

60) Staple fiber를 원료로 한 방적사(紡績絲)로서 SF사(SF yarn)를 말한다.

사용상의 편리성을 위해 동일한 뇌관 두 개를
대칭으로 배치하였기 때문에 특정한 방향성은 없
다. 사용 시에 어느 쪽에서 먼저 기폭을 시키느냐
에 따라 먼저 기폭되는 것이 기폭용 뇌관(Donor)
이 되는 것이다.

동일한 관체 내에 도너와 억셉터가 함께 결합
되어 있는 '도너·억셉터 일체형'과 두 개의 뇌관을
비전기뇌관용 도폭관導爆管으로 연결한 '도너·억

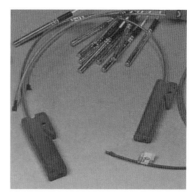

분리형 도폭선 커넥터

셉터 분리형'이 있다. 우리나라에서는 분리형이 실용화된 바 있다. 아래의 그림들은 도폭선
커넥터의 원리를 이해하기 쉽게 표현한 그림이다. 단, 분리형의 경우 실제로는 도폭선과
뇌관을 그림과 같이 직접 결합하지 않고 별도의 커넥터를 사용한다.

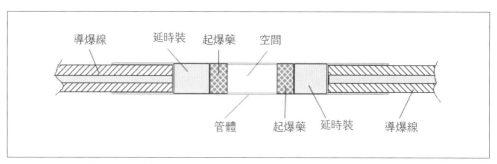

도너·억셉터 일체형 '도폭선 커넥터'에 도폭선을 결합한 모습의 개념도

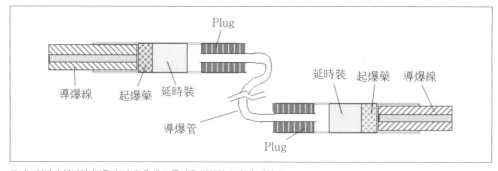

도너·억셉터 분리형 '도폭선 커넥터'에 도폭선을 결합한 모습의 개념도

(3) 성형폭약(Shaped Charge)

노이만 효과Neumann effect를 활용한 화공품으로 금속물질을 절단하는 데 사용한다. 용도 측면에서 보면 금속가공용 화공품으로 분류할 수도 있다.

폭약을 금속으로 피복被覆한 기다란 선형線形으로 만든 제1종 도폭선의 일종이라 할 수 있다. 금속 튜브Tube에 폭약을 용전熔塡61)한 후에 이를 인발引拔62)하여 만든다. 금속 피복에는 납, 알루미늄, 구리 등 연질軟質의 금속을 사용하며, 폭약으로는 PETN, RDX, HMX 등을 사용한다.

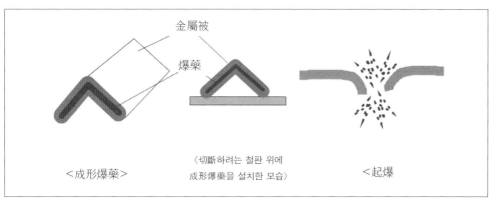

金屬被

爆藥

<成形爆藥>

〈切斷하려는 철판 위에
成形爆藥을 설치한 모습〉

<起爆

성형폭약 폭발에 의한 금속 절단 원리

보통 V자字형으로 되어 있으며, 이를 기폭시키면 V자형 내면內面에서 금속피복이 제 트Jet현상을 일으켜 금속을 절단하게 된다. 금속피복 대신에 연질軟質의 합성수지로 피복을 하고 V자형 내면에 얇은 금속 라이너Liner를 접착하여 만든 제품도 있다. 금속피복 제품은 주로 직선으로 사용할 수밖에 없는 데 비해 이 합성수지 피복 제품은 절단하려는 물체에 곡선으로 설치가 가능하여 곡선 절단이 가능하다. 이를 FLSC(Flexible linear shaped charge, 연질 선형線形 성형폭약)라고 한다.

---

61) 폭약을 녹여 액상(液狀)으로 용기에 충전(充塡)하는 것을 말한다.
62) 일정한 모양의 구멍으로 금속을 눌러 짜서 뽑아내어, 그 구멍과 같은 단면(斷面) 모양으로 길이가 긴 제품을 만들어내는 것을 말한다.

● 노이만 효과(Neumann effect)

노이만 효과Neumann effect란 폭약에 원추圓錐, 반구형半球形 또는 V자형 등의 오목한 홈을 만든 다음, 그 홈 안에 금속성 라이너Liner를 넣고 폭굉을 시키면 라이너가 붕괴되면서 금속 미립자金屬微粒子가 방출되어 제트Jet를 형성하고 폭약의 위력이 한곳으로 집중되는 현상을 말한다.

1888년 미국의 먼로Munroe가 처음 발견하였고, 1911년에 독일의 노이만이 응용방법을 발표하였다. 먼로 효과Munroe effect라고도 한다.

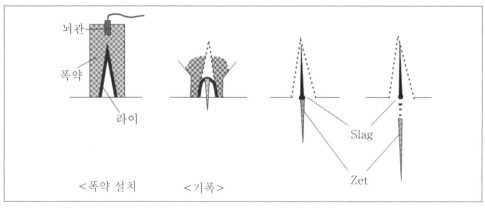

노이만 효과에 의한 제트(Jet)와 슬래그(Slag) 형성

원추형 라이너의 경우 폭굉에 의해 붕괴된 라이너가 제트Jet로 되는 것은 약 20~30% 정도이며 나머지 70~80%는 슬래그Slag(잔재殘滓)가 된다. V홈의 각도(원추형 꼭짓점의 정각頂角)을 30~60도로 하고 라이너를 두께 1mm, 재질은 강재鋼材나 구리를 사용하였을 경우, 슬래그의 속도는 0.5Km/sec~1.0Km/sec 이고, 제트의 평균속도는 수數 Km/sec ~11Km/sec 정도가 된다. 이것이 물체에 충돌하면서 국소적局所的으로 약 20만 기압氣壓 내외의 고압을 발생시킨다. 노이만효과를 응용한 것으로는 성형폭약 외에도 폭발용접 Cord, 폭발천공기, 폭발 파이프 절단기Explosive pipe cutter 등이 있다.

(4) 폭발용접 코드(Explosive welding cord)

폭약을 사용하여 2매의 금속판을 선線 용접 또는 점點 용접을 하는데 사용하는 화공품으로 금속과 금속을 야금적冶金的으로 결합시킨다. 주로 PETN을 사용하고, 합성수지로 피복하여 제조하며 외형상으로는 성형폭약成形爆藥과 유사하나 금속 라이너를 사용하지 않고 합성수지 라이너를 사용한다. 넓은 의미에서 보면 폭발압접爆發壓接(Explosive claddlng)[63]이라고도 할 수 있지만 금속판(Plate) 위에 재질이 다른 금속판(Plate)을 놓고 Plate 면面과 면面 전체를 접합시키는 폭발압접爆發壓接과는 다르다.

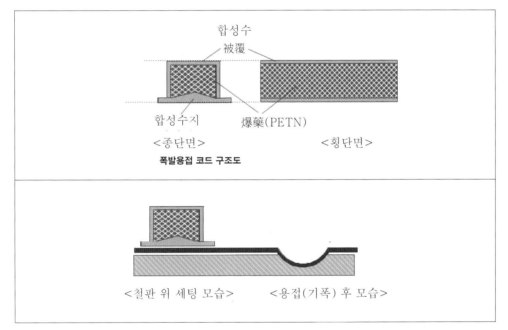

합성수
被覆
합성수지   爆藥(PETN)
<종단면>   <횡단면>
폭발용접 코드 구조도

<철판 위 세팅 모습>   <용접(기폭) 후 모습>

폭발용접 코드

---

63) 폭발압착(爆發壓着)이라고도 한다. 폭발 금속가공의 일종으로 금속판 2개를 포개어 놓고 그 한쪽 면에 폭약을 설치하여 폭발시키면 이 두 개의 금속판이 야금적으로 전체 면이 접합이 된다. 종래에 행하던 용융용접, 냉간압연, 열간압연 등의 방법으로는 접합 불량이 발생할 우려가 크고, 특히 용융용접의 경우는 면적이 클 경우 장기간의 작업시간이 소요되는 단점도 있으며, 서로 용접이 되지 않는 금속에서는 적용할 수도 없는 방법이다. 하지만 폭발압접 방법은 단시간에 어떤 종류의 금속들도 접합이 가능하다.

3) 신호용 및 인명구조용 화공품

(1) 줄(Rope) 발사용 로케트(Line throwing appliance)

총단법에는 '출발사용 로케트'로 잘못 표기되어 있다. 해상조난 시 사용하는 선박용과 민방위용 2종이 있다. 보통 구명줄발사기 또는 로프Rope총이라고도 한다.

① 선박용 구명줄발사기

육상이나 선박에서 줄(로프)을 연결한 발사체發射體를 전용轉用 발사기(발사총)를 이용하여 난파선難破船을 향해 발사하면 줄을 달고 날아가 난파선과 구조요원 사이를 줄로 연결할 수가 있고 그 줄을 이용하여 인명을 구조하는 데 사용한다. 발사체는 신호화전信號火箭의 발사체와 동일하다.

선박용 구명줄발사기

비행거리는 230m 정도이며, 발사체, 발사약, 구명줄 및 발사기로 구성되어 있다. 발사기 자체는 총기류로 분류되며 여기에 사용하는 '발사체'만이 화공품이다. 추진제로는 흑색화약이나 무연화약을 사용한다.

② 민방위용 구명줄발사기

선박용 구명줄 발사기가 해상용이라면 민방위용은 육상용이다. 사람이 손쉽게 접근할 수 없는 장소에서 위험에 처해 있는 사람들을 구조하는데 쓰인다. 예를 들면 화재나 기타 위급한 상태에 놓인 고층 빌딩 또는 계곡 건너편 등에 줄을 발사한 후, 이 줄에 밧줄을 연결하여 인명을 구조하는데 사용할 수 있다.

민방위용이 선박용과 다른 점은 발사체의 두부頭部에 목재로 만든 부력浮力이 있는 탄두彈頭가 부착되어 물 위에 뜰 수 있고, 탄두에 형광물질을 도포塗布하여 야간 식별성識別性을 높인 점, 그리고 탄두에 끝이 뾰족한 금속성 못을 박아 고층건물의 창문에 발사했을 때 손쉽게 유리창을 깨고 들어갈 수 있도록 했다는 점이다.

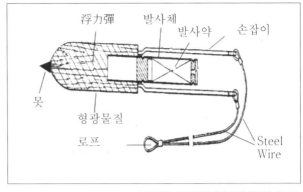

민방위용 구명줄발사기 탄두(彈頭) 구조도

(2) 경기용 종이뇌관

경기용 종이(지紙)뇌관은 육상, 수상, 경륜 등 동시에 출발하여 시간을 재는 경기의 출발신호용으로 쓰이는 화공품을 말한다.(제6장 1-1) 참조) 이 지뇌관은 전용 피스톨 Pistol을 사용하여 격발을 하면 그 충격에 의해 폭음을 낸다. 약량은 일반적으로 0.1g 이하로서 지극히 적지만 위력(폭음爆音)은 비교적 큰 편이다.

경기용 지뇌관

적린赤燐과 염소산칼륨을 습상濕狀으로 혼화한 것을 종이 사이에 넣고 두 종이를 붙여서 만든 것이 있다.

(3) 민방위훈련용 연막통

신호용 화공품 중 발연통(연막통)의 일종이다.(제6장 1-2) 참조) 화재진압 훈련 시 화재 발생장소를 표시하는 용도로 사용한다. 주로 민방위 훈련(소방훈련)을 할 때 가상의 발화지점을 표시하는 용도로 사용하면서 민방위훈련용 연막통이라는 명칭이 되었다.

(4) 철도차량·선박 및 항공기용 화공품

① 철도차량용 화공품
a) 신호뇌관(제5장 1-1)-(4) 참조)
b) 신호염관(제5장 1-5)-(1) 참조)

② 선박용 화공품
선박용 화공품이란 해상에서 조난을 당했을 때 주변을 항해하는 선박이나, 인근의 섬 또는 항공기 등에 조난 위치를 알려 준다거나, 구조를 요청할 때 사용하는 화공품이다. 주간용으로는 주로 연막煙幕을 이용하는 발연부신호나 자기발연부신호가 있고, 야간용으로는 신호화전, 낙하산부 신호화전, 신호홍염 등이 있다. 화약을 사용하지 않고 건전지를 사용하는 '자기점화등Life buoy self-igniting light'이라 하는 야간용 신호기를 포함하여 '선박용 신호기'라고 한다.

a) **신호화전**(제5장 1-5)-(2) 참조)
b) **낙하산부신호화전(Parachute ditress signal):** 신호화전에 낙하산을 부착한 것으로 신호화전과는 달리 1개의 채성彩星[64]으로 되어 있다. 채성을 낙하산에 매달아 공중에 머무르는 시간을 길게 한 것으로 낙하산부 신호라고 약칭略稱한다. '조명탄照明彈'을 연상하면 된다.
c) **신호홍염(Red hand flare):** 신호염관의 일종으로 자동차 긴급신호용 불꽃신호기와 동일한 원리와 기능을 갖는 화공품이다. 점화를 하면 적색 불꽃과 연기를 내며 연소한다.
d) **발연부신호(Buoyant smoke signal):** 조난 신호용 발연통(연막통)이다. 연막결합체, 점화 결합체 등으로 구성되어 있으며 점화 고리Ring를 당기면 점화가 되면서 발연공發煙孔이 터지고 오렌지색 연막이 나온다.
e) **자기 발연부신호(Self-activating smoke signal):** 발연부신호는 사람이 직접 점화고리를 손으로 잡아당겨 점화를 하는 반면에 자기발연부신호는 해상조난 시 바다 위에 투척하면 스스로 발연공이 터지면서 오렌지색 연막이 발생된다.

---

64) 발염제를 압착하여 만든 것으로 보통 색깔이 있는 불꽃을 내며 연소하기 때문에 채성이라 한다.

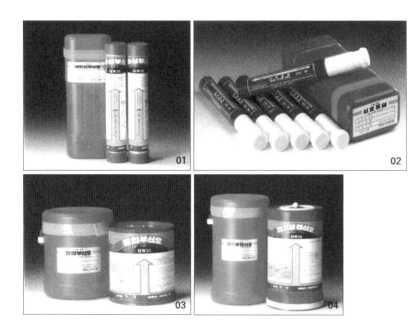

01 낙화산부신호화전
02 신호홍염
03 발연부신호
04 자기발연부신호

③ 항공기용 화공품

수상水上 불시착 우려가 있는 장거리 해상비행 항공기에는 구명보트를 탑재하여야 하고, 이 구명보트에 표류 중 구조신호용으로 사용할 수 있는 불꽃조난신호장비를 비치해야만 한다. 또한 수색구조가 특별히 어려운 산악지역이나 외딴지역을 비행할 경우에도 불꽃조난신호장비를 탑재토록 하고 있다.[65]

이처럼 항공기에 비치해야 하는 불꽃조난신호장비(비상신호용 화공품)로는 연막신호, 조명신호가 있는데 명칭이나 형태만 다를 뿐 선박용 신호기와 동일한 기능을 가지고 있는 것들이다.

(5) 자동차 시트벨트 당김 고정기

흔히 자동차 시트벨트 텐셔너Seat belt tensioner라고 하며, 독일에서 처음 고안되었다. 자동차가 충돌할 경우 감지 센서로부터 신호를 받아 화약(가스발생제)이 점화되고, 이때 발생

---

65) 항공법 제41조 제②항 및 동 시행규칙 제125조 〈별표 21〉 '라'목 및 비고 5)호, 〈부록 7〉

하는 가스의 압력에 의해 피스톤이 구동하여 시트벨트를 5~10Cm 정도 끌어 당겨 승객을 단단히 잡아주는 장치이다. 가스발생제로는 약 1g 내외의 무연화약無煙火藥을 사용한다.

4) 수렵 및 어업용 화공품

(1) 포경용捕鯨用 뇌관雷管, 화관火管, 신관信管

노르웨이에서 고안된 고래잡이용 창槍에 사용하는 화공품이다. 밧줄을 연결한 창에 폭약을 장착하여 캐논포로 발사하면 이 창이 고래에 명중했을 때 화약이 폭발하도록 고안된 화공품을 말한다. 힘이 센 고래를 재빨리 제압하기 위한 수단으로서 현대식 작살이라 할수 있다. 이에 쓰는 화공품들이 포경용 뇌관, 화관 및 신관이다.

① 포경용 뇌관雷管(Harpoon Detonator)
포경용 화관 조립체 안에 장착되어 있는 총용뇌관이다. 공이에 의해 기폭되며 화관의 흑색화약에 점화를 시켜주는 역할을 한다.

② 포경용 화관火管(Harpoon primer)
포경용 화관火管이란 타격식打擊式 뇌관과
흑색화약이 내장된 화공품으로 격침擊針
에 의해 발화되어 포경용 포의 발사약을
점화시켜주는 역할을 한다. 발사약으로는
주로 흑색화약을 사용한다.

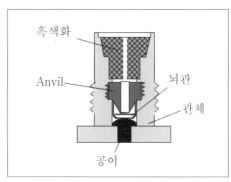

포경용 화관 구조도

③ 포경용 신관信管(Harpoon fuse)
캐논포에서 발사된 창槍이 고래에 명중하면 그 충격에 의해 고래 체내에 박힌 화약을 폭발시켜 주는 착발신관着發信管의 일종이다. 화약은 주로 흑색화약을 사용하며 하푼 파우더 Harpoon powder라고 한다.

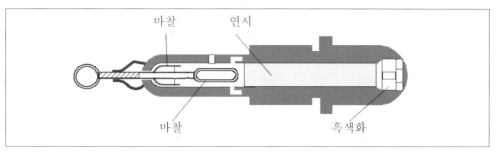

마찰　　　연시

마찰　　　흑색화

포경용 신관 구조도

(2) 약액주입용藥液注入用 약포藥包

마취총麻醉銃에 사용되는 화공품이다. 민가民家를 위협하는 야생동물이나, 동물원을 탈출한 맹수 또는 떠돌이 개 등 유기동물遺棄動物을 비롯하여 동물의 생태계 연구를 위해 야생동물을 생포할 때 사용한다.

　　마취약을 넣은 주사기를 총으로 발사하면 맹수에 명중할 때의 충격으로 주사기에 장착한 화약(약포藥包)이 발화되고 그 압력으로 주사기의 내통內筒(피스톤)이 전진하여, 마취약을 동물의 체내에 주입하도록 고안한 화공품이다. 압축가스를 사용하는 공포총空砲銃으로 약액주입용 약포를 발사한다.

(3) 조수퇴치용鳥獸退治用 꽃불

유해有害 조수鳥獸를 퇴치하기 위한 화공품이다. 경작지에 출몰하여 농작물에 피해를 주는 새나 멧돼지 등 짐승들을 쫓기 위한 화공품이다. 짐승들이 나타날 때마다 사람이 직접 점화를 하여 폭발음을 내기도 하고, 일정 간격으로 자동 점화되어 폭발음이 나도록 무인無人으로 작동시킬 수 있는 것도 있다. 바다에서 어장漁場에 침입하는 바다짐승(해수海獸)을 퇴치하기 위해 수중에서 폭음을 내는 것도 있다.

5) 광공업 및 건설용 화공품

(1) 건설용 타정총용 공포탄建設用 打釘銃用 空砲彈(Cartridge for powder actuated fastning tool)

철판 또는 콘크리트 등에 화약의 폭발력을 이용하여 못을 박는 데 사용하는 화공품이다. 탄환이 없는 공포탄空砲彈의 일종이며 못이 탄환의 역할을 한다고 생각하면 될 것이다. 전용專用 총을 사용하며 이를 건설용 타정총이라 한다.

타정총에 못과 공포탄을 장전한 후 격발擊發하면 격침擊針이 공포탄 하부의 뇌관 또는 폭분爆粉을 타격하여 발화시키고 다시 발사약發射藥에 점화되어 그 추력推力에 의해 못이 순간적(고속高速)으로 목적물에 충돌, 박히는 원리이다.

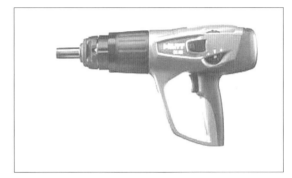

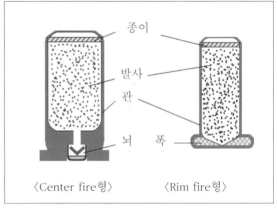

▲▲ 건설용 타정총 예
▲ 타정총용 공포탄 예

발사약으로는 무연화약無煙火藥을, 폭분으로는 트리시네이크계系의 폭분을 사용하며, 그 형태와 발화구조에 따라 공포탄 하부 중앙에 별도의 뇌관을 결합한 센터 파이어Center fire형과 관체 하부의 둘레에 직접 폭분을 넣은 림 파이어Rim fire형이 있다.

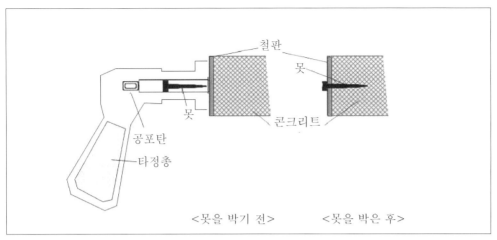

콘크리트 벽에 철판을 부착하기 위해 타정총으로 못을 박기 전후 개념도

(2) 폭발병爆發鋲(폭발리벳, Explosive rivet, Blind expansion)

항공기 또는 자동차 등의 금속판을 고정시킬 때 사용하는 화공품으로 리벳 Rivet 대용으로 쓰기 때문에 폭발리벳이라고도 한다. 옆의 그림과 같이 소량의 폭약을 내장한 리벳

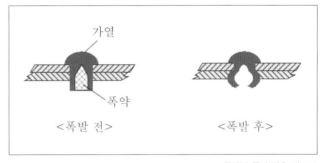

폭발병 폭발 전후 비교도

을 고정하고자 하는 부위에 끼워 넣고 이를 기폭시키면 리벳이 확대되어 두 물체를 고정하게 된다.

리벳의 머리 부분을 가열하여 기폭시킨다. 사용하는 폭약의 예로는 니트로만니트 25%, 테트라센 10%, 알루미늄 Powder 65%의 것이 있다.

(3) 폭발 플러그(Plug)

예를 들면 설비 내부에 여러 개의 튜브Tube를 가지고 있는 열교환기에서 어떤 한두 개의

튜브가 부식腐蝕이 되거나 또는 어떤 이유
로 핀홀Pin hole이 발생할 가능성은 항상
존재한다. 이 경우 유해가스나 액체가 누
출되어 위험상황에 이르게 되는 경우라
면 즉시 가동을 중지하고 수리를 해야 하
지만 수리(용접)가 불가능할 수도 있고,
만약 교체를 해야 한다면 시간이 많이 소
요되는 경우가 있을 수 있다.

　　이와 같은 상황이 발생했을 때 그 불
량한 튜브만을 즉시 밀폐하여 안전한 상
황하에서 보수나 교체 작업을 할 때까지

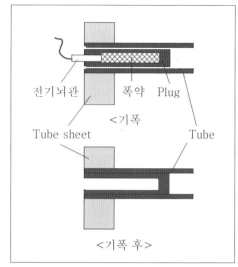

폭발 플러그 구조 및 기폭 전후 개념도

응급조치를 할 수 있도록 고안된 화공품을 폭발 플러그Plug라고 한다.

　　금속 플러그 안에 폭약을 장전하였으며 플러그의 입구에는 기폭용 전기뇌관 삽입구
가 있고 다른 쪽은 막혀 있어 전기뇌관으로 기폭시키면 플러그의 직경이 확장되면서 튜브
를 밀폐시킬 수 있다. 아래의 폭발확관기와 동일한 원리로서 플러그의 직경을 확장시켜
플러깅한다고 하여 폭발확관용접爆發擴管鎔接이라고도 한다.

(4) 폭발확관기爆發擴管器(Explosive expander)

폭발을 이용해서 금속관의 관경管徑을 넓히는 화공품으로서 열교환기의 전열관傳熱管(전
열튜브)을 튜브시트Tube sheet(관판官版)에 고정할 때 기존의 롤러Roller를 사용하는 기계
식 확관을 대체한 방법이다.

　　튜브시트의 두께가 얇은 경우는 튜브와 튜브시트의 용접이 가능하지만 두께가 두꺼
운 경우는 튜브의 극히 일부분 밖에는 용접을 할 수가 없다. 따라서 이런 경우는 튜브를
튜브시트 안에 넣은 다음, 튜브의 직경을 넓히는 확관擴管작업을 해야 한다. 기존에는 롤러
를 사용하는 전기구동방식電氣驅動方式의 기계적인 확관을 하였으나, 적게는 수백 개, 많게
는 수만 개에 이르는 튜브를 기계식으로 확관을 하는 것은 시간도 너무 많이 소요될 뿐만

아니라 확관으로 변형된 부분에 응력應力[66]이 존재하여 부식腐蝕의 우려도 있다. 하지만 폭발확관기를 사용하면 작업시간을 대폭 단축시킬 수가 있고, 튜브가 확관된 부위의 응력應力도 감소되어 설비의 수명에도 도움이 된다. 합성수지로 피복한 폭약(폭발확관기)을 확관하고자 하는 튜브 안에 넣은 다음 뇌관으로 기폭시키는 방법으로 튜브를 확관시킨다. 사용하는 폭약은 주로 PETN이며 튜브와 튜브시트 두께, 재질 등의

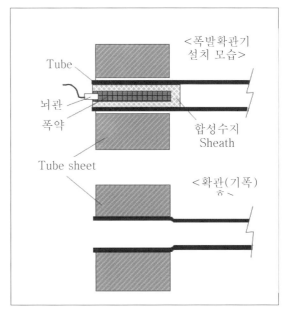

폭발확관기 구조 및 기폭 전후 개념도

적용 조건에 따라 확관기의 형상이나 화약량에 차이가 있다.

　　우리나라에서는 원자력발전소의 증기 발생기Steam generator 제작 시, 폭발확관 공법을 적용한 바 있다. 도폭선과 합성수지合成樹脂(PE) Sheath를 사용하였다.

(5) 케이블 커터(Cable Cutter)

철강선, 전기케이블 등을 절단하기 위해 쓰이는 화공품으로서 주로 견인 중이거나 매달려 있는 것을 긴급하게 끊어 내는 장치로 스퀴브와 함께 화약을 장전하고 있다. 폭약을 폭발시키면 그 폭발압에 의해 피스톤이 전진하여 앤빌Anvil을 쳐서 케이블을 절단하는 원리이다. 용도에 따라 연시장치를 내장한 것도 있고 생긴 모양이나 사용 화약의 종류, 사용하는 화약량에 따라 종류가 다양하다.

---

66) 물체가 외부 힘의 작용에 저항하여 원형을 지키려는 힘을 말한다.

(6) 폭발천공기爆發穿孔器(Jet tapper)

제철회사 등에서 사용한다. 평로平爐[67])에서 쇳물이 흘러나올 수 있도록 출구를 천공穿孔할 때 사용하는 것으로 노이만효과를 이용한 화공품이다.

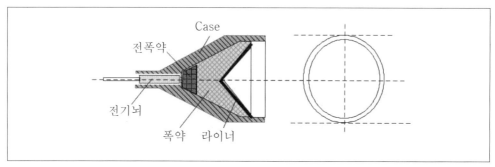

폭발천공기 구조도

(7) 폭발볼트(Explosive Bolt)

다단多段로켓을 분리하는 등의 용도로 사용되는 화공품 중에 선형線形 성형폭약Linear shaped charge이나 소경小徑 도폭선 외에도 폭발장치를 내장한 폭발볼트가 있다. 내장된 폭약을 폭발시켜 체결되어 있는 볼트를 풀지 않고 절단하는 장치이다.

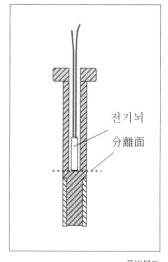

폭발볼트

폭굉형과 연소형이 있으며 전자의 예로는 금속볼트 내부에 전기뇌관을 내장한 것을 들 수가 있다. 구조가 간단하고 제작이 용이하며 작동시간도 짧다. 연소형 볼트는 가스압을 이용하여 인장 파괴를 통해 볼트를 절단하는 것으로 폭굉형 볼트 사용 시와는 달리 충격 발생이 매우 작다. 폭약을 직접 볼트에 내장하지 않고 별

---

67) 제강용(製鋼用) 반사로(反射爐)를 말한다. 모양이 편평하게 생긴 데서 붙여진 명칭이며 선철(銑鐵), 스크랩(Scrap), 그 밖의 소재(素村)를 넣고 가열, 용해하여 강(鋼)을 만든다.

도의 폭발카트리지로 만들어 볼트에 결합하는 형태의 것도 있다. 카트리지를 별도로 보관하였다가 점화 직전에 결합하여 사용한다.

(8) 폭발너트(Explosive Nut)

폭발 볼트와 같은 목적으로 사용된다. 폭발볼트가 볼트 자체를 파괴하여 체결된 볼트를 해제시키는 것과 반대로 폭발너트는 너트 쪽에 폭약을 장치하여 너트를 파괴함으로써 볼트ㆍ너트를 분리시키는 화공품이다.

(9) 분기관부착기分岐管付着器

분기관부착기는 배관 내의 유체의 흐름을 멈추지 않고 신속 간편하게 분기관을 붙이기 위한 화공품이다. 분기관을 붙일 필요가 있는 곳에 분기관부착기를 볼트로 고정하고 분기관을 붙인 다음, 점화하면 화약이 연소할 때 발생하는 가스압에 의해 내장한 피스톤이 작동하여 원관元管의 일부를 잘라내어 유체의 흐름을 멈추지 않고 분기관으로 유입시키는 것이다. 수도관 등의 배관공사에 사용할 수 있으며 가연성, 폭발성 물질이 흐르는 배관에서는 사용해서는 안 된다.

(10) 가스개방용 천공기穿孔器

화약이 연소할 때 발생하는 가스압을 이용하여 송곳처럼 끝이 뾰족한 핀Pin을 필요한 길이만큼 전진시켜 가스통의 출구를 막고 있는 플레이트Plate를 천공穿孔하여 가스통으로부터 가스를 분출시키는 데 사용하는 화공품이다. 긴급을 요하는 장치에 사용할 수 있으며 주로 화재가 발생하였을 때 화재경보 겸용의 소화기(제5장 1-9)-(10) 참조)를 무인으로 작동시키는 데 쓰인다.

(11) 폭발 파이프 절단기(Explosive pipe cutter)

사람이나 장비가 접근할 수 없는 곳에서 사용
한다. 예를 들어 석유채취를 위해 땅 속에 박아
놓은 파이프 등이 용도가 없어 졌을 때 지하의
적당한 곳에서 파이프를 절단하여 불필요한 부
분은 버리고 상부의 파이프는 회수하고자 할
때 사용할 수 있다.

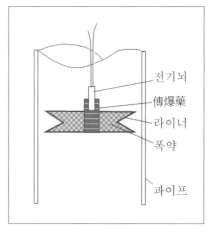

폭발 파이프 절단기

　　일본의 경우 수명이 다한 원자로를 철거
할 때 방사능으로 오염된 원자로 내부의 배관
들을 원자로 외부에서 원격으로 절단할 때 사
용한 사례도 있다. 이것 또한 노이만효과를 이
용한 화공품이다.

(12) 섬락표시기(閃絡標示器)

고압 송전선이나 철탑에 낙뢰가 치면 절연소자絶緣碍子Insulator가 파손되어 누전에 의한 전
력 손실이 발생하고, 또한 누설전류에 의한 위험도 따르기 때문에 조기에 발견하는 것이
중요하다. 하지만 송전탑은 산악을 비롯해서 교통이 불편한 곳에 설치된 것이 많고, 그 간
격도 멀고 높이도 상당하여 여러 개의 송전탑 중 어느 것에 낙뢰가 쳤는지 육안으로 판단하
기가 어려운 경우가 있다.

　　섬락표시기는 이를 쉽게 발견하기 위해 고안된 화공품이다. 즉, 누전에 의한 자력선
변화를 이용, 섬락표시기 내부의 점화약을 전기적으로 발화시키고 그때 발생하는 가스압
이 섬락표시기의 케이스를 개방하여 내장된 표식물標識物을 케이스 밖으로 밀어내도록 만
들어진 화공품이다. 뇌관의 기폭약으로 사용하는 폭분爆粉류의 화약을 주로 사용한다. 표
식물은 대부분 긴 리본형태의 적색 천으로 되어 있어 케이스 밖으로 나와 길게 늘어뜨려지
기 때문에 쉽게 발견할 수가 있다.

(13) 피뢰기용 단로기避雷器用 斷路器

피뢰기용 차단장치避雷器用 遮斷裝置라고도 한다. 고압전선 등에 설치된 피뢰기避雷器[68]가 고장이 났을 때 쉽게 발견하기 위한 장치를 말한다. 피뢰기가 고장에 의해 성능이 저하하면 미세한 전류가 흐름에 따라 저항체抵抗體가 발열하여 폭약을 발화시켜 표시통標示筒이 본체에서 떨어져나가 피뢰기의 고장을 표시하는 장치이다.

(14) 광쇄기鑛碎器

광쇄파쇄기鑛碎破碎機를 줄인 말이다. 용광로 안에 있는 광쇄鑛碎 덩어리를 꺼내기 쉽게 잘게 부수는 데 사용하는 화공품이다.

(15) 유정용油井用 화공품

유정油井개발에 사용되는 화공품들을 말한다. 유정용 파쇄장치Oil well explosive fracturing device, 유정용 약포Oil well explosive cartridge, 유정용 제트 천공기Oil well jet fracturing charge 등이 있다. 그중 유정용 제트 천공기는 석유채취를 위해 지중地中에 박아놓은 강관으로 석유가 분출하도록 구멍을 뚫는 데 사용하는 화공품이다. 폭발천공기(제5장 2-5)-(6) 참조)와 유사한 구조이며 외부를 유리로 밀봉한 것은 글라스 제트Glass jet라고도 한다.

6) 특수효과용 화공품

대부분 관상용 화공품을 사용한다. 즉 장난감용꽃불을 비롯한 꽃불류도 사용되기는 하나, 이들은 총단법에서는 별도로 정의하고 있으며, 이와는 별도로 제작한 제품을 사용하는 경우도 있으므로 특수효과용을 별도로 구분한 것이다.

---

68) 전기회로(電氣回路)에 일어나는 이상 고전압을 안전하게 방전(放電)하여 회로 속의 기기의 파손을 예방하는 장치.

(1) 연극 · 영화 효과용 꽃불

영화촬영용 또는 연극이나 각종 이벤트 행사시에 효과용으로 쓰이는 꽃불류(연화)를 총칭하는 화공품이다. 전쟁 영화의 경우 폭탄이나 포탄이 폭발하는 장면, 권총이나 기관총 등 총을 발사할 때의 소리나 화염 효과가 필요한 장면 또는 지뢰가 폭발하는 상황 등을 가정해 볼 수가 있을 것이고, 화재를 비롯한 재난 상황 등의 연출에도 반드시 화염이나 소리, 빛 등의 효과가 필요할 것이다.

이 같은 상황의 연출을 위해 발음제, 발연제, 발염제, 발열제, 조명제 등을 원료로 하여 특수하게 제작한 화공품이나 꽃불류 등을 주로 사용한다.

7) 의료용 화공품

(1) 요료결석尿路結石 파쇄기

환자의 체내에서 화약을 폭발시켜 방광膀胱 및 요도결석尿道結石을 치료하는 방법으로 1981년 일본의 교토부립의과대학京都府立醫科大學 비뇨기과에서 고안하였다. 이른바 미소발파微小發破에 의한 요로결석파쇄기술尿路結石破碎技術이다. 처음 이 기술은 방광 내의 결석結石을 대상으로 적용되었다.

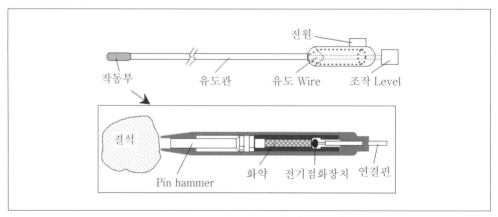

화약을 이용한 핀 해머(Pin Hammer)형 요도결석 파쇄기

결석이 작을 때는 카테타Catheter를 이용, 화약(아지화연鉛)을 결석에 대고 직접 폭발시키고 결석의 직경이 큰 경우에는(3.5Cm 이상) 결석에 미세한 구멍(천공Drilling)을 뚫고 화약을 장전, 폭발시키는 방법으로 시술한다.

그 후 요도尿道의 결석을 제거하는 데까지 시술범위를 넓혔는데 요도의 경우는 카테타 삽입이 곤란하기 때문에 특수한 장치를 고안하여 사용하였다.

직경 2.6mm의 가늘고 긴 장치의 끝에 직경 1.3mm의 핀 해머Pin hammer(격침擊針)와 화약을 내장한 시술기구를 요도 내로 삽입, 격침을 결석結石에 밀착시킨 다음 화약을 폭발시키면 순간적으로 전진하는 격침이 결석에 충돌하여 파쇄하는 방식이다. 건설용 타정총打釘銃과 그 원리가 유사하다.

(2) 요로결석 파쇄장치용尿路結石 破碎裝置用 압력발생기壓力發生器

체외에서 미량의 폭약을 폭발시켜 발생하는 충격파를 이용, 요로결석을 파쇄하여 외과적 수술을 하지 않고 자연적으로 결석이 배출될 수 있도록 하는 데 사용하는 화공품이다.

압력발생기에는 아지화연鉛을 사용하며, 그 구조는 아지화연을 각각 10mg씩 장전한 컵Cup 20개를 조합하여 연발連發이 가능한 카트리지로 만들어져 있다.

8) 군수용 화공품

1995년 12월 6일 총단법이 개정되면서 군수용 화약류는 총단법의 적용을 받지 않는다.[69] 이 책에서도 군수용 화약류에 대한 내용은 생략하였다.

하지만 법 개정 전 총단법에 포함되었던 군수용 화공품들의 명칭이 아직도 총단법 곳곳에 남아 있는 것을 볼 수 있다. 예를 들면 폭탄, 어뢰, 로켓탄, 소이제, 작약 등과[70] 탄약, 특수탄, 탄약의 약포 및 약통 등이[71] 그것이다.

---

69) 총단법 제3조(적용의 배제) ③군수용으로 제조·판매·수출·수입 또는 관리되는 총포·도검·화약류·분사기·전자충격기·석궁에 대하여는 이 법을 적용하지 아니한다.

70) 총단법 시행령 제49조 ③항 〈별표 14〉

71) 총단법 시행규칙 제15조 ②항 〈별표 7〉

제6장

꽃불류

'불꽃놀이'란 화약이 연소하거나 폭발할 때 발생하는 빛·소리·연기 등이 다양한 형상으로 나타나는 것을 이용하여 특수하게 만든 화공품火工品을 연소 또는 폭발시키며 이를 즐기는 것을 말한다. 이때 사용하는 화공품을 '꽃불'이라고 한다.

　　총단법 입법 당시 '연화煙火'라고 하였으나 1985년 2월 5일 법 개정과 함께 '연화'는 '꽃불'로 '완구연화'는 '장난감용꽃불'로 명칭을 변경하였다. 하지만 총단법에서 명칭을 변경한 지 30년이 지났지만 아직도 '연화煙火 또는 폭죽爆竹'이라는 명칭을 병행하여 사용하고 있다.

1. 꽃불(연화)의 주요 조성물(원료화약)

꽃불류(연화)는 화약류를 이용하는 것이지만 기존의 화약이나 폭약만을 가지고 표현할 수 있는 효과는 매우 단순하여 폭발음을 내는 정도 외에는 특별한 기대를 할 수가 없다. 따라서 꽃불류(연화)를 제조하기 위해서는 소리나 빛, 연막 등 관상용 효과를 높일 수 있는 여러 조성물을 사용해야 한다. 즉, 소리(폭발음爆發音)를 내기 위한 발음제發音劑, 연기(연막

煙幕)를 내기 위한 발연제發煙劑, 불꽃을 내기 위한 발염제發炎劑, 색깔과 함께 밝은 빛을 내는 조명제照明劑를 비롯하여 발열제發熱劑 종류를 사용한다. 이들은 각종 신호용 화공품에도 널리 사용되는 것들이다. (제5장 1-5) 참조)

이처럼 각종 신호용 화공품의 원료로 사용되는 화약류들을 통칭하여 총단법에서는 '신호염관, 신호화전 및 꽃불류와 이의 원료용 화약 및 폭약'이라 분류하고 있다.[1] 그 중 발음제 종류는 원료용 폭약에 해당하며, 발연제, 발염제, 조명제, 발열제 등이 원료용 화약에 해당한다.

1) 발음제發音劑

신호용 화공품뿐만 아니라 꽃불류(연화) 제조에도 사용된다. 사용하는 약제에 따라 폭발음이나 피리소리 등 서로 다른 소리가 나게 할 수도 있다.

폭발음을 내는 것으로 과거에는 염소산칼륨과 계관석鷄冠石(As_2S_3)을 주로 하는 혼합물을 사용하였다. 하지만 이것은 염소산칼륨을 주로 하는 폭약의 일종으로서 가벼운 마찰이나 충격에도 쉽게 폭발하는 위험이 있어 최근에는 과염소산칼륨, 알루미늄, 삼황화안티몬 또는 황 등의 혼합물을 주로 사용한다. 이 조성물은 폭발과 동시에 큰 굉음을 내기 때문에 통상 뇌명약雷鳴藥이라 하며 이를 이용해 만든 화공품을 뇌명이라 한다.

둔탁한 소리를 내기 위한 발음제로는 염소산칼륨, 적린, 유황, 탄산칼슘 등의 혼합물을 사용하고 피리(휘파람)소리를 낸다거나 할 경우에는 피크린산칼륨, 질산칼륨 또는 염소산칼륨과 몰식자산沒食子酸[2]의 혼합물을 사용한다.

뇌명류는 뇌명약을 얇은 종이를 여러 겹으로 단단히 싸거나 금속관 안에 고밀도로 충전하여 만들며, 피리(휘파람)소리가 나는 것은 작은 구멍(배기구排氣口)이 뚫린 가느다란 지통이나 금속통 안에 발음제를 넣어 만드는데 이를 연소시키면 연소가스가 배기구를 통해 나오면서 길게 휘파람 소리를 낸다.

---

1) 총단법 시행령 28조 ③항 〈별표7〉 및 제45조 ①항 〈별표 12〉
2) 갈산(Gallic acid)을 말한다. 구조상으로는 3, 4, 5-옥시벤존산에 해당하며, 몰식자산라고도 한다. 화학식 $C_7H_6O_5$ -H_2O. 몰식자 - 오배자(五倍子) 등에 유리상태(遊離狀態)로 존재한다.

2) 발연제發煙劑

연기煙氣를 내는 약제藥劑를 말하며 채연제彩煙劑 또는 연막제煙幕劑라고도 한다. 연기煙氣는 크게 두 가지 종류가 있는데 하나는 화학변화를 일으키지 않고 염료를 미세한 입자로 분산시켜 연기를 발생시키는 물리적 연기煙氣가 있고 다른 하나는 물질의 연소를 통해 연기를 발생시키는 화학적 연기가 있다. 사용하는 원료에 따라 서로 다른 다양한 색깔의 연기를 만들 수 있으며, 연막신호 외에 꽃불류(연화) 제조에도 사용한다. 각 색깔 별로 사용되는 원료의 예로 다음의 것들이 있다.

〈표 6-1〉 색상별 발연제의 주요 성분 예

색상	주요 성분	색상	주요 성분
백색	6염화에탄, 아연분말, 유황, 초석 등	녹색	Auramine, Methylene blue
흑색	1) Anthracene, 나프탈렌 2) 6염화에탄, 마그네슘, 붕산아연	자색	Indigo pure, Rhodamine B
적색	Rhodamine B, Parared	회색	4염화실리콘 또는 암모니아 증기蒸氣 혼합물
청색	Methylene blue, Indigo pure	황색	Auramine, Lactose, 염소산칼륨 등

과거 백색연白色煙에는 석고나 운모雲母 분말을, 황색연에는 계관석과 웅황을, 녹색연에는 녹청, 공작석을, 적색연에는 광명단 등의 무기물들을 주로 사용하였으나 이들은 색상이 선명치 못하고, 역광逆光을 받으면 흑색으로 보이는 단점이 있다. 따라서 최근에는 헥사클로로에탄Hexachloroethane(6염화에탄)이나 휘발성이 큰 유기염료를 사용하여 선명한 색깔의 연기를 만든다.

3) 발염제發炎劑

화염火炎 중에 발광發光 분자分子를 만들어주는 약제藥劑를 말한다. 즉 연소 시 발생하는 화염에 색광色光을 나타내는 조성물로서 염색제炎色劑라고도 한다. 고유의 불꽃 색깔을 가지고 있는 금속이온을 이용하는 것으로 특정 금속염류에 가연성 물질을 혼합하여 제조한다.

가공방법에는 염색제 조성물을 지통紙筒 등에 충전, 압착하여 만들거나(신호염관), 염색제 자체를 성형한 후, 흑색화약을 표면에 발라(꽃불류) 점화가 쉽게 되도록 하는 방법 등이 있다. 각 색깔별로 사용되는 금속염류는 다음과 같다.

〈표 6-2〉 색상별 발염제의 주요 성분

색상	주요 성분	색상	주요 성분
적색광 赤色光	탄산스트론튬, 황산스트론튬, 질산스트론튬, 수산蓚酸스트론튬[3]	청색광 青色光	화록청花綠青[4], 산화구리, 황산구리, 염기성 탄산구리($CuCO_3 \cdot Cu(OH)_2 \cdot H_2O$)
녹색광 綠色光	질산바륨, 염소산바륨, 황산바륨	황색광 黃色光	수산蓚酸나트륨($Na_2C_2O_4$), 빙정석氷晶石[5]
백색광 白色光	질산바륨(일반적으로 질산바륨은 연소분해하면 BaO가 생성되어 백연을 내지만, 염소산칼륨을 혼합하면 염화바륨이 생성되어 녹색염이 발생한다.)		

4) 조명제照明劑

색과 함께 빛을 발하는 약제로서 발광제發光劑라고도 한다. 질산나트륨, 질산바륨, 질산칼륨 등 질산염과 과산화바륨, 과산화납 등 과산화물을 산화제로 하고 금속물질을 연료로 하며, 색을 진하게 해주는 색도증강제色度增强劑, 지연제遲延劑 등을 첨가하여 만든다. 조명탄照明彈을 생각하면 좋을 것이다.

---

3) Strontium oxalate, 옥살산스트론튬을 말한다. 화학식 $SrC_2O_4 \cdot H_2O$

4) Paris green 또는 Emerald green이라고 한다. 아세트산구리와 아비소산구리의 복염(複鹽)으로 화학식은 $Cu(CH_3COO)_2 \cdot 3CuO \cdot As_2O_3$이다.

5) 단사정계(單斜晶系)의 광물로 Cryolite라 한다. 화학성분은 Na_3AlF_6이며 황색 불꽃을 낸다.

5) 발열제發熱劑

2개 이상의 물질을 혼합하여 연소 시 강하게 발열하도록 만든 것을 말한다. 알루미늄 분말, 마그네슘 분말, 마그날륨 분말, 철분, 규소 또는 규소철 분말, 티탄Titan 분말 등을 사용한다. 주로 꽃불(연화) 제조에 사용되는 경우가 많으며 선박용 시동약에도 사용한다. 꽃불류에 사용할 경우 연소하는 화염 중에 각종 색깔의 불꽃이 튀어나오는 현상을 이용하는 것이기 때문에 화분제花粉劑 또는 불꽃제(화화제火花劑)라고도 하며, 선박용 시동약에 사용할 경우는 가열제라고 할 수도 있을 것이다.

발열제를 성형하거나 압착할 경우 아라비아검, 덱스트린, 소맥분, 니트로셀룰로오스 등 소량의 바인더Binder를 사용하기도 한다.

이처럼 꽃불에는 발음제, 발연제, 발염제, 조명제, 발열제 등을 단독으로 또는 조합하여 사용하지만 불꽃놀이의 핵심이라면 화려한 색깔을 꼽을 수 있는데 이는 금속원소들이 저마다 각기 다른 불꽃반응을 하기 때문이다. 각 금속원소별 불꽃색은 다음과 같다.

〈표 6-3〉 금속이온별 불꽃반응 색깔

금속원소	불꽃반응 색깔	금속원소	불꽃반응 색깔
알루미늄(Al)	은색(백색)	구리(Cu)	청록색
나트륨(Na)	노랑색	스트론튬(Sr)	빨강색
칼륨K)	보라색	세슘(Cs)	청색
칼슘(Ca)	주황색	바륨(Ba)	황록색

2. 꽃불(연화)의 분류

'꽃불(연화煙火)'이란 관상용이나 신호용 또는 연극·영화 등의 효과에 사용하기 위해 화약 또는 폭약을 이용하여 만든 화공품의 일종이다.

총단법에서는 '꽃불'이라는 한 단어로 표현되어 있지만 '꽃불(연화)'의 종류는 수백 가지나 되고 계속해서 새로운 연화가 지속적으로 만들어지고 있다. 또한 새로 만들어질 때마다 모양이나 색깔, 용도 등에 따라 다양한 이름이 생겨나고 있기 때문에 학술적으로나 법규상으로나 명확한 기준을 가지고 연화를 분류하는 것은 매우 어렵다.

우리나라 총단법도 꽃불(연화)에 대해서는 구체적인 정의나 분류기준이 없고 시행령에서 '둥근모양의 쏘아 올리는 꽃불'이라 하여 직경 6Cm 미만, 6~10Cm 미만, 10Cm 이상의 것으로 구분하는 정도이다.[6] 장난감용꽃불만이 시행규칙에서 구체적인 종류를 명시하고 있고[7] 오히려 관상용 꽃불(연화)은 아닌데도 사용 편의상 꽃불로 분류된 화공품들도 있다.

따라서 꽃불(연화)의 종류에 대해서는 다른 화약, 폭약 및 화공품들과 달리 총단법만으로는 설명할 수 없다. 이 책에서는 총단법 조문에 명시된 꽃불류를 포함하여 일반적으로 우리나라에서 유통되고 있는 것들을 기준으로 하였다.

〈표 6-4〉 꽃불류(연화)의 분류

꽃불류 〈연화〉	꽃불(연화) ※장난감용꽃불에 속하지 않는 모든 꽃불류가 여기에 해당한다.	관상용 꽃불	타상연화	파열형 연화	※각각 주간용과 야간용이 있다.
				방출형 연화	
			장치연화	문형文形연화	
				분출噴出연화	
				회전回轉연화	
				수상水上연화	
				실내용 연화	
		관상용 이외의 총단법상 꽃불	조수퇴치용 꽃불	시행령 제15조 9호 〈제5장 2-4)-(3)〉	
			연극·영화 효과용 꽃불	시행령 제15조 7호 〈제5장 2-6)〉	
	장난감용꽃불	관상용 장난감용꽃불	불꽃·불티 또는 꽃불을 주로 내는 것		
			회전을 주로 하는 것		

---

6) 총단법 시행령 제15조 제6호
7) 총단법 시행규칙 제4조 ①항 1~7호

			달리기를 주로 하는 것	
			날기를 주로 하는 것	
			위로 쏘아 올리는 것을 주로 하는 것	
			폭발음을 주로 내는 것	
			연기를 주로 내는 것	
		관상용 이외의 총단법상 장난감용꽃불	모형비행기 또는 모형로켓용의 추진기	시행규칙 제4조 ①항 8호
			시동약	시행규칙 제4조 ①항 9호 <제5장 1–6)>
			화재경보용 꽃불	시행규칙 제4조 ①항 10호 <제5장 1–9)–(10)>
			도난방지용 꽃불	
			기밀시험용 발연화공품	시행규칙 제4조 ①항 11호 <제5장 1–9)–(11)>

3. 타상연화

1) 타상연화의 구조 및 발사방법

위로 쏘아 올린다 하여 타상연화打上煙火라 한다. 외형은 둥근 공 형태의 구형球形이 대부분
이며 일부 실린더Cylinder(원주圓柱, 둥근 기둥)형으로 만든 것도 있으나 구형球形에 비해
표현할 수 있는 불꽃의 효과가 다양하지 못하다. 이 책에서는 구형球形의 타상연화를 기준
으로 하였다.

(1) 타상연화의 구조

타상연화는 그 모양이나 색깔 등에 따라 그 구조가 매우 다양하다. 하지만 기본적으로 이들

은 모두 구형球形의 옥피玉皮(종이 케이스)[8]
안에 관상효과를 내기 위한 각종 소체小體
Element[9]와 함께 이 소체에 점화도 해주면서
동시에 옥피를 파열시키고 점화된 소체를 비
산(확산)시켜주는 할약割藥[10]이 들어 있는
점은 동일하다. 사용하는 소체의 종류에 따라,
그리고 소체를 옥피 안에 배열하는 방법에 따
라 다양한 종류의 불꽃을 연출하게 되는 것
이다.

　　타상연화의 기본 구조는 옆의 그림과 같
다. 옥피의 상부에 연화를 끈[11]으로 묶어 연
화포에 장전할 수 있도록 고리[12]가 달려 있고
하부에는 도화선이 있는데 이를 후미後尾도화
선Time fuse이라 한다. 이 후미도화선 부분에

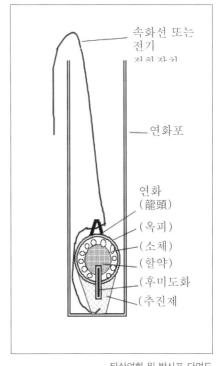

타상연화 및 발사포 단면도

추진제를 결합한 후, 연화포에 넣고 추진제에 점화를 하면 연화는 공중으로 발사되고 동시
에 그 추진제 화염이 후미도화선에 점화를 해준다.

　　연화가 공중으로 올라가는 동안 도화선이 연소하여 연화가 정점에 이르렀을 때 도화
선 반대편의 할약에 점화가 되면서 연화가 터지는 것이다. 연화가 적정 고도에 도달하는

---

8) 두꺼운 종이를 반구형(半球形)으로 성형한 용기, 즉 두꺼운 종이재질의 연화 껍질을 말한다. 두 개의 옥피에 각각
　　소체와 할약을 넣고 두 개를 마주 대어 결합한 후, 크라프트지를 여러 겹으로 견고하게 바르면 구형(球形)의 연화가
　　완성된다.

9) 연화가 폭발할 때 연소 또는 폭발하면서 관상효과를 나타내는 것들로서 커다란 옥피 안에 배열해 놓은 작은 물체라는
　　뜻이다. 아주 작은 형태의 연화 또는 각종 발연제, 발음제, 발염제 등을 이용한 장치류 등이 있다. 넓게 보면 성(星,
　　Star)도 소체(小體)의 일종이라 할 수 있다.

10) Break charge라 한다. 연화를 공중에서 파열시키면서 동시에 소체(小體)에 점화해주는 완성(緩性)화약류(제2
　　장 4절 참조)이다. 가볍고 다공성인 물질, 즉 목화씨나 왕겨, 코르크 펠렛 등의 표면에 흑색화약을 입혀 만들며
　　Bursting charge라고도 한다.

11) 무게가 가벼운 소형 연화의 경우 별도의 끈을 사용하지 않고 속화선(제5장 2-2)-(1) 참조)이나 전기점화장치의
　　각선을 끈 대용으로 직접 사용하기도 한다.

12) 용두(龍頭)라고도 한다.

시간에 따라 도화선의 길이를 조절하
여 시간을 맞춘다.

　반구형半球形의 옥피 두 개에 각
각 성星Star[13]과 할약을 넣고 이 두 개
를 서로 결합하면 구형球形의 연화형태
가 된다. 그 위에 풀을 바른 크라프트
지를 붕대를 감듯이 여러 겹 붙이고[14]
건조하면 연화가 완성된다.

반구형 옥피에 성(星)을 넣는 모습

(2) 타상연화 발사방법

추진제의 점화는 속화선이나 전기점화
장치를 사용한다. 근래에 들어 연화행
사가 대형화함에 따라 원격 점화가 가
능하고 발사 시차時差를 정밀하게 조절
할 수 있는 전기점화 방법을 주로 이용
한다.

속화선을 연결한 연화

　최근에는 컴퓨터를 비롯한 전자
장비를 이용한 발사방법이 등장하여
음악과 조화시킨 불꽃놀이도 감상할 수가 있다.

　연화발사포(연화포)는 과거 종이 재질의 지관포紙管砲를 사용하였으나 최근에는
FRP재질의 포를 주로 사용하며 추진제 사용량이 큰 대형大形(6인치 이상) 연화의 경우 철
포鐵砲를 사용하기도 한다. 추진제로는 입상 흑색화약을 사용한다.

---

13) 염색제, 발연제 등을 작은 구형(球形)으로 압착 또는 성형한 것을 말한다. 옥피의 파열과 동시에 점화되어 연소하
　　면서 화려한 모양과 색상을 표현한다. 음향효과, 섬광효과, 점멸효과, 비행효과 등을 표현하는 다양한 종류의
　　성들이 있다.
14) 두 개의 옥피를 결합하기 위해 크라프트지를 바르는 작업을 옥침(玉沾)이라 한다.

(3) 타상연화 제원

아래의 그림은 연화 크기별, 발사고도 및 개화반경을 비교한 참고도이다. 발사고도, 개화반경은 동일한 크기의 연화라도 연화의 종류, 내용물의 무게에 따라 다양하다. 따라서 불꽃놀이를 하고자 하는 장소의 안전거리, 즉 인근 시설물이나 관객과의 거리에 따라 충분한 안전성을 감안하여 연화를 선택하여야 한다.

연화포를 설치한 광경

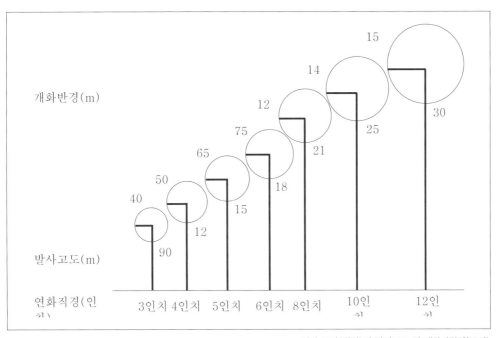

연화 크기(직경)별 발사고도 및 개화반경(참고치)

위의 그림에서 연화의 크기란 타상연화의 직경을 말하는 것으로 세계적으로 인치 단위를 사용하며, 보통 3인치에서부터 4, 5, 6, 8, 10, 12인치의 것을 주로 사용한다. 우리나라에서 사용하는 연화 중 가장 큰 것으로는 24인치가 있다. 발사고도發射高度는 연화가 올라가는 최대 높이, 즉 도달고도를 말하며, 개화반경開花半徑이란 연화가 터졌을 때 성星이 퍼져나가는 최대 반경을 말한다. 개화직경으로 표시하기도 하나, 발사포를 중심으로 퍼져나가는 거리가 중요하므로 보통 반경으로 표시한다.

2) 야간용 타상연화

타상연화는 사용하는 시간에 따라 크게 야간용과 주간용연화로 분류하는데 이들은 다시 폭발하는 형태에 따라 두 종류로 분류할 수 있다. 하나는 옥피玉皮(종이 케이스)가 산산이 부서져 파열되도록 강하게 폭발하는 것이 있고, 또 하나는 옥피 안의 내용물을 아래로 쏟아낼 수 있을 정도로만 약하게 폭발하는 형태의 것이 있다.

일본어로는 전자前者를 **할물**割物, 후자後者를 **뽀까물**ポカ物이라하지만 우리나라에는 아직까지 이들을 구분하는 뚜렷한 용어가 없다. 본서에서는 이들을 각각 파열형破裂形(Burst) 타상연화, 방출형放出形(Split) 타상연화라 하였다. 주간용, 야간용 모두 파열형과 방출형 연화가 있다.

(1) 파열형(Burst) 타상연화(할물割物)

파열형 타상연화란 할약이 점화되면 매우 강한 힘으로 폭발하여 내용물(소체)들이 구형球形으로 비산하는 것을 말한다. 매우 강열한 폭발음을 동반한다.

연화가 폭발하면서 소체(성星)들을 완전한 구형球形으로 비산飛散시키기 위해서는 옥피가 고르게 파열되어야 한다. 따라서 소체를 담은 두 개의 옥피를 결합할 때, 크라프트지를 여러 겹으로 단단하게 붙여야 하고,(제6장 주)14 참조) 다량의 할약을 사용하는 것이 파열형 연화의 특징이다.

이러한 파열형 타상연화들은 주로 개화開花15) 후의 모양을 따라 이름을 붙이는 경우가 대부분으로 수많은 종류가 있다. 이 책에서는 대표적인 몇 가지만 소개하기로 한다.

---

15) 연화류는 폭발하면서 아름다운 형상의 꽃모양을 나타내는 것이 많다. 따라서 꽃이 피는 것과 같다 하여 개화(開花)한다는 표현을 쓰기도 한다.

① 파열연화의 가장 기본적인 것 중의 하나가 단순하면서도 화려하고 선명한 염색炎色을 내는 '국화菊花' 종류이다. 옥피의 내표면內表面에 성星을 촘촘히 배열한 것으로 폭발할 때 꽃이 활짝 피는 것처럼 방사상放射狀16)으로 성星이 전개되는 연화이다.

국화에도 여러 종류가 있다. 한 가지 색으로 개화되는 단색單色국화, 개화 진행 중에 성의 색깔이 변하는 변색變色국화, 옥피 내에 성을 다중多重으로 배열한 2중, 3중 국화 등이 있고, 그 외에도 성이 비산하면서 꽃가루를 흩날리는 것, 꽃이 2등분되어 서로 다른 색을 내는 것, 성이 날아간 궤적을 따라 잔광殘光이 남는 것 등도 있다.

(왼쪽부터) 단색국화, 2색 국화, 2중 국화, 3중 국화

② 다양한 형상을 표현하는 파열연화 종류도 있다. 평면적인 형상에는 별, 링Ring, 하트 Heart 등의 문양이나 글자를 표현한 것이 있고, 입체적인 형상에는 토성, 나비 등이 있다.

(왼쪽부터) 링, 나비, 하트, 토성

③ 옥피 안에 여러 개의 소체를 넣어 만든 것으로 야국野菊, 뇌명, 색뇌명 등이 있다. 1차로 연화가 폭발하고 나서 안에 있는 소형 연화(소체)들이 다시 폭발하는 것들이다. 옥피 안에

---

16) 입체적으로는 구형(球形)이지만 지상에서 볼 때는 어느 방향에서나 원형으로 보인다.

성과 함께 소형의 연화(소체)를 추가하여 커다란 꽃 안에서 작은 꽃이 개화되는 국화도 있다.

(왼쪽부터) 야국(Small flower), 꽃가루를 날리는 뇌명, 뇌명 및 색뇌명, 큰 꽃 속에 작은 꽃이 핀 국화

④ 연화가 폭발하여 파열되는 정도가 약한, 즉 파열형과 방출형의 중간 정도에 해당하는 반파열형半破裂形의 타상 연화도 있다. '국화류'와 같이 완전한 원형으로 개화시킬 필요가 없는 연화들이 이에 해당한다. 할약을 약하게 하여 파괴력을 작게 한 것으로 '야자수', '왕관王冠' 등이 대표적이다.

▲ 왕관
▶ 야자수

'야자수'는 이름 그대로 야자수 형태의 연화로서 색깔에 따라 '금金야자', '은銀야자'가 있다. 왕관은 개화 시작은 국화류처럼 하지만 불꽃이 곧바로 꺼지지 않고 아래로 축 늘어지는 형태의 것이다. 성星의 연소시간을 길게 한 것으로 연소가 끝나는 마지막 순간에는 섬광과 함께 폭발음을 낸다.

(2) 방출형(Split) 타상연화(뽀까물ポカ物)

방출형(Split) 타상연화란 기본적인 구조나 발사방법, 외관 등은 파열형과 동일하나 가장 큰 특징은 옥피가 파열형처럼 산산이 부서지지 않고 두 쪽으로 갈라지면서 내용물을 옥피 밖으로 방출시켜줄 수 있는 정도로 약하게 폭발하는 연화를 말한다.

할약의 양을 적게 사용하여 소체들이 멀리 비산되지 않도록 하는 대신에 적은 양의 할약으로도 옥피가 쉽게 갈라질 수 있도록 옥피 위에 크라프트지를 바르는 옥첨玉沾 횟수를 줄인 것이 특징이다.

낙하산이나 깃발, 플래카드 등 연화가 폭발할 때 불에 타서는 안 되는 것들을 사용할 경우 옥피 내부를 두 칸으로 분리하여 연소실燃燒室과 방화실防火室로 구분한다. 연소실에는 할약과 성, 소체 등을, 방화실에는 낙하산, 깃발 등을 배치한다. 방출형 타상연화의 종류는 파열형에 비해 단순한 편으로 다음의 것들이 있다.

① 대표적인 것으로 별이 이리저리 날아다니는 형상의 유성遊星, 벌(蜂)떼가 날아다니는 형상의 것 등이 있다.
② 낙하산을 이용한 것으로는 각종 채등彩燈을 달고 내려오는 것, 조명照明을 달고 내려오는 것이 있다. 채등彩燈을 아래로 여러 개 매달거나 두 개의 낙하산에 수평으로 매단 것, 그리고 이들을 조합한 것 등이 있다.
③ 그 외에도 하늘로 올라가면서 각종 모양을 표현하는 것들로 승천하는 용龍, 꽃다발, 피리소리, 꽃가루 등등 많은 종류가 있다.

01 벌
02 유성
03 조명 버들
04 버들 연성(連星)
05 횡유성(橫連星)

3) 주간용 타상연화

꽃불(연화)이라고 하면 흔히 볼 수 있는 야간용 연화를 연상하지만 주간에 사용하는 연화도 있다. 야간용이 연화의 빛, 소리, 색, 모양 등을 조합하는 것은 물론 현대에 와서는 전기적 조명시스템과 영상물까지 포함하여 다양한 연출이 가능한 데 비해 주간용의 경우는 주로 소리(발음제)나 연기(발연제)에 의존하기 때문에 표현방법이 매우 제한적이어서 관상효과는 단조로운 편이다.

기본적인 원리나 연화의 내부 구조, 외형, 발사방법 등은 야간용과 동일하며 역시 파열형과 방출형 두 가지가 있으며, 그 종류에는 다음의 것들이 있다.

(1) 폭발음을 이용하는 것

발음제發音劑를 이용한 뇌명雷鳴류가 대표적이다. 섬광閃光과 함께 우레와 같은 소리를 내는 것으로 옥피 안에 넣는 뇌명雷鳴 소체小體Element[17)]의 수에 따라 단발單發에서부터 삼단三段, 사단四段 및 오단뢰五段雷 등이 있으며, 뇌

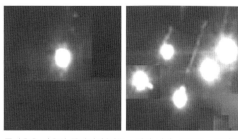

폭발음을 이용한 주간연화(왼쪽 – 단발 뇌명, 오른쪽 – 오단뢰)

명소체에 발염제(염색제炎色劑)를 넣어 여러 색깔의 섬광을 발하는 색뇌명色雷鳴도 있다.

(2) 연기를 이용하는 것

발연제로 만든 소체를 옥피 내에 조합한 것이다. 연화가 개화했을 때의 형상에 따라 국화, 버들 등의 이름으로 부르는 것들이 있다.

연막을 이용한 주간연화(왼쪽 – 연막 버들, 오른쪽 – 연막 국화)

---

17) 소체의 종류는 매우 다양하다. 연화의 옥피 안에서 연소 또는 폭발하면서 관상효과를 나타내는 것들로서 대표적인 것으로 성(星, Star)이 있다. 이외에도 옥피 안에 소형 연화를 여러 개 넣는 경우도 있는데 이때는 이 소형 연화가 소체가 되는 것이며, 뇌명 소체는 뇌명약을 종이에 단단하게 싸서 만든 것이다.

(3) 낙하산을 이용하는 것

옥피 안에 낙하산을 넣은 것으로 공중
에서 연화가 터지면 낙하산이 소체Ele-
ment를 매달고 내려오는 연화이다. 깃
발이나 연막 소체를 매단 것들이 있다.

낙하산을 이용한 주간연화(왼쪽 - 연막, 오른쪽 - 깃발)

(4) 색종이를 이용하는 것

옥피 안에 여러 가지 색깔의 색종이를 오려 넣어 하늘에서 오색 꽃가루를 뿌리는 효과를
표현하는 것으로 '반짝이'라고도 한다.

4. 장치연화

장치연화裝置煙火란 연화의 효과를 표현하는 각종 소체나 기존의 소형 타상연화 등을 별도
의 구조물에 장치하거나, 두 가지 이상의 것을 조합하여 불꽃놀이에 이용하는 것을 말한다.
이러한 장치연화는 불꽃놀이를 하는 장소나 시간, 행사의 성격 등에 따라 그때그때 다양한
아이디어로 새로운 것들이 구상되고 있어, 이들을 체계적으로 분류한다는 것은 곤란한 일
이다. 심지어 행사 장소에 맞춘 일회성의 것도 있을 수 있는바, 그러한 것들까지 일일이
명칭을 부여할 수는 없을 것이다. 따라서 본서에서도 기존에 전해오는 분류방법을 인용하
는 수준에서 정리하였다.

　　장치연화는 크게 다섯 종류로 나누어볼 수 있다. 작동하는 기능이나 표현되는 형상에
따라 문형文形장치연화, 회전回轉장치연화, 분출噴出장치연화로 구분할 수 있으며, 또한 이
것들을 두 가지 이상 조합한 것도 있다. 수상水上에서 불꽃놀이를 할 경우는 수상水上연화,
혹은 수중水中연화라고 한다. 그 외에 주로 실내에서 안전하게 사용할 수 있도록 고안된
'실내용 연화'가 있다.

1) 문형文形연화

글씨나 도형을 표현하는 장치연화다. 염색제炎色劑를
충전한 염관炎管Lance[18]을 형틀에 표현하고자 하는
형상으로 배치하고 속화선으로 연결하여 점화하면 원
하는 형상으로 연출된다.

글씨를 쓴 것은 'Fire letter'라고 하며, 긴 줄에
일정간격으로 염관을 매달고 점화한 것은 그 형상에
비유하여 '나이아가라 폭포'라고 한다. 염관 안의 염색
제를 2종 이상의 색깔로 충전하면 연소 중간에 색이
변하는 변색 Fire letter 또는 변색 나이아가라 폭포가
된다.

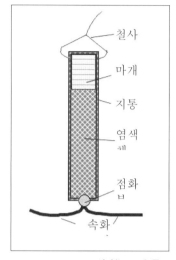

염관(Lance) 구조

▲ Fire letter 설치 광경
◀ Fire letter(1986년 서울 아시안게임)

◀ 나이아가라 폭포
  (2013년 제9회 부산불꽃축제)
▼ 나이아가라 설치 광경

---

18) 지름 1Cm 내외의 지통(紙筒)을 사용한다. 길이는 보통 7~8Cm 정도의 것을 사용하나, 희망하는 연소시간에
  따라 길이를 조절하여 사용하기도 한다.

2) 분출噴出연화

발사통[19]에 성星을 비롯한 각종 소 체류를 발사약과 섞어 차곡차곡 장치하거나 소형 지통紙筒에 발열제發熱劑(화분제花粉劑)를 직접 충전하는 것 등이 있다. 점화를 하면 소체들이 발사통에서 점화되어 화분花粉을 흩뿌리며 분출된다.

실제 연출 시에는 다발多發이나 연발連發로 사용하는 경우가 많

다발로 묶여 있는 분출형 장치연화

다. 시중에 유통되는 것들 중에는 발사통을 수십 개씩 한데 묶거나 상자에 담아 연발로 발사하기 쉽도록 한 것도 있다.

전개되는 모양에 따라 호랑이 꼬리Tiger tail, 십자가Cross, 난옥亂玉 등등 여러 가지 명칭의 것들이 있지만 실제 불꽃놀이를 할 때는 여러 가지 장치연화와 타상연화들을 조합하여 연출하는 경우가 대부분이다.

● 스타마인(Starmine)

각종 분출 장치연화들과 중소형 타상연화들을 조합하여 짧은 시간에 수십, 수백 발을 연속으로 발사하게 되면 보는 사람을 기준으로 상하, 좌우로 전체 공간을 가득 채우며 불꽃이 펼쳐져 한 폭의 그림이 그려지게 된다. 보통 이와 같은 연출기법 또는 이와 같은 연출기법에 의해 전개되는 장면을 스타마인이라 한다.

수많은 별들이 흩어지는 것과 같이 연속적으로 폭죽이 터지는 현상을 뜻하는 것으로

---

19) 타상연화를 발사하는 것은 연화발사포라고 하지만 분출형 장치연화의 경우는 규모도 작을 뿐 아니라 한 번의 점화로 연속해서 발사되는 것이 대부분이며, 저공(低空)에서 연소되는 점 등을 감안하여 발사통이라 하였다. 좀 더 작은 것은 지통(紙筒), 아주 작은 것은 지관(紙管)이라고도 한다.

장치연화, 타상연화가 어우러진 스타마인의 예(출처: ㈜한화)

'별Star이 쏟아져 나오는 광산'과 같다 하여 붙여진 이름인 것 같다. 최근에는 이와 같은 연출기법이 보편화되면서 '스타마인'이란 용어가 연화의 한 종류처럼 인식되기도 한다. 물위에서 하게 되면 수상水上 스타마인이라고 한다.

3) 회전回轉연화

연화 자체가 회전하도록 만든 것은 아니다. 수레바퀴와 같은 회전판에 분출형 불꽃(염관炎管)을 법선法線 방향으로 장치하고 점화를 하면 화염이 분출하면서 발생하는 추진력으로 회전판이 돌 수 있도록 고안한 것이다. 대표적인 연출 사례로는 회전판 5개를 선풍기처럼 세워놓고 점화하여 오륜기五輪旗 형상을 연출하는 것이 있다.

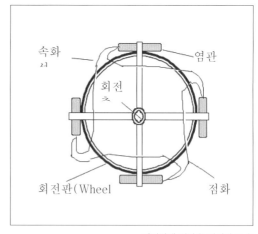

회전판에 염관을 설치한 모습

4) 수상水上연화

별도의 연화 종류가 있는 것이 아니라 강이나 호수, 바다 위에서 연화를 연출하는 것을 말한다. 대표적인 것으로는 수상 스타마인을 들 수가 있다.

수십 개의 염관炎管을 넣은 통을 물 위에 떨어뜨리며 점화를 하면 통에서 나온 염관들이 화염과 화분花粉을 내뿜으며 물 위를 불규칙하게 돌아다니는 것도 있다. 금빛, 은빛 등 색깔에 따라 금붕어, 은붕어라고 한다.

회전연화를 판자 위에 수평으로 설치하고 물 위에 띄워 연출하는 기법도 있으며, 타상연화를 수면 위에서 폭발시키면 반구형半球形의 개화 모습이 연출되는데 이를 '연꽃'이라 한다.

왼쪽 – 수상 스타마인의 예(출처: ㈜한화), 오른쪽 – 연꽃

5) 실내용室內用 연화

Indoor fireworks라고 하며, 실내뿐만 아니라 야외무대처럼 반 옥외에서 행해지는 각종 쇼무대, 콘서트, 스포츠 행사 등에 간편하고 안전하게 사용할 수 있도록 고안된 연화를 말한다. 분출되는 불꽃의 온도를 낮춘 저칼로리의 꽃불을 사용하여 상대적으로 안전하며, 연기발생량을 최소화시킨 발광체를 사용하여 색체가 현란한 특징이 있다.

실내용 연화의 종류에는 상향 분사형 분수꽃불Fountain, 하향 분사형 나이아가라꽃불

Niagara falls, 햇살모양의 선샤인Sunshine, 국화모양과 함께 폭발음을 내는 에어 버스터Air burst, 별모양의 파이어 스타Fire star, 나무모양의 파이어 트리Fire tree 등이 대표적이며, 행사의 성격이나 행사장소에 따라 다양한 모양의 불꽃을 연출할 수가 있다.

(상단 왼쪽부터) 분수꽃불, 나이아가라꽃불, 파이어 스타, 선샤인
(하단 왼쪽부터) 에어 버스터, 파이어 트리

실내연화 연출 사례(서울프레올림픽 쇼, 1988년 5월 18일, KBS)

5. 장난감용꽃불(총단법 제4조 ①항)

1) 불꽃·불티 또는 꽃불을 주로 내는 것

소형 지관紙管에 발열제發熱劑(화분제花粉劑)를 충전한 것으로서 연소할 때 지관 밖으로 분출하는 불꽃, 불티를 감상하는 연화이다. 국내에 유통되는 것으로는 드래곤Dragon, 스파클러Sparkler라는 이름의 것이 있으며, 불꽃길이가 180Cm 이하여야 한다.[20] 다음의 것들이

---

20) 총단법 시행규칙 제4조 ②항 1호

있다.

(1) **불어내기꽃불 · 구슬타기꽃불 · 불꽃불기꽃불 · 분수꽃불**: 그 밖의 원통 또는 구슬 모양의
꽃불류로서 화약 15g 이하인 것
(2) **나팔꽃불**: 그 밖의 불꽃을 내며, 손잡이가 달린 꽃불류로서 화약 10g이하인 것
(3) **은파꽃불**: 그 밖의 줄이 달린 꽃불류로서 화약 10g 이하인 것
(4) **번쩍이꽃불**: 그 밖의 번쩍이는 불티를 내며, 손잡이가 달리고 화약이 노출된 꽃불류로
서 화약 10g(철분이 30% 이상 함유된 꽃불류로서 화약 15g) 이하인 것
(5) **탐조꽃불**: 그 밖의 손잡이가 달리고 종이로 싼 꽃불류로서 화약 10g 이하인 것
(6) **선향꽃불**: 그 밖의 불꽃을 내며 손잡이가 달리고 화약이 노출된 꽃불류로서 화약 0.5g
이하인 것

2) 회전을 주로 하는 것

흑색화약을 충전한 지통을 회전판에 부착한 형태의 것으로 연소하면서 가스, 화염, 불꽃을
내며 지관의 분사력에 의해 회전한다. 핀호일Pin foil, 비단꽃차라는 이름 것이 유통되었으
며 연소 지속시간이 10초 이하여야 한다.[21] 다음의 것들이 있다.

(1) **불바퀴꽃불**: 그 밖의 원반둘레에 화약을 싼 종이통을 붙인 꽃불류로서 화약 4g(폭발음
을 내는 것은 화약 3.9g, 폭약 0.1g) 이하인 것
(2) **꽃차꽃불**: 그 밖의 종이통을 붙인 꽃불류로서 화약 4g(폭발음을 내는 것은 화약 3.9g,
폭약 0.1g) 이하인 것
(3) **무늬꽃불**: 그 밖의 원반 또는 널판에 바퀴모양의 꽃불을 붙인 꽃불류로서 화약 1g(폭발
음을 내는 것은 화약 0.9g, 폭약 0.1g) 이하인 것

---

21) 총단법 시행규칙 제4조 ②항 3호

3) 달리기를 주로 하는 것

화약의 추진력을 이용하여 지면이나 수면 위를 스스로 달리도록 고안된 형태의 장난감용 꽃불류이다. 화약량이 0.9~2.0g 정도의 소형 제품으로 지상에서 다람쥐처럼 빙빙 도는 꽃차(화차火車)류나 폭음을 내며 튀어 오르는 폭룡爆龍, 끈에 연결된 소형 로켓을 점화하여 공중에서 회전시키는 케이블카Cable car꽃불, 물속을 돌아다니는 금붕어꽃불 등이 있다.

(1) **금붕어꽃불**: 그 밖의 물위를 달리는 꽃불류로서 화약 2g 이하인 것
(2) **피리꽃불**: 그 밖의 피리소리를 내는 통꽃불류로서 화약 0.5g 이하, 폭약 1.5g 이하인 것
(3) **케이블카꽃불**: 그 밖의 줄에 종이통 등이 달린 꽃불류로서 화약 1.5g 이하인 것
(4) **꽃차꽃불**: 그 밖의 바퀴모양의 꽃불류로서 화약 1g(폭발음을 내는 것은 화약 0.9g, 폭약 0.1g) 이하인 것
(5) **폭룡꽃불**: 그 밖의 화약을 종이로 싸서 접은 꽃불류로서 화약 1g 이하인 것

4) 날기를 주로 하는 것

점화를 하면 공중을 나는 장남감용꽃불로서 대표적인 것으로 소형 로켓이 있다. 얇고 둥근 모양의 알루미늄 용기에 흑색화약을 충전하고 바닥에 몇 개의 분출구를 비스듬히 뚫어 놓은 것으로 점화를 하게 되면 화약이 연소하면서 분출하는 가스에 의해 원반이 회전하면서 날아오르는 위성꽃불(비행원반꽃불), 발음제를 추진제로 사용하여 비행하면서 피리소리를 내는 피리로켓꽃불 등이 있다. 나는 높이가 지상 5m 이상이어야 한다.[22]

(1) **피리로켓꽃불**: 그 밖의 피리소리를 내며 꼬리가 달린 통꽃불류로서 화약 0.5g 이하, 폭약 2g 이하인 것
(2) **유성꽃불**: 그 밖의 꼬리가 달린 통꽃불류로서 화약 2g(폭발음을 내는 것은 화약 1.9g,

---

22) 총단법 시행규칙 제4조 ②항 2호

폭약 0.1g) 이하인 것

(3) 위성꽃불: 그 밖의 널판에 통이 달리고 회전 또는 상승을 하는 꽃불류로서 화약 1.5g
이하인 것

5) 위로 쏘아 올리는 것을 주로 하는 것

분출형噴出型 장치연화와 유사한 구조의 소형 연화로서 단발형單發型과 연발형連發型이 있
다. 단발형은 연발형에 비해 지름이나 불꽃이 비교적 크고, 별이나 낙하산 등이 있다. 연발
형은 삼연발에서 수십 연발까지 매우 다양하며 대표적인 것으로 난옥亂玉이라 하는 것이
있다. 위로 쏘아 올리는 장난감용꽃불 중 국내에서 가장 흔히 볼 수 있는 것 중의 하나다.
지상으로부터 쏘아 올리는 높이가 5m 이상이어야 하며23) 다음의 것들이 있다.

(1) 난옥꽃불: 그 밖의 위로 쏘아 올리는 둥근 통꽃불
류로서 단발식이고 화약 10g 이하인 것 또는 연
발식이고 둥근통의 안지름이 1Cm 이하이며 화약
15g 이하인 것

(2) 우산꽃불: 그 밖의 둥근 통에 넣은 방출물을 쏘아
올리는 둥근통 꽃불류로서 화약 10g 이하인 것

성(星)
지연제
추진제
지통
손잡이

난옥의 구조

6) 폭발음을 주로 내는 것

폭발음만을 내는 단순한 것이지만 여러 종류가 있다.
염소산칼륨과 적린을 습상濕狀으로 혼화하여 종이사이에 넣어 붙인 딱총화약24), 소형 지
통에 폭음제를 넣고 밀폐한 후, 여러 개를 다발로 묶어 속화선으로 연결한 폭죽爆竹25), 폭

---

23) 총단법 시행규칙 제4조 ②항 4호
24) 경기용 종이뇌관(제5장 2-3)-(2) 참조)과 동일한 구조로서 강하게 압착하면 폭음을 낸다.
25) 점화를 하면 연속적으로 폭음을 낸다.

음제를 모래에 입힌 후, 얇은 종이로 싸서 구슬형태로 만든 구슬폭음꽃불(크래카볼), 고깔형태의 지통 안에 폭음제와 테이프를 넣어 폭발음과 함께 테이프를 방출하는 크리스마스폭음꽃불(크리스마스 크래카) 등이 있다. 연소 시 발생하는 소리가 10m 떨어진 거리에서 85dB 이하여야 하고, 딱총화약(안전화약)은 불연제로 표면을 입혀야 하며[26] 그 외에 폭발음을 내는 것에는 다음의 것들이 있다.

(1) **연기폭음꽃불**로서 화약 1g 이하, 폭약 0.12g 이하인 것(성냥의 측약 또는 두약과의 마찰에 의하여 불이 나는 것을 제외한다.)

(2) **폭음꽃불**: 그 밖의 점화에 의하여 폭발음을 내는 둥근통폭음꽃불(연기폭음꽃불을 제외한다)로서 그 둥근 통의 바깥지름이 4mm 이하이고 화약 1g 이하, 폭약 0.05g 이하인 것(성냥의 측약側藥 또는 두약頭藥과의 마찰에 의하여 불이 나는 것을 제외한다.)

(3) **구슬폭음꽃불**로서 지름이 1Cm 이하 무게 1g 이하이고 폭약 0.08g 이하인 것

(4) **크리스마스폭음꽃불**: 그 밖의 소형의 통 안에서 마찰에 의하여 폭발음을 내며 테이프 등을 방출시키는 것으로서 폭약 0.05g 이하인 것

(5) **딱총화약**으로서 화약 한 알이 지름 4.5mm 이하, 높이 1mm 이하이고 폭약 0.01g 이하인 평옥 및 화약 한 알이 지름 3.5 mm이하, 높이 0.7mm 이하이고 폭약 0.04g 이하인 권옥

(6) **폭죽**(점화에 의하여 폭발음을 내는 것으로서 바깥지름 4mm 이하인 둥근 통 20개 이하를 연결한 것에 한한다)으로서 둥근 통 1개가 화약 1g 이하, 폭약 0.05g 이하인 것

7) 연기를 주로 내는 것

발연제를 종이나 합성수지통에 충전한 연막불꽃과 석탄이나 피치를 질산으로 처리한 후 산화제를 배합하여 압착, 성형한 것이 있다. 이것을 연소시키면 뱀처럼 구불거리며 늘어나기 때문에 뱀구슬꽃불(스네이크Snake)이라 한다.

---

26) 총단법 시행규칙 제4조 ②항 6호

(1) **연막꽃불**: 그 밖의 통꽃불류로서 화약 15g 이하인 것

(2) **뱀구슬꽃불**로서 화약 5g 이하인 것

6. 관상용 이외의 총단법상 꽃불류

1) 관상용 이외의 총단법상 꽃불

(1) 조수퇴치용 꽃불(제5장 2-4)-(3) 참조)

(2) 연극·영화 효과용 꽃불(제5장 2-6)-(1) 참조)

2) 관상용 이외의 총단법상 장난감용꽃불

(1) 모형비행기 또는 모형로켓용의 추진기로서 화약 5g 이하인 것

(2) 시동약으로서 화약 15g 이하인 것(제5장 1-6) 참조)

(3) 화재경보용 또는 도난방지용 꽃불류(제5장 1-9)-(10) 참조)

(4) 기밀시험용 발연화공품(제5장 1-9)-(11) 참조)

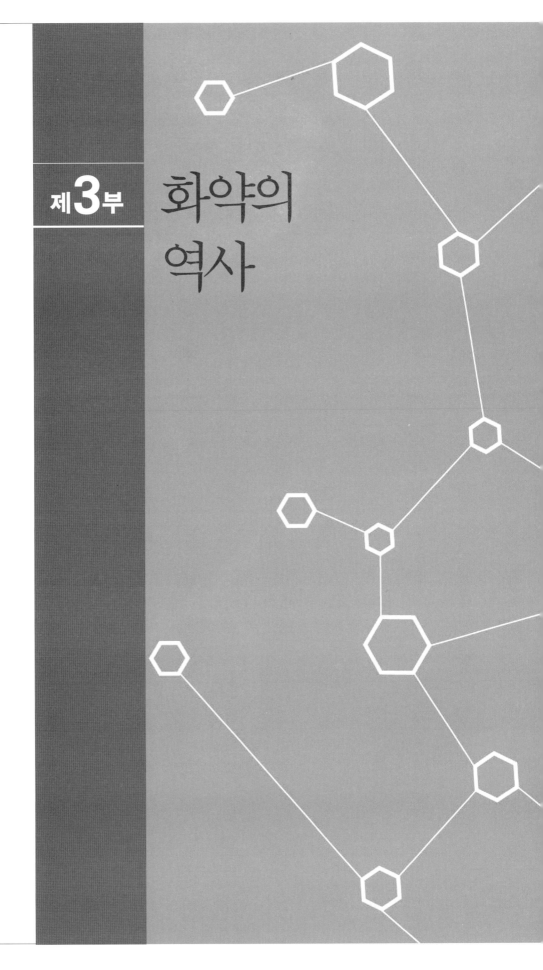

제**3**부 화약의
역사

모든 학문이 그렇듯이 '화약' 역시 그 본질을 알기 위해서는 역사를 살펴볼 필요가 있다. 우연에서 시작되었던 고대 중국의 단약丹藥 중의 하나였던 '화약'이, 시간이 흐르면서 하나의 기술로 발전하고 다시 그 기술들이 축적되어 폭발물로서의 과학적 지식이 되기까지 그 변천과정을 살펴본다면 현재의 '화약'을 이해하는 데 도움이 될 것이기 때문이다.

다만 이 책에서는 지면상 모든 내용을 상술할 수는 없기에 화약의 기원을 중심으로 한 고대 역사를 중심으로 본인이 지은 『한국의 화약 역사』(아이워크북, 2009)에서 요약, 발췌하여 수록하였고 나머지는 <부록 1> '화약사 연표'로 대신하였다.

제7장 화약의 역사

초기의 화약은 오늘날의 흑색화약黑色火藥과 유사한 물질이었다. 초석硝石(질산칼륨, KNO₃), 유황硫黃, 숯(목탄木炭)의 혼합물이었던 이 물질은 흑색화약의 원조가 되었으며, 처음 이러한 물질이 만들어진 후 오늘날까지도 사용되고 있다.

화약의 기원을 정확히 이야기할 수는 없겠지만 각종 기록을 보면 인류는 오늘날의 흑색화약과 유사한 가연물可燃物, 즉 발화물질發火物質을 오래전부터 사용하고 있었다. '화약火藥'이라는 이름에서도 알 수 있듯이 어떻게 보면 인류가 처음 불을 사용하기 시작한 것 자체가 바로 화약의 기원이라고 할 수 있을 정도로 불(火)과 화약의 관계는 밀접하다.

인간이 처음 불을 사용하기 시작한 후 시간이 지나면서 유황이라는 물질이 잘 꺼지지 않고 오랫동안 타는 것을 알게 된 것은 어려운 일이 아니었을 것이다. 그 후 언젠가 초석을 발견하고 여기에 유황과 숯을 섞으면 강렬한 불꽃과 함께 맹렬히 연소된다는 것도 알았을 것이다. 이처럼 초석과 유황, 숯을 혼합한 '물질'을 만들었던 시점이 바로 흑색화약의 시발점, 즉 화약의 기원이 된 것이다.(「한국의 화약역사」 중에서)

1. 화약의 기원과 발달

1) 불로불사不老不死의 단약丹藥, 화약火藥

'화약火藥'이라는 단어는 고대 중국의 도교道敎 경전經典을 모은 『도장경道藏經』[1]이라는 책에 처음 등장한다. 하지만 당시의 화약은 오늘날 우리가 인식하고 있는 폭발물로서의 화약이 아니라 일종의 의약품이었을 뿐이다.

늙지도, 죽지도 않는 영원한 생生을 좇던 고대 중국의 방술가方術家(방사方士)들이 불로불사不老不死의 단약丹藥을 찾아 수많은 약제藥劑를 만들던 중 발견한 것 중의 하나였던 것이다. 우연히도 이 '화약'은 오늘날 우리가 흑색화약이라고 부르는 화약과 유사한 초석과 유황, 숯의 혼합물이었으며 따라서 아주 약한 화염이나 충격에도 쉽게 발화發火가 되는 위험한 약이었다.

'화약火藥'이라는 이름은 아마도 이 약을 취급하는 중에 자주 불이 나거나 폭발하는 현상 때문에 '불이 되는 약', 또는 '불이 붙는 약'이라는 뜻에서 부르기 시작했던 이름이었을 것이다.

이밖에 『도장경』이전인 2세기경부터도 화약의 기원으로 추정해볼 수 있는, 즉 초석, 유황, 숯 등 오늘날 흑색화약의 조성과 유사한 물질을 사용한 기록들이 다수 등장하고, 이 후 본초학本草學이라는 고대 중국 의학서醫學書들에서도 흑색화약과 유사한 조성의 약물들이 발견된다. 주요 기록들을 요약해보면 다음과 같다.

〈표 7-1〉 화약의 기원과 관련이 있는 고대 중국 저서

서명書名	시대時代	주요 내용 요약
1. 회남자淮南子	회남왕淮南王 유안劉安(BC 179?~BC 122)이 방술가들과 함께 편찬한 책	초석과 유황, 숯을 섞어 금을 만들었다.
2. 태평광기太平廣記	후한後漢 순제順帝(125~144)시대 설화	단약로丹藥爐에서 폭연爆燃현상이 일어난 사실을 기술

---

1) 도교의 경전經典을 집대성한 책으로 송대(宋代 960~1279)에 집대성되었다.

서명書名	시대時代	주요 내용 요약
3. 진원묘도요략 眞元妙道要略	서진西晉 정사원鄭思遠(264~322)저술한 연단서煉丹書	목탄木炭에 초석을 대었더니 화염을 내며 연소했다
4. 신농본초경 新農本草經	후한後漢~삼국시대 본초서本草書	초석에 대해 언급, 다른 연단술사와 의술가들에게 초석의 존재를 인식시키는 계기가 되었다.
5. 신농본초경집주 新農本草經集注	남조南朝 양梁나라의 도홍경陶弘景(456~536)이 저술한 의서醫書	
6. 포박자抱朴子	동진東晉 갈홍葛洪(283~343) 저서, 신선방약神仙方藥과 불로장수의 비법	단약丹藥제조에 유황과 초석을 사용
7. 단경丹經	당唐나라 명의名醫이자 신선가神仙家 손사막孫思邈(581~682) 저술	초석硝石과 유황, 목탄木炭 등으로 복화伏火 제조
8. 도장경道藏經	송대宋代(960~1279)에 집대성된 고대 중국의 도교道敎 경전經典을 모은 책	'화약'이란 단어 최초 기술
9.연홍신진지보집성 鉛汞申辰至寶集成	당 헌종 3년(808) 청허자淸虛子 저술	초석과 황의 혼합물에 바곳(부자附子)을 넣고 가열했더니 발화되었다

2) 폭발물로서의 화약

'화약'이란 화학적 변화를 수반하는 폭발물 중 공업적으로 이용이 가능한 것'(제1장 2-1) 참조)을 말한다. 즉, '폭발물'로 이용되는 물질이어야 하는 것이다. 따라서 고대 중국에서 사용하던 '화약'은 단순한 '불이 되는 약'으로서 화약의 기원에 속할 수는 있지만 오늘날 우리가 정의하는 '화약'은 아니다.

이 '불이 되는 약'이 전쟁물자(무기武器)로 사용된 것은 8세기경 역시 중국에서였다. 『신당서新唐書』 '이희열전'에 따르면 당 덕종德宗 원년(784) 이희열이 반란을 일으키고 송주宋州를 공격할 때 '방사책方士策'을 사용하여 병영과 성벽의 방어물을 불태워버렸다고 한다. 물론 당시 사용한 방사책에 대한 설명은 없으나 '방사方士(방술가方術家)들의 비법'이었던 '불이 되는 약'을 사용했을 것으로 추정이 가능한 부분이다. 방사들의 비책秘策 또는 방사들의 술책術策이라 하여 방사책이라 하였을 것이다. 하지만 일종의 화공법火攻法에 '불이되는 약'을 사용한 것은 틀림이 없어 보이지만 폭발물로서 사용한 것인지는 불분명하다.

송나라 노진路振이 쓴 『구국지九國志』에서는 좀 더 구체적으로 '화약'이 사용되었을 것으로 추정되는 기록이 등장한다. 당나라 애제哀帝 초(904~906년경) 정번鄭이 예장豫章을 공격하면서 '발기비화發起飛火'를 사용해 예장의 용사문龍沙門을 소각하였다는 것이다. '비화飛火'는 화약이고, '발기發起'는 투석기나 쇠뇌로서 화약병기로 간주되는 기록이다. 아마도 화살 끝에 연소제燃燒劑를 발라 발사하는 일종의 화전火箭(불화살)일 것으로 추측된다. 이같이 오랫동안 약용藥用으로 사용되던 '불이 되는 약'의 추진력과 폭발성이 무기에 응용되면서 그 기술은 널리 전파되었으며 1044년 발간된 『무경총요武經總要』2)라는 병서兵書에는 각종 병기류와 함께 그 조성도 수록되어 있다.

이후 고대 중국의 화약과 화약무기 제조술은 본격적으로 발달하기 시작하여, 폭발성 화기인 '벽력화구霹靂火毬'와 '벽력포霹靂炮'가 만들어졌으며, 최초의 관형管形화기로 볼 수 있는 죽통竹筒으로 발사하는 '화창火槍'도 제작되었다. 13세기 금나라와 남송은 '철화포鐵火砲'와 '진천뢰震天雷', '비화창飛火槍' 등을 만들어 썼고 죽통竹筒으로 자과子窠(탄환)를 발사하는 '돌화창突火槍'도 사용하였다. 이처럼 8세기경 화약을 무기에 처음 사용하기 시작한 중국에서는 원나라와 명나라를 거치면서 더욱 발전되었는데, 특히 원나라에서는 기존의 죽통竹筒 대신에 대포大砲의 효시라 할 수 있는 금속(동銅)제 관형화기도 만들어 사용하였다.

이처럼 화약이 전쟁물자로 사용되고 있을 무렵 중국에서는 관상용觀賞用 폭죽爆竹(연화煙火, 불꽃놀이용 화약)에도 화약을 사용하였는데 이러한 폭죽은 7세기 초, 수隋나라에서 시작하여 당나라를 거치면서 송·금대에 널리 보급되었다 한다.

3) 유럽의 화약

유럽에서 화약이 처음 만들어졌다는 주장도 있다. 대표적으로 거론되는 것으로 '희랍의 불 Greek fire'3)나 '바다의 불Sea fire'4)을 들 수 있다. 하지만 이들은 석유(원유原油, 피치)에

---

2) 1040년 송(宋)나라 인종(仁宗)의 명에 의하여 저술된 병서(兵書)이다. 북송(北宋)의 증공량(曾公亮)과 정도(丁度) 등이 1044년에 완성한 군사기술서로 40권으로 되어 있다.

3) 667년 칼리니코스(Kallinikos)가 발명하였다. 불의 성분에 대해서는 알 길이 없으나, '물 위에서 탄다'라고 했던 점을 감안하면 원유(原油)가 원료였을 것이다.

4) 941년 비잔틴군이 콘스탄티노플 전투에서 원유(原油), 생석회, 황의 혼합물로 만든 "바다의 불(Sea Fire)"을 사용, 러시아 함대를 소각하였다 한다.

가연물질들을 섞어 만들었던 물질로서 단순한 화공용火攻用 발화제나 연소제들로서 화약과는 거리가 있다.

유럽 일각에서는 1249년 영국의 로저 베이컨Roger Bacon이 최초로 흑색화약을 발명했다고도 한다. 수도승이었던 베이컨이 전설처럼 전해오는 '희랍의 불Greek Fire'을 재현하던 중 목탄, 황, 초석硝石(KNO₃)의 혼합물의 폭연현상을 발견하고 흑색화약黑色火藥Black Powder이라 명명하였다. 하지만 이는 유럽 최초일 뿐 이미 중국에서는 수백 년 전부터 로저 베이컨의 Black powder와 동일한 '화약'을 사용하고 있었는바, 세계 최초는 아니다.

로저 베이컨

4) 화약의 발달

8세기경 아랍인들이 중국의 연단술을 습득하면서 '중국 소금', 또는 '중국 눈Snow'이라고 하던 초석硝石을 접하였지만 고대 중국에서와 마찬가지로 연단술에 필요한 '불이 붙는 약'으로만 사용했을 뿐 폭발물로서는 인식하지 못하고 있었다.

　유럽인들이 폭발물로서의 '화약'을 알게 된 것은 몽고의 서정西征을 통해서였다. 몽고가 서방 원정을 하면서 화약병기를 사용한 것이다. 몽고가 최초로 화약병기를 사용한 것은 1219년 중앙아시아 지방을 공격할 때였다고 한다.

화약을 처음 만든 곳은 중국이고 유럽에 전파한 것도 중국이었지만 이를 본격적으로 발전시킨 것은 오히려 유럽에서였다. 중국으로부터의 침략전쟁을 통해 화약과 화약무기를 접한 유럽인들이 각종 화약병기를 만들면서 그에 필요한 화약연구도 병행되었다.

　　　1346년 영국에서는 캐논포의 발사약으로 흑색화약을 사용하기 시작했고, 1380년 독일의 베르톨드 슈바르츠Berthold Schwarz는 관형管形 금속제 대포를 만들었으며, 1425년 프랑스에서는 입상粒狀 흑색화약을 만들고, 훗날 이를 캐논포의 추진제로 사용하였다. 1771년에는 영국의 피터 울프Peter Woulf가 피크린산Picric acid을 만들었고, 1788년 프랑스의 베르톨레C. L. Berthollet는 베르톨레 폭약을 만들었다.

　1800년 영국의 에드워드 하워드Edward Howard가 일찍이 1660년 네덜란드의 로르넬리스 드레벨Cornelis Drebbel이 발견했던 뇌홍雷汞의 폭발성능을 확인하는 것을 시작으로 19세기에도 여러 화약들이 등장하였다. 1831년 안전도화선, 1832년 백금전교 전기뇌관, 1838년 면약, 1847년 니트로글리세린, 1849년 백색화약, 1858년 DDNP 등이 만들어졌거나 그 원리가 규명되었다.((부록 1) 화약사 연표 참조)

암석발파와 흑색화약

의약품으로 650여 년, 화약무기로 750여 년이나 사용되던 화약이 본격적으로 암석발파에 사용된 것은 1548년 네만Neman 강 준설공사였다고 한다. 17세기 초 독일과 헝가리에서는 광산에서도 흑색화약을 사용했고, 1679년 프랑스에서는 터널굴진에도 화약을 사용하였다. 이를 전후해서 고안된 천공발파법과 진흙 전색법이 보급되고 약포藥包Cartridge로 포장한 흑색화약이 등장하면서 암석발파의 효율이 크게 향상되자 화약을 이용한 발파방법은 유럽 각지로 전파되었다.((부록 1) 화약사 연표 참조)

5) 근대 화약의 발달과 다이너마이트

근대화약의 등장

흑색화약이 군사용 화약병기는 물론 암석발파에까지 매우 유용하게 사용되기는 하였으나 기본적으로 위력이 약하다는 점과 가루형태의 형상으로 인해 사용이 불편하다는 점은 어쩔 수가 없다. 이런 문제점은 19세기 들어 면약綿藥(니트로셀룰로오스)과 니트로글리세린이 나오면서 해결되기 시작하였다.

군사용 무기들의 추진제로는 무연화약無煙火藥이, 암석발파에는 다이너마이트라는 강력한 위력을 지닌 폭약이 화약산업의 혁신을 가져 왔다. 따라서 면약과 니트로글리세린이 만들어진 시점을 흔히 근대화약의 시발점이라 한다.

다이너마이트 발명

다이너마이트라 하면 설명이 불필요할 정도로 산업용화약의 대명사라 할 수 있는 폭약이다. 1847년 이탈리아의 소브레로Sobrero가 니트로글리세린을 발명하였지만 위험성 때문에 공업적으로 널리 이용하지 못하던 중, 1862년 스웨덴의 노벨Nobel이 공업생산을 시작한 후, 니트로글리세린을 암석발파에 사용하기 시작하였다. 하지만 액체폭약인 니트로글리세린을 취급하는 데는 많은 위험이 뒤따를 수밖에 없었다.

니트로글리세린의 사용법을 연구하던 노벨이 1867년 드디어 니트로글리세린을 규조토에 흡수시켜 보다 안전하게 사용할 수 있는 폭약을 발명하였고 '다이너마이트Dynamite'라 부르기 시작하면서 다이너마이트의 역사가 시작되었다. 규조토를 사용하였기 때문에 '규조토 다이너마이트'라고 한다.

1875년 노벨은 다시 니트로글리세린을 니트로셀룰로오스로 교화膠化시킨 니트로겔을 이용, 교질膠質다이너마이트Gelatine Dynamite를 발명하였고 오늘날의 다이너마이트로 발전하게 되었다.

6) 산업용폭약의 세대교체

노벨 이후 100여 년의 역사를 자랑하던 다이너마이트도 이제는 초유폭약, 함수폭약이라는 안전폭약에게 자리를 물려주고 역사 속으로 사라져 가고 있다. 그 사이 폭약의 기폭에 사용하는 뇌관도 도화선으로 점화하는 공업뇌관에서 전기뇌관으로, 그리고 다시 비전기뇌관으로 변천을 거듭하였으며 최근에는 전자식뇌관이 실용화되어 보급되기 시작하였다.((부록 1) 화약사 연표 참조)

2. 대한민국 화약사

1) 우리나라 고대 화약역사

고려 말 화약의 전래

13세기 초 몽고의 고려 침입과 함께 우리나라에도 화약과 화약병기가 소개되었을 것으로 여겨지기는 하나, 기록으로 나오는 것은 몽고의 1차 침입이 있은 지 130여 년이나 지난 1356년부터 발견된다.

　　　1356년 총통銃筒 발사,5) 1372년 화전火箭,6) 1373년 화전火箭, 화통火筒 시험7) 등에 대한 기록이 그것이다. 그 외에 1371년에는 화산대火山臺8)라고 하던 불꽃놀이도 있다. 당시는 아직 고려에서 화약을 만들기 이전으로서 이들 모두가 중국으로부터 전해 온 화약이나 화약병기들이었을 것이다.

---

5) 고려사 권81 병지一(1356)
6) 고려사 권43 세가 공민왕 6(1372)
7) 고려사 권44 세가 공민왕 7(1373)
8) 고려사 권132 열전 신돈

고려에서 자체적으로 화약을 생산한 것은 1377년 '화통도감'이 설치되면서부터이다. 왜구들의 끊임없는 침략과 노략질을 보며 왜구를 물리치기 위해서는 화약무기가 있어야겠다고 생각한 최무선이 원나라 상인 이원李元으로부터 염초자취술焰硝煮取術을 알아내고 화약제조에 성공하였다.[9] 그 후 최무선의 건의에 따라 1377년 10월 화통도감火㷁都監을 설치하고 화약과 함께 대장군포大將軍砲, 질려포蒺藜砲, 촉천화觸天火 등 20여 종의 화약병기를 제작하였으며, 1382년에는 세계 최초의 함포해전艦砲海戰으로 평가받고 있는 진포대첩에서 대승을 거두며 왜구들을 격퇴하기도 하였다.

최무선

조선의 화약

조선 건국 초 화약에 대한 관심이 적었던 시절이 있긴 하였으나[10] 태종, 세종조에 들어서는 화약과 화약병기 제작기술이 크게 발전하게 된다. 특히 세종 말기인 1448년에는 화포의 주조법과 도면, 규격치수 및 화약사용법을 상세히 기록한『총통등록銃筒謄錄』이 편찬되기도 하였다.

하지만 문종 이후 화약기술 발전은 정체가 시작되었고 1592년 임진왜란 당시 조총鳥銃을 앞세워 침략한 왜구들에게 화약과 화약병기의 열세를 극복하지 못하고 고전하게 된다. 임진왜란을 통해 화약의 중요성을 인식한 조선은 전란이 끝난 뒤, 새로운 화약제조기

---

9) 고려사절요 제30권 신우 1(辛禑一) 정사 신우 3년(1377)
　신증동국여지승람(新增東國輿地勝覽) 제2권 경도 하
　세조실록 3권 세조 2년 丙子(1456) 3월 28일 정유
　태조실록 7권 태조 4년 乙亥(1395) 4월 19일 임오
10) 태종실록 14권 태종 7년 丁亥(1407) 12월 30일 기유
　신증동국여지승람 제2권 경도 하

술, 특히 염초자취술焰硝煮取術 개발에 주력하여 그간 중국으로부터 수입에 의존하던 것에서 벗어나 화약의 자급자족을 실현하였다.

2) 근대화약의 도입과 일제 강점기

우리나라에 다이너마이트가 처음 들어온 시기는 불명확하다. 1894년 경상도 창원지방에서 금광 시굴試掘을 위해 일본인들이 다이너마이트와 뇌관, 도화선을 소지하고 있었다는 기록이 있기는 하지만 대한제국 정부기록에 의한 최초의 공식적인 다이너마이트 수입은 1896년의 일이다.

1896년 운산금광雲山金鑛과 경인철도부설 공사용으로 미국으로부터 다이너마이트 10톤을 처음 수입하였고, 이후 독일과 영국 등에서도 다이너마이트를 수입하였다. 하지만 이것들은 대부분이 대한제국 정부로부터 광업권이나 각종 공사권을 따낸 외국인들에 의해서였고, 이마저도 1910년 한일합방과 함께 조선의 500년 화약역사는 완전히 단절되었으며 모든 화약산업은 일본인들이 독점하고 말았다.

3) 광복과 화약 국산화

1945년 광복을 맞았으나 일본인들이 독점하고 있던 우리나라의 화약산업은 황무지나 다름없는 상태였고, 미국, 일본으로부터 수입에 의존할 수밖에 없었다.

한화그룹 설립자 현암 김종희

국내에서 화약을 다시 생산하기 시작한 것은 한국화약주식회사(현 주식회사 한화)를 설립한 현암 김종희에 의해서였다. 1952년 한국전쟁 중 부산 피난지에서 회사를 설립하고 1955년 인천에 화약공장을 건설하기 시작하여 1956년 4월 초안폭약과 공업뇌관, 도화선을 생산하였다. 1957년 니트로글리세린 생산에 성공한 후 1958년 다이너마이트를 국산화하였고, 이어서 전기뇌관 등 산업용화약은 물론 방산용 화약을 생산하면서 오늘에 이르고 있다.((부록 1) 화약사 연표 참조)

3. 불꽃놀이의 역사

1) 불꽃놀이의 기원

불꽃놀이는 고대 인도·페르시아·그리스·로마 등에서 기원전 수백 년부터 그 착상이 있었다고 한다. 하지만 횃불이나 봉화烽火 등 주로 신호용 불꽃이었을 뿐 화약火藥을 이용한 불꽃놀이는 아니었다. 이처럼 불꽃놀이의 역사를 거슬러 올라가다 보면 화약을 이용했던 '불놀이'와 횃불이나 모닥불 등 단순한 '불놀이'가 혼동되기도 한다. 하지만 오늘날에 와서는 화약을 이용한 '불놀이'를 '불꽃놀이'라 하는 것이 일반적이다.

일찍이 화약을 만들어 썼던 중국에서도 처음에는 전쟁터의 신호용으로 사용하다가 7세기 초 수隋나라 양제煬帝 무렵부터 놀이로서의 불꽃놀이를 시작하였다고 한다.

화약의 발달과 함께 연화도 진보하였고, 13세기 말 이탈리아에 전해지고 나서 15세기 무렵 유럽 각지로 퍼지면서 보편화되었다. 일본의 경우는 16세기 말부터 오락물娛樂物로 발달하여 17세기 초 에도江戶 시대부터 대중화되기 시작했고 1732년에 이미 타상연화도 시작되었다.

2) 우리나라 불꽃놀이 역사

(1) 고려 말 '불꽃놀이'의 전래

우리나라에서 단순한 '불놀이'가 아닌 화약을 이용한 '불꽃놀이'가 시작된 것은 고려 말의 일이다. '화산대火山臺를 설치하고 구경을 했다.[11][12]'거나 '화포잡희火砲雜戲'를 구경하였다[13]는 구체적인 기록이 『고려사』에 전해진다.

---

11) 고려사절요 공민왕4 20년(1371)
   夏四月權適大宴辛旽設火山臺旽不敢自安乃移涼廳請王觀之
12) 고려사 권132 열전 신돈
   恭愍王二十年 權適又大亭旽設火山臺旽不敢自安又移涼廳請王觀之
13) 고려사 권134 列傳47 辛禑2

(2) 조선의 불꽃놀이

조선 전기 불꽃놀이의 성행

조선조에 들어 불꽃놀이가 성행하기 시작하였다. 태조 이성계가 건국 첫해 새해를 맞아 잔치를 베풀어 새해를 축하하면서 불꽃놀이(화희火戱)를 한 것이 조선 최초의 불꽃놀이였다.14)

이를 시작으로 약 150여 년간 조선에서는 큰 행사가 있을 때마다 불꽃놀이를 하였는데 주로 연말연시나 외국 사신 방문 시 여흥을 돋우고, 외국 사신에 대한 조선 화기火器의 위력을 과시하는 수단으로, 또는 질병이나 사기邪氣를 쫓는 무속적 목적과 군사 조련調練(방포훈련放砲訓鍊)의 한 과정으로 불꽃놀이를 하였다.

하지만 이 모든 불꽃놀이들은 왕을 중심으로 궁궐 내에서 실시하던 것으로서 일반 대중들을 위한 것은 아니었다. 화약은 군사용 물자로서 함부로 사용할 수 없는 단속대상이었거니와 비용도 많이 들기 때문에 일반 백성들까지 즐길 수 있는 것은 아니었던 것이다.

조선 중기 이후 불꽃놀이의 쇠퇴

조선 전기 성행하던 불꽃놀이는 임진왜란을 앞두고 완전히 자취를 감추었다. 조선왕조실록에서는 명종 16년(1561) 제야除夜행사 이후 발견되는 기록이 없다. 19세기 중엽 중국의 불꽃놀이를 보고 온 사신들이 "우리나라에도 고사古事에 불꽃놀이가 있었다."15)고 하면서 "화약은 병사兵事에 써야 할 것인데 사치스러운 놀이에 마구 쓰는 것은 옳지 않은 일이다16)"라고 한 것을 보면 조선의 불꽃놀이는 이미 '먼 옛날 이야기'가 되어 있었고, 조선에

辛隅五年〈中略〉五月〈中略〉禑以端午登市街樓觀擊毬火砲雜戱

14) 태조실록 3권 태조 2년 癸酉(1393) 1월 1일(정미)
　丁未朔〈中略〉上坐殿受中外朝賀〈中略〉仍賜宴群臣左侍中趙浚奉觴稱壽曰元正首祚臣等不勝大慶謹上千歲壽群臣皆三呼千歲上盡觴許群臣坐群臣再拜就坐極歡而罷暮使軍器監設火戱觀之

15) 오주연문장전산고(五洲衍文長箋散稿) : 19세기 중엽 오주(五洲) 이규경이 중국과 우리나라의 고금의 각종 사물을 비롯하여 경전-역사-문물제도-시문 등을 기술한 백과전서적인 책이다.

16) 연행록선집 연원직지(燕轅直指) 5권 유관록(留館錄) 하
　계사년(1833, 순조 33) 1월[14일-29일] 14일 지포기(紙砲記)
　〈前略〉그 밖의 여러 포들은 다 기록할 수 없거니와 이른바 유성포(流星砲), 반사포(盤蛇砲), 낙매화포(落梅花砲), 파대성포(破大城砲) 등이 그 중에서 가장 뛰어나다. 대개 한 통에 드는 비용은 혹 은자(銀子) 4, 5냥에 이르는데

서 불꽃놀이가 사라진 이유가 '경제적인 문제와 군수물자인 화약의 부족'이었던 것을 알수가 있다.

구한말 근대식 불꽃놀이

조선 중기 이후 단절되었던 불꽃놀이를 조선에서 다시 보게 된 것은 19세기 말이다. 비록 일본인들에 의한 것이었지만 1899년 오늘날과 유사한 근대식 불꽃놀이(타상연화)가 처음 실시되었다. 1899년 조선에 주둔하고 있던 일본군의 경성수비대京城守備隊가 군기제軍旗祭를 하면서 불꽃놀이를 하였다.[17)18)] 우리나라에서 타상연화打上煙火가 사용되었던 최초의 근대식 불꽃놀이라고 할 수 있다.

(3) 일제 강점기의 불꽃놀이

일제 강점기에 다시 불꽃놀이가 성행하였는데 그 성격을 보면 크게 두 가지로 구분된다. 하나는 특정행사를 축하하기 위한 것과 다른 하나는 순수하게 일반 대중들의 관람목적, 즉 오락娛樂 목적의 것이 있었다.

하지만 일각에는 일제 강점기의 불꽃놀이는 나라를 빼앗긴 조선 백성들의 분노심과 저항심을 잠재우고 관심을 다른 데로 돌리기 위한 일제의 우민화愚民化정책의 일환이었다는 시각도 있다.

한 집에서 하룻밤 태우는 것 또한 100자루에 가까운 많은 양이고 보면 높은 벼슬아치 집에서의 사치스러움을 다투는 것이나, 궁궐 안에서 거창하게 설시하는 것은 더욱 미루어 알만하다. 이 역시 그만두어야 할 일인데 왜 그만두지 못한 것일까? 또 화약은 병사(兵事)에 이로운 기구인데 절도 없이 마구 없애기를 이처럼 심하게 하니 나는 그것이 옳은 일인지 알지 못하겠다.

17) 규장각 근대정부기록
 　大韓帝國 宮內府案 (1899年 4月 17日)
 　발 신 자 議政府贊政外部大臣 朴齊純
 　수 신 자 議政府贊政宮內府大臣 李載純
 　내　　용 〈요약〉 일본공사 加藤增雄에 따르면 京城수비대가 4월 18일 軍旗祭를 맞아 倭城臺에서 烟花를 터뜨릴 예정이라는 照會 제40호
18) 독립신문 1899년 4월 18일
 　〈일병놀이〉 오늘 일본 수비대에서 왜장터에 연희장을 배설하고 불놀이를 한다더라.

(4) 대한민국의 불꽃놀이

일제 강점기 성행하던 불꽃놀이는 1945년 광복과 함께 다시 중단되었다. 하지만 당시 남한 지역에 주둔해 있던 미군들은 1946년 7월 4일을 시작으로 매년 미독립기념일이 되면 남산에서 불꽃놀이를 하였다.[19]

한국전쟁이 끝난 뒤, 대한민국 정부에서도 국가적 기념일이나 행사 때면 불꽃놀이를 하기 시작하였다. 광복절, 대통령 취임식, 전국체전 등이 있었는데 특이한 점은 이승만 정권 시절, 경무대 경내에서 대통령탄신일 경축 불꽃놀이도 했다는 것이다. 조선 초기 왕들이 궁궐 안에서 하던 불꽃놀이가 연상된다.

연화(꽃불)생산

광복 후 불꽃놀이에 필요한 연화는 전량 수입에 의존하였으나 한국화약주식회사(현 주식회사 한화)에서 1958년부터 연화煙火를 생산하기 시작하면서 국산 연화를 사용하였다.

현재의 불꽃놀이

일제 강점기부터 1980년대까지 70여 년간의 불꽃놀이는 주로 한발 한발 쏘아 올리던 수동식 발사방법이었다. 하지만 이제는 컴퓨터 발사기를 사용, 음악에 맞추어 아주 다양하고 정교한 불꽃놀이를 연출할 수 있을 뿐만 아니라 각종 전기 조명, 레이저 등과 조화를 이루어 예술성을 향상함으로서 관중들에게 그 묘미를 한층 더 배가해주고 있다.

---

19) 농민주보 1946. 7. 13.
   지난 7월 4일은 미국 독립기념일이었다. 이 날 밤에 경성 남산에서는 미군측 주최하에 매우 장관스러운 연화(煙花) 대회를 거행하였다는데 〈생략〉

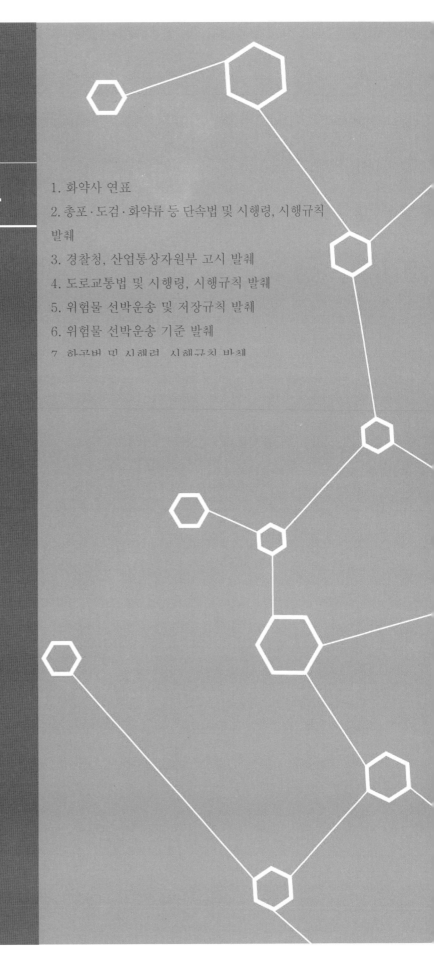

부록

<부록 1> 화약사 연표

世界 火藥史	연 도	우리나라 火藥史
트로이 전쟁에서 "꺼지지 않는 불" 사용	BC 1190	
淮南王 劉安, 淮南子 著述	~BC 122	
後漢 順帝시절 丹藥爐 화재에 대한 逸話 기술 (977년 宋나라 李昉, 太平廣記에서 소개)	125 ~144	
張機(仲景), 新農本草經 發刊(朴硝, 石硫黃 등 기재)	220(?)	
西晋 鄭思遠, 眞元妙道要略 저술	~322	
Julius Africanus, 硝石·硫黃 혼합물 製造	275	
葛洪, 抱朴子 著述(金丹編에 練金術 造作法 기록)	~343	
陶弘景, 新農本草經集註 著述(硝石괴 芒硝 了분)	502	
Kallinikos, "희랍의 불(Greek Fire)" 제조	667	
비잔틴제국, Greek Fire 사용	7세기	
孫思邈, 內伏硫黃法에서 伏火제조법 처방 기록 (硝石과 硫黃으로 煉丹제조)	~682	
당나라 반란군 李希烈, 方士策 사용	784	
淸虛子, 鉛汞申辰至寶集成 著述	808	
鄭璠, 豫章 공격 시 發起飛火를 사용, 龍沙門 소각	904~906	
나프타, 생석회, 유황혼합물 "SeaFire" 제조	941	
도교 경전 道藏에서 "火藥"이라는 단어 최초 기술	962~1279	
	980~1009	軍器監 최초 설치
송나라 화포, 火毬, 火蒺藜 제조	1000	
北宋 曾公亮·丁度 등, 武經總要 纂述(화약조성 기록)	1044	
南宋 竹筒에 화약을 장착한 최초의 管形화기火槍사용	1132	
石灰와 유황의 혼합물로 만든 霹靂砲 사용	1161	
南宋, 震天雷사용	1231	
金나라, 南京전투에서 飛火槍 사용	1233	
Roger Bacon, 흑색화약(Black Powder) 제조	1249	
南宋, 突火槍 발명	1259	
鐵頭火箭 사용(프랑스)	1338	
흑색화약을 發射藥 으로 사용(臼砲, 캐논砲)(영국)	1346	
장형홍동총(長形紅銅銃) 제조(독일)	1348	
	1356	銃筒 火箭발사(최초의 화약무기)
	1371	火山臺 관람(최초의 불꽃놀이)
	1372	火箭 발사
	1373	火箭과 火筒 시험
	1377	최무선의 건의로 화통도감 설치 - 화약 및 火砲 제작

世界 火藥史	연 도	우리나라 火藥史
Berthold Schwarz, 관형 금속대포 제조	1380	최무선 진포해전 승리
	1380~1390	최무선, 화약수련법 저술
	1392	조선 건국 및 軍器監 설치
	1417	火藥監造廳 설치
粒狀 黑色火藥 제조(프랑스)	1425	
	1448	銃筒謄錄 발간
	1466	軍器監을 軍器寺로 변경
캐논砲에 粒狀흑색화약사용(프랑스)	1540	
Neman강 준설에 화약 사용	1548~1572	
	1603	『神器秘訣』발간 – 火藥合製式수록
Weigel, Freisberg 광산에서 흑색화약 사용(독일)	1613	
Kasper Weindl, 광산에서 흑색화약 사용(헝가리)	1627	
	1631	別造廳 설치, 화약과 화기생산
	1635	火砲式(附錄 新傳煮取焰焇方) 발간
Morgenstern, 천공 발파법 고안	1643	
Cornelis Drebbel, 雷汞 발견(네덜란드)	1660	
흑색화약 사용, 터널굴진(프랑스, 마르파스 터널)	1679	
	1681	新傳煮取焰焇方 重刊
Zumbe, 진흙 전색법 고안	1687	
	1698	新傳煮硝方 발간
Peter Woulf, Picric acid제조(영국)	1771	
C. L. Berthollet, Berthollet 폭약 創製(프랑스)	1788	
Edward Howard, 뇌홍 폭발성 확인(영국)	1800	
	1811	홍경래의 난 진압시 화약으로 정주성 폭파(최초의 발파)
W. Bickford, 안전도화선 발명(영국)	1831	
Morses Shaw & Robert Here, 白金電橋 전기뇌관 창제(미국)	1832	
T. J. Pelouze 종이를 초화(綿藥 발견)	1838	
A. Laurent, Phenol 사용, Pcric acid 제조(프랑스)	1842	
C. S. Schnbein & R. Bottger, 綿藥 제조(스위스)	1845	
Ascanio Sobrero, Nitroglycerine 제조(이태리) Maynard, NC의 에테르, 알코올 可溶性 발견(미국)	1847	
Augendre, 白色火藥 제조(염소산칼륨+砂糖+黃血)	1849	
Baron von Ebner, 전기발파기 발명(오스트리아)	1850	
Johann Peter Griess, DDNP 제조(독일)	1858	
A. Nobel, 니트로글리세린 공업생산 개시	1862	
NG를 발파에 사용(스웨덴) A. Nobel, 공업뇌관(뇌홍뇌관) 발명(스웨덴)	1864	

世界 火藥史	연도	우리나라 火藥史
A. Nobel, 규조토 Dynamite 발명 C. J. Ohlsson & J. H. Norrbein, Ammoniakkrut (질산암몬폭약, 硝安+木炭+나프탈렌) 발명(스웨덴)	1867	
Henry, 니트로글리콜 발명	1870	
E. Maynard, NC의 아세톤, 에테르 용해성 발견	1873	
A. Nobel, Gelatine Dynamite 발명(스웨덴)	1875	
H. J. Smith, Rack & Pinion 전기발파기 발명(미국) A. Nobel, 不凍다이너마이트 개발(스웨덴)	1876	
Mertens, Tetryl 발명(독일)	1877	
Vieille, B화약(Poudre B) 발명	1884	
鑄造피크린산을 灼藥으로 사용(프랑스) Vieille화약(無煙화약) 사용(프랑스)	1886	
Mller, 탄광용 다이너마이트 발명(독일)	1887	
Abel & Dewer, Cordite 무연화약 발명(영국) O. Carlson, 카리트 발명(스웨덴)	1889	
T. Curtius, 아지화鉛 발명(독일)	1890	
B. C. G. Tollens, Pentaerithritol 발명(독일)	1891	
	1894	금광시굴에 다이너마이트사용(창원)
H. J. Smith, 遲發전기뇌관 창제(미국)	1895	
	1896	다이너마이트 최초수입 (경인철도부설 공사 및 운산금광용)
	1898	판매용 화약 최초 수입(세창양행)
G. F. Henning, 헥소겐 발명(독일)	1899	최초의 타상연화(日 京城守備隊) 世昌洋行 영업용 화약고 최초 설치(인천)
군용灼藥에 TNT사용(독일)	1900	노벨火藥公社, 인천 栗島에 화약고 설치
不凍다이너마이트에 Nitroglycol 사용(독일)	1904	
Whler, LA뇌관 특허(독일)	1907	'銃砲及火藥類團束法' 頒布
雷汞 爆粉제조(영국) E. Neuman, Neuman효과 발견(영국)	1910	한일합방
Dehn, DDNP뇌관 특허	1922	
Rathburg, 테트라센을 기폭약으로 사용(독일)	1926	
	1939	조선유지(주) 화약공장 기공(9월 28일) – 부천군 남동면 고잔리
	1940	조선유지(주) 화약공장 부분 준공
de Wilde, 유니버샬 도화선 창제(스위스)	1941	
Prill 초안개발(캐나다)	1943	
	1952	10월 9일 한국화약주식회사 설립
비닐도화선 제조(미국)	1953	10월 이승만 대통령 화약국산화 지시
	1954	8월 한국화약, 화약공장 설치허가 신청 12월 한국화약(주) 화약류제조허가 취득

世界 火藥史	연도	우리나라 火藥史
R. Akre & H. B. Lee, 초유폭약 발명(미국)	1955	10월 26일 한국화약, 인천 화약공장 매입 및 공장건설 착공
M. A. Cook & H. E. Farnam, 슬러리폭약 발명(미국)	1956	4월 한국화약, 초안폭약·공업뇌관·도화선 양산 개시
	1957	5월 한국화약, 니트로글리세린 시험생산 성공 11월 한국화약, 니트로글리세린 공업생산 성공 12월 東基화공(주) 화약류제조허가(實砲, 獵用)
	1958	6월 한국화약, 다이너마이트 상업생산 개시 한국화약, 연화 생산 개시(1,056발 최초 생산)
	1959	1월 한국화약, 순발전기뇌관 생산
	1960	한국화약, DS 遲發전기뇌관 생산 3월 한국화약, 테트릴 생산
R .S. Egly, W/O형 & O/W형 혼합형태의 에멀젼폭약 제조(미국)	1961	12월 총포화약류단속법 제정
	1962	9월 한국화약, 탄광용 초안폭약 생산
N. E. Gehrig, 슬러리를 포함하지 않은 에멀젼폭약 제조(미국)	1963	1월 한국화약, 부동 다이너마이트 생산 8월 한국화약, 기폭약 변경(뇌홍→DDNP) 9월 東一화공, 화약류제조허가(玩具煙火)
Chemical Gassing 슬러리폭약 제조(미국)	1964	4월 始動藥공업, 화약류제조허가(船舶用 始動藥)
	1966	6월 한국화약, 초유폭약(AN-FO) 생산 개시
비전기뇌관 개발(스웨덴, NNAB)	1967	
	1968	7월 한국화약, PETN 생산
Du Pont, MMAN 슬러리폭약 제조(미국) H.F. Bluhm, 에멀젼폭약 제조기술 완성, 특허등록(미국, Atlas사)	1969	
	1972	5월 冶山화공, 화약류제조허가(實砲, 空砲 등) 7월 한국화약, 흑색화약 생산
	1973	12월 목포화공, 화약류제조허가(완구연화)
	1974	6월 한국화약, 아지화鉛 생산 7월 한국화약, 면약 개발
	1975	3월 大海실업, 화약류제조허가(완구연화) 3월 한국화약, 신호기 생산
	1976	3월 홍능물산(주) 화약류제조허가(완구연화) - 서울 도봉구 월계동 4월 고려화공(주) 화약류제조허가(신호기) 6월 한국화약, 도폭선 생산 12월 한국화약, Picric acid 생산

C. G. Wade, GMB 에멀젼폭약 제조 (미국, Atlas사)	1977	4월 한국화약, 미진동파쇄기 생산
		5월 국산 Prill초안 사용(남해화학)
		7월 和生화공(주) 화약류제조허가
		  (클레이사격용 實砲, 空砲)
		10월 홍능물산(주) 화약류제조허가(완구연화)
		  - 경기 가평군 외서면

世界 火藥史	연도	우리나라 火藥史
C. G. Wade, 연속식 에멀젼폭약 제조기술 개발(미국)	1978	2월 한국화약, MS 遲發전기뇌관 생산 3월 한국화약, 구명줄발사기 생산 9월 한국화약, 묵호공장 AN-FO 생산
	1979	1월 京東연화(주) 화약류제조허가(완구연화)
	1980	8월 한국화약(주) 화약류제조허가(초유폭약) 　- 강원도 동해시 10월 한국화약, 대구경(φ50mm) 다이너마이트 생산
	1981	1월 한국화약, 정밀폭약 생산 11월 한국화약, 슬러리폭약 생산 12월 한국화약, Cup식 내정전기 뇌관 생산
	1982	8월 한국화약, 미 Du Pont사와 함수폭약 기술도입 계약
	1984	3월 한국화약, 테트릴 생산 종료 4월 한국화약, 함수폭약(KoVEX) 생산 9월 大海화공, 화약류제조허가(완구연화) - 경북 칠곡
	1985	7월 11일 총포화약안전기술협회 설립 8월 한국화약, 연화 컴퓨터발사 시스템 개발
	1986	한국화약, 내정전성 AN-FO생산
	1987	3월 한국화약, 에멀젼폭약 발명특허 등록
	1990	3월 한국화약, 제천공장 화약류제조허가(AN-FO)
	1992	9월 한국화약, 비전기뇌관 개발 10월 한국화약(주) 사명 변경(→주식회사 한화)
	1993	5월 한화, 에멀젼폭약 양산(NewMITE) 한화, 비전기뇌관(HiNEL) 생산 고려화약(주) 설립
	1994	고려화약, 에멀젼폭약 생산
	1995	8월 한화, 구상 DDNP생산
	1997	4월 한화, 자동차 Air Bag용 인플레이터 생산
	1998	12월 한화, 도화선, 공업뇌관 생산 종료
	1999	7월 한화, 초안폭약 생산 종료
	2002	5월 한화, 슬러리폭약(KoVEX) 생산 종료
	2003	1월 한화, 정밀폭약 생산 종료 코스텍(주) 초유폭약(AN-FO) 생산
	2004	7월 한화, 흑색화약 생산종료
	2005	10월 한화, 다이너마이트 생산 종료
	2006	6월 (주)한화 인천공장 가동 종료 10월 (주)한화 보은공장 준공

〈부록 2〉 총포·도검·화약류 등 단속법 및 시행령, 시행규칙 발췌

법 [법률 제11690호, 2013.3.23]	시행령 [대통령령 제25456호, 2014.7.14]	시행규칙 [안전행정부령 제50호, 2014.1.8]
제1장 총칙 제1조(목적) 이 법은 총포·도검·화약류·분사기·전자충격기·석궁의 제조·거래·소지·사용 그 밖의 취급에 관한 사항을 규제하여 총포·도검·화약류·분사기·전자충격기·석궁으로 인한 위험과 재해를 미리 방지함으로써 공공의 안전을 유지하는 데 이바지함을 목적으로 한다. 〈개정 1995.12.6〉 제2조(정의) ① ~ ② 〈생략〉 ③ 이 법에서 "화약류"라 함은 다음 각호의 화약·폭약 및 화공품(화약 및 폭약을 써서 만든 공작물을 말한다. 이하 같다)을 말한다. 〈개정 2013.3.23〉 1. 화약 　가. 흑색화약 또는 질산염을 주성분으로 한 화약 　나. 무연화약 또는 질산에스테르를 주성분으로 하는 화약 　다. 그 밖에 "가"목 및 "나"목의 화약과 비슷한 추진적 폭발에 사용될 수 있는 것으로서 대통령령이 정하는 것 2. 폭약 　가. 뇌홍·아지화연·로단염류·테트라센등의 기폭제 　나. 초안폭약·염소산칼륨폭약·카리트 그 밖의 질산염·염소산염 또는 과염소산염을 주성분으로 하는 폭약	제1조(목적) 이 영은 총포·도검·화약류등단속법(이하 "법"이라 한다)에서 위임된 사항과 그 시행에 관하여 필요한 사항을 규정함을 목적으로 한다. 〈개정 1990.3.31〉 제5조(화약류) ① 법 제2조 제3항 제1호 다목에 비슷한 추진적 폭발에 사용될 수 있는 것으로서 대통령령이 정하는 것"이라 함은 다음 각호의 화약·폭약 및 화공품을 말한다. 〈개정 1999.6.30〉 1. 과염소산염을 주로 한 화약 2. 산화납 또는 과산화바륨을 주로 한 화약 3. 브로모산염을 주로 한 화약 4. 크롬산납을 주로 한 화약 5. 황산알루미늄을 주로 한 화약 ② 법 제2조 제3항 제2호 사목에서 "폭약과 비슷한 추진적 폭발에 사용될 수 있는 것으로서 대통령령이 정하는 것"이라 함은 다음 각호의 것을 말한다. 〈개정 1997.4.12〉 1. 폭발의 용도로 사용되는 질산요소 또는 이를 주성분으로 한 폭약	제1조(목적) 이 규칙은 「총포·도검·화약류 등 단속법」 및 같은 법 시행령에서 위임된 사항과 그 시행에 관하여 필요한 사항을 규정함을 목적으로 한다. 〈개정 2009.9.30〉 제4조(장난감용 꽃불류) ① 「총포·도검·화약류 등 단속법」(이하 "법"이라 한다) 제2조 제3항 제3호에 따른 장난감용 꽃불류는 다음 각호와 같다. 〈개정 2009.9.30〉 1. 불꽃·불티 또는 꽃불을 주로 내는 것 　가. 붙이내기꽃불·연속불꽃·구슬타기꽃불·불꽃불이꽃불·보수꽃불 그 밖의 원통 또는 구슬 모양의 꽃불류〈생략〉 나. 나팔꽃불 그 밖의 불꽃을 내며, 손감이가 달린 꽃불류〈생략〉 　다. 손꽃불 그 밖의 손이 달린 꽃불류〈생략〉 　라. 연쩍이꽃불 그 밖의 번쩍이는 불티를 내며, 손감이가 달린 꽃불류〈생략〉 　마. 탐조꽃불 그 밖의 화약이 달리고 손감이가 달리고 중이로 선 꽃불류〈생략〉 　바. 선향꽃불 그 밖의 불꽃을 내며 손감이가 달리고 화약이 노출된 꽃불류〈생략〉

법	시행령	시행규칙
다. 니트로글리세린·니트로글리콜 그 밖의 폭약으로 사용되는 질산에스테르 라. 다이나마이트 그 밖의 질산에스테르를 주성분으로 하는 폭약 마. 폭발에 쓰이는 트리니트로벤젠·트리니트로토루엔·피크린산·트리니트로클로로벤젠·테트릴·트리니트로아니솔·헥사니트로디페닐아민·트리메틸렌트리니트라민·펜트리트 및 니트로기 3 이상이 들어 있는 그 밖의 니트로화합물과 이들을 주성분으로 하는 폭약 바. 액체산소폭약 그 밖의 액체폭약 사. 그 밖의 "가"목 내지 "바"목의 폭약과 비슷한 파괴적 폭약에 사용될 수 있는 것으로서 대통령령이 정하는 것 3. 화공품 가. 공업용뇌관·전기뇌관·총용뇌관 및 신호뇌관 나. 실탄(실탄: 산탄을 포함한다. 이하 같다) 및 공포탄 다. 신관 및 화관 라. 도화선·미진동파쇄기·도화선 및 전기도화선 마. 신호염관·신호화전 및 신호용화공품 바. 시동약(始動藥) 사. 꽃불 그 밖의 화약이나 폭약을 사용한 화공품 아. 장난감용 꽃불 등으로서 안전행정부령이 정하는 것 자. 자동차 긴급신호용 불꽃신호기 차. 자동차에어백용 가스발생기 ④ 이 법에서 "분사기"라 함은 사람의 활동을 일시적으로 곤란하게 하는 최루 또는 신경작용제 등의 작용제를 분사할 수 있는 기기로서 대통령령이 정하는 것을 말한다.〈신설 1989.12.30〉 ⑤~⑥〈생략〉	2. 다이너마이트 트로펠 또는 무수규산 75% 이상을 함유한 폭약 3. 초유폭약 4. 함수폭약 5. 면약(질소 함량이 12.2 % 이상인 것에 한한다)	2. 화전을 주로 하는 것 가. 불비류꽃불 그 밖의 원반둘레에 화약을 선 종이등을 붙인 꽃불류〈생략〉 나. 꽃사꽃불 그 밖의 종이등을 붙인 꽃불류로〈생략〉 다. 무늬꽃불 그 밖의 원반 또는 냄판에 바리모양의 꽃불을 붙인 꽃불류〈생략〉 3. 달리기를 주로 하는 것 가. 금붕어꽃불 그 밖의 물위를 달리는 꽃불류〈생략〉 나. 피리치꽃불 그 밖의 피리소리를 내는 통꽃불류〈생략〉 다. 케이블가꽃불 그 밖의 줄에 중이을 달린 꽃불류〈생략〉 라. 꽃사꽃불 그 밖의 바리모양의 꽃불류〈생략〉 마. 목공꽃불 그 밖의 화약을 종이로 싸어 점은 꽃불류〈생략〉 4. 날기를 주로 하는 것 가. 피리로켓꽃불 그 밖의 피리소리를 내며 꼬리가 달린 통꽃불〈생략〉 나. 유성꽃불 그 밖의 꼬리가 달린 통꽃불〈생략〉 다. 위성꽃불 그 밖의 냄판에 통이 달리고 회전 또는 상승을 하는 꽃불류〈생략〉 5. 위로 쏘아 올리는 것을 주로 하는 것 가. 난위꽃불 그 밖의 위로 쏘아올리는 등근통꽃불〈생략〉 나. 우산꽃불 그 밖의 등근통에 넣어 방송을을 쏘아 올리는 등근 꽃불류〈생략〉 6. 폭발음을 주로 내는 것 가. 연기류꽃불〈생략〉 나. 포음꽃불 그 밖의 점화에 의하여 폭발음을 내는 등근폭음꽃불〈생략〉 다. 구슬폭음꽃불〈생략〉 라. 크리스마스폭음꽃불 그 밖의 소형의 통 안에서 마찰에 의하여 폭음을 내며 배이프로 방출시키는 것〈생략〉 마. 딱충폭약〈생략〉

법	시행령	시행규칙
		바. 폭죽(섬화에 의하여 폭발음을 내는 것〈생략〉
		7. 연기를 주로 내는 것
		가. 연막꽃불 그 밖의 통꽃불류〈생략〉
		나. 뱀구슬꽃불〈생략〉
		8. 모형비행기용 또는 모형로케트용의 추진기로서 화약 5그램 이하인 것
		9. 시동약으로서 화약 15그램 이하인 것
		10. 화재경보용 또는 도난방지용으로 사용되는 꽃불류로서 화약(폭약(폭발음을 내는 것에 한한다) 0.18그램 이하인 것
		11. 기폭시험용으로 사용되는 발연화공품으로서 화약이 15그램 이하인 것
		② 제1항의 규정에 의한 장난감용 꽃불류의 성능은 다음 각호의 기준에 의하여야 한다. 〈개정 2004.2.2〉
		1. 불꽃·불티 또는 꽃불을 주로 내는 것은 불꽃길이가 180센티미터 이하인 것
		2. 날기를 하는 것은 지상으로부터 나는 높이가 5미터 이상인 것
		3. 회전을 주로 하는 것은 지속 연소시간이 10초 이하인 것
		4. 위로 솟아 올리는 것을 주로 하는 것은 지상으로부터 쏘아 올리는 높이가 5미터 이상인 것
		5. 연소 시 발생하는 소리가 10미터 떨어진 거리에서 85데시벨 이하인 것
		6. 낙하화약(안전화약)은 불연제로 표면을 입힐 것
제3조(적용의 배제) ① 제2조 제3항 제3호 "아"목의 장난감용 꽃불류에 대하여는 제6조 내지 제8조, 제10조, 제12조, 제13조, 제18조 내지 제21조, 제23조, 제32조 및 제35조의 규정을 적용하지 아니한다. 다만, 장난감용 꽃불류에 관하여 제4조·제9조 또는 제25조의 규정에 의한 허가를 받는 사람의 경우에는 제6조 내지 제8조, 제10조, 제12조, 제21조 및 제23조의 규정만을 적용하지 아니한다. 〈개정 2001.1.26〉		

법	시행령	시행규칙
② 〈생략〉 ③ 군수용으로 제조·판매·수출·수입 또는 관리되는 총포·도검·화약류·분사기·전자충격기·석궁에 대하여는 이 법을 적용하지 아니한다. ④ 〈생략〉 제2장 총포·도검·화약류·분사기·전자충격기·석궁의 제조·판매등 제4조(제조업의 허가) ①~④ 〈생략〉 ⑤ 총포·도검·화약류·분사기·전자충격기·석궁의 제조에 관한 시설 및 기술의 기준은 대통령령으로 정한다. 〈개정 1995.12.6〉	제8조(제조시설의 기준) 법 제4조 제5항의 규정에 의한 총포·도검·화약류·분사기·전자충격기·석궁의 제조시설의 기준은 다음 각호와 같다. 〈개정 2013.10.10〉 1~4, 6~34. 〈생략〉 5. 위험공실·화약류 임시저장소·일광건조장·폭발시험장·연소시험장·발사시험장 또는 폐약소각장(이하 "위험공실등"이라 한다)은 보안물건과의 사이에 별표 4에 의한 보안거리(폭발물·신호염관·신호화전 또는 신호용화약이나 폭약을 취급하는 위험공실등의 일부인 경우에는 안전행정부령이 정하는 거리를 둘 것. 다만, 보안물건이 그 제조소의 시설의 일부인 경우에는 별표 5에 의한 보안거리)를 둘 것. 다만, 보안물건이 그 제조소의 시설의 일부인 경우에는 안전행정부령이 정하는 거리를 둘 것. 35. 조약과 또는 함수폭약 등 수분 또는 유분을 함유하는 화약류를 사용장소에서 제조하는 경우에는 조약과 또는 그 차량은 제조소 안에 보관시킬 것 자동혼화탱크로리차에 의하여서 제9조(제조기술의 기준) ① 〈생략〉 ② 법 제4조제5항의 규정에 의한 화약류 제조기술의 기준은 다음 각호와 같다. 〈이하 생략〉 〈개정 2013.10.10〉 1. 화약 또는 폭약은 미리 그 성분의 배합비율을, 화공품은 그 구조 및 조성과 1일에 제조하는 최대수량을 각각 정하고, 그 성분의 배합비율 또는 그 구조 및 조성에 따라 각각 그 최대량을 이하를 제조할 것	제15조(위험공실등의 정원·정원·정체·장최대저장량·보안간격등의 기준) ① 〈생략〉 ② 영 제9조제2항제3호의 규정에 의한 위험공실 및 화약류임시저장소의 정원과 동일제9조의 규정에 의한 위험공실등의 정체·장최대저장량·보안간격등의 기준은 별표 7과 같다. 〈개정 1996.7.29〉

법	시행령	시행규칙
	2. 4~8, 10~27. <생략> 3. 위험공실과 화약류 일시저치장의 정원은 안전행정부령이 정하는 정원의 범위 안에서 정하고, 그 정원내의 종업원과 특히 필요하다고 인정되는 사람 외에는 출입을 금지할 것 9. 위험공실 등에는 안전행정부령이 정하는 수량의 범위 안에서 정제량 또는 동일장소에 저치할 수 있는 화약류의 원료의 최대량을 정하고, 이를 초과하여 화약류 또는 그 원료를 저치하지 아니하도록 할 것 ③~⑤ <생략>	
제3장 총포·도검·화약류·분사기·전자충격기·석궁의 소지와 사용 제10조(소지의 금지) 누구든지 다음의 어느 1에 해당하는 경우를 제외하고는 허가 없이 총포·도검·화약류·분사기·전자충격기·석궁을 소지하여서는 아니된다. <개정 1995.12.6> 1~9. <생략> 10. 대통령령이 정하는 사람이 총포·도검·화약류·분사기·전자충격기·석궁을 소지하는 경우	제12조(허가없이 총포등을 소지할 수 있는 사람) ① 법 제10조 제10호의 규정에 의하여 허가 없이 총포·도검·화약류·분사기·전자충격기·석궁을 소지할 수 있는 사람은 다음 각호와 같다. <개정 2006.3.10> 1~4, 6~7. <생략> 5. 「민방위기본법」·「소방법」·「전파관리법」에 의하여 인명구조를 위한 **구명줄발사총**을 그 업무와 관련하여 그 소속기관의 장의 명에 따라 소지하는 사람 ② <생략>	
제12조(총포·도검·화약류·분사기·전자충격기·석궁의 소지허가) ①~③ <생략>	제14조(총포·도검·분사기·전자충격기·석궁의 종류 및 용도별 소지허가의 범위) ① 법 제12조 제3항의 규정에 의한 총포·도검·분사기·전자충격기·석궁의 종류 및 용도별 소지허가의 범위는 다음 각호와 같다. <개정 2013.3.23> 1~2. <생략> 3. 인명구조·도살·마취·어획·건축 그 밖의 산업의 용도에 사용하는 **구명줄발사총**·구명용신호총·도살총·마취총·포경용표총·건설용타정총 및 실출발사용·청소용 그 밖에 산업용에 필요한 총포로서 안전행정부령이 정하는 것을 소지하는 경우 ② <생략>	제23조(산업용총포) 영 제14조 제1항에 제3조에서 "그 밖에 산업용에 필요한 총포로서 안전행정부령이 정하는 것"(이하 생략) 1. 광산용에 사용되는 총포로서 **광체총**과 등등 이상의 성능을 가진 것

법	시행령	시행규칙
제18조(화약류의 사용) ① 화약류를 발파 또는 연소시키려는 사람은 안전행정부령이 정하는 바에 의하여 화약류의 사용방법을 준수하는 등 안전상의 화약류의 사용허가를 받아야 한다. 다만, 광업법에 의하여 광물의 채굴을 하는 사람과 그 밖의 대통령령으로 정하는 사람은 그러하지 아니하다. 〈개정 2013.3.23〉 ②~③ 〈생략〉 ④ 화약류의 발파와 연소는 대통령령이 정하는 기술상의 기준에 따라야 한다. ⑤ 〈생략〉	제15조(사용허가를 받지 아니하고 화약류를 사용할 수 있는 사람) 법 제18조제1항 단서의 규정에 의하여 사용허가를 받지 아니하고 화약류를 사용할 수 있는 사람은 다음 각호와 같다. 〈개정 2006.3.10〉 1~5. 〈생략〉 6. 신호 또는 관상용으로 1일 동일한 장소에서 쏘아 올리는 다음 각목의 수량에 해당하는 꽃불류를 사용하고자 하는 사람 가. 직경 6센티미터 미만의 둥근모양의 쏘아 올리는 꽃불류 50개 이하 나. 직경 6센티미터 이상 10센티미터 미만의 둥근모양의 쏘아 올리는 꽃불류 15개 이하 다. 직경 10센티미터 이상 20센티미터 미만의 둥근모양의 쏘아 올리는 꽃불류 10개 이하 라. 200개 이하의 염관을 사용한 쏘아 올리는 꽃불류 1개 마~바. 〈생략〉 사. 경기용·종이(뇌관은 무게한 7. 영화 또는 연극의 효과를 위하여 1일 동일한 장소에서 다음 각목의 수량에 해당하는 꽃불류(쏘아 올리는 꽃불류를 제외한다)를 사용하고자 하는 사람 가~다. 〈생략〉 라. 발연통·줄임조명통 또는 폭음(폭발음을 내는 것에 한한다) 0.1그램 이하의 꽃불류 8. 소화 또는 소화훈련, 기상관측, 기밀검사 등을 발연통을 사용하고자 하는 사람 9. 〈생략〉 10. 조수류 구제를 위하여 약혁주입용약포를 사용하고자 하는 사람 11. 건축·토목공사 또는 진설용으로 1일 동일한 장소에서 다음 각목의 수량에 해당하는 화약류를 사용하고자 하는 사람 가. 건설용 타정총용 공포탄 5,000개 이하 나. 미진동 파쇄기 150개 이하 다. 산업용 실탄 100개 이하 라. 폭발병 500개 이하 마. 폭발천공기 50개 이하 바. 광쇄기 20개 이하 12. 신호용총을 사용하는 사람 13. 민방위훈련용으로 1일 동일한 장소에서 연부통 300개 이하를 사용하고자 하는 사람 14. 자동차사고·고장 등의 표시의 자동차 긴급신호용·불꽃신호기를 판매목적으로 300개 이하를 진열하고자 하는 자동차판매업소·부품업소·정비업소 등의 사업자 및 원래의 목적으로 3개 이하를 사용하기 위하여 원래의 목적으로 3개 이하를 소지하고자 하는 사람	

법	시행령	시행규칙
	15. 선박·항공기 등에 비치되어 있는 신호용조명탄을 원래의 목적으로 사용하고자 하는 사람 16. 선박 또는 항공기에서 사용하는 신호용조명탄을 200개의 범위 안에서 판매목적으로 소지하는 선박 또는 항공기 정비업소의 사업자 제16조(화약류의 취급) ① 법 제18조의 규정에 의하여 화약류를 사용하고자 하는 사람이 그 화약류를 사용하는 장소에서 화약류(조명포를 제외한다)를 취급하는 때에는 다음 각호의 에 의하여야 한다. 1~3. 〈생략〉 4. 얼어서 굳어진 다이너마이트는 섭씨 50도 이하의 온탕을 바깥통으로 사용하기 위하기 또는 섭씨 30도 이하의 온도를 유지하는 실내에서 누그러뜨려야 하며 직접 난로·증기관 그 밖의 높은 열원에 접근시키지 아니하도록 할 것 제18조(화약류 발파의 기술상의 기준) ① 법 제18조 제4항의 규정에 의한 화약류(조약류을 제외한다)의 발파 또는 연소의 기술상의 기준은 다음 각호와 한다. 1~13. 〈생략〉 14. 동일인의 연속점화하는 도화선 1개의 길이가 1.5미터 이상인 때에는 10발 이하, 1.5미터 미만인 때에는 5발 이하로 하고, 0.5미터 미만인 때에는 연속점화를 하지 아니할 것 15~16. 〈생략〉 ② 〈생략〉	
제4장 총포·도검·화약류·분사기·전자충격기·석궁의 관리 제24조(화약류의 저장) ① 화약류의 저장은 제25조의 규정에 의한 화약류저장소에 하여야 하며, 대통령령이 정하는 저장방법·저장량 그 밖의 재해예방에 필요한 기술상의 기준에 따라야 한다. 다만, 대통령령이 정하는 수량 이하의 화약류에 있어서는 그러하지 아니하다. ② 〈생략〉	제27조(화약류저장소 외의 장소에 저장할 수 있는 화약류의 수량) 법 제24조 제1항 단서의 규정에 의하여 화약류저장소 외의 장소에 저장할 수 있는 화약류의 수량은 별표 6과 같다. 다만, 수출입을 위하여 일시 보관하는 경우로서 관할 경찰서장의 승인을 얻은 때에는 별표 6을 적용하지 아니한다.	

법	시행령	시행규칙
제25조(화약류저장소설치허가) ① 화약류저장소를 설치하고자 하는 사람은 〈생략〉 지방경찰청장 또는 경찰서장의 허가를 받아야 한다. 〈생략〉 〈개정 1991.5.31〉 ②~⑤ 〈생략〉	제28조(화약류저장소의 종류) ①~② 〈생략〉 ③ 화약류저장소에 저장할 수 있는 화약류는 제1항의 종별 구분에 따라 **별표 7**에 의한다.	
제24조(화약류의 저장) 〈생략〉	제45조(저장량) ① 법 제24조 제1항의 규정에 의하여 저장소에 저장할 수 있는 화약류의 저장량은 **별표 12**와 같다. 다만, 부득이한 사유가 있는 때에는 허가관청의 허가를 받아 그 저장량을 초과하여 저장할 수 있다. ② 1급저장소·2급저장소·3급저장소 및 간이저장소에 있어서 2종 이상의 화약류를 동일한 장소에 저장하는 경우의 저장량은 각각 그 화약류의 수량을 별표 12에 의한 당해화약류의 최대저장량으로 나눈 수의 합계가 1을 초과하지 아니하는 수량으로 한다. 제46조(화약류저장소에서의 저장방법 및 취급방법) ① 법 제24조 제1항의 규정에 의하여 화약류저장소의 화약류(도화선 및 전기도화선을 제외한다)를 저장(수중저장소에서의 저장을 제외한다)하는 경우의 저장방법 및 취급방법은 다음 각호와 같다. 다만, 신호염관·신호화전 또는 꽃불류의 경우에는 제8호 및 제11호 내지 제13호의 규정을 적용하지 아니한다. 〈개정 1987.11.10〉 1~10. 〈생략〉 11. 저장중인 다이너마이트 등이 얼포에서 니트로글리세린이 스며 나와 상자의 표면 또는 마룻바닥이 요염된 때에는 물 150밀리리터에 가성소다 100그램을 녹이고 얼포를 1리터를 혼합한 액제로 니트로글리세린을 분해시키고, 마른 걸레로 닦아낼 것 12. 〈생략〉 13. 아지화연을 주로 하는 기폭약을 사용한 공업용뇌관 또는 전기뇌관과 관체에 구리를 사용한 공업용뇌관 또는 전기뇌관을 같이 쌓아두지 아니할 것 ②~③ 〈생략〉	
제26조(화약류의 운반) ① 화약류를 운반하고	제48조(운반신고를 하지 아니하고 운반할 수 있는 수량) 법 제26조제1항 단서의 규정에 의하여 운반신	

법	시행령	시행규칙
자 하는 사람은 〈생략〉 발송지를 관할하는 경찰서장에게 신고하여야 한다. 다만, 대통령령이 정하는 수량 이하의 화약류를 운반하는 경우에는 그러하지 아니하다. 〈개정 2013.3.23〉 ②∼④ 〈생략〉	고를 하지 아니하고 운반할 수 있는 화약류의 종류 및 수량은 별표 13과 같다. 제49조(적재방법) ① 〈생략〉 ③ 종류가 다른 화약류는 동일한 차량에 함께 실어서는 아니된다. 다만, 별표 14에 의한 화약류는 그러하지 아니하다. 제50조(운반방법) ① 법 제26조제4항의 규정에 의한 화약류의 운반방법은 운반방법의 기술상의 기준은 다음 각호와 같다. 다만, 제1호·제2호·제4호·제5호는 별표 13에 의한 화약류를 운반하는 경우에는 이를 적용하지 아니한다. 〈개정 2004.1.20〉 1∼11. 〈생략〉 12. 뇌홍 및 뇌홍을 주로 하는 기폭약은 수분 또는 알코올분이 25퍼센트 정도 머금은 상태로 운반할 것 13. 트리니트로레조르신납·테트라센·디아조디니트로페놀 및 이들을 주로하는 기폭약은 수분 또는 알코올분이 20퍼센트 정도 머금은 상태로 운반할 것 14. 니트로셀룰로오스는 수분 또는 알코올분이 23퍼센트 정도 머금은 상태로 운반할 것 15. 펜타에리스리트테트라니트레이트는 수분 또는 알코올분이 15퍼센트 정도 머금은 상태로 운반할 것 16. 그 밖에 운반상의 위험을 방지하기 위하여 습기나 설치적한 상태를 유지하여야 할 필요가 있다고 인정되는 화약은 그 화약의 성질에 따라 안전성을 확보할 수 있는 수분이 머금은 상태로 운반할 것 ② 〈생략〉	
제32조(화약류의 안정도시험) ① 화약류를 제조하거나 수입한 사람 또는 제조·수입 후 대통령령이 정하는 기간이 지난 화약류를 소유하고 있는 사람은 대통령령이 정하는 바에 의하여 그 안정도를 시험하여야 한다.	제59조(안정도시험)을 하는 화약류는 다음 각호와 같다. 〈개정 2004.1.20〉 1. 질산에스텔 및 그 성분이 들어있는 화약 또는 폭약으로서 제조일로부터 1년이 지난 것과 제조일이 분명하지 아니한 것 2. 질산에스텔의 성분이 들어 있지 아니한 화약 또는 폭약으로서 제조일로부터 3년이 된 것과 제조일이 분명하지 아니한 것 3. 화공품으로서 제조일부터 3년이 지난 것과 제조일이 분명하지 아니한 것 ②제1항의 화약류에 대한 안정도시험의 방법은 다음 각호와 같다.	제44조(화공품 안정도시험의 기준 등) ① 영 제59조 제2항 제4호의 규정에 의한 화공품 안정도시험의 기준 및 방법은 별표 11의2와 같다. 〈신설 2004.2.2〉

법	시행령	시행규칙
② 제1항의 규정에 의하여 안정도를 시험한 사람은 그 시험결과를 지방경찰청장에게 보고하여야 한다. <개정 1991.5.31> ③ 경찰청장 또는 지방경찰청장은 재해의 예방상 필요하다고 인정되는 때에는 화약류의 소유자에 대하여 제1항의 규정에 의한 안정도시험을 실시하도록 명할 수 있다. <개정 1991.5.31> ④ 제1항 및 제3항의 규정에 의한 안정도시험결과 대통령령이 정하는 기준상의 화약류는 폐기하여야 한다.	1. 제1항 제1호의 화약 및 폭약에 있어서 제조일로부터 1년이 지난 것은 유리산시험 또는 내열시험 2. 제1항 제1호의 화약 및 폭약에 있어서 제조일로부터 2년이 된 것과 제조일이 분명하지 아니한 내열시험 3. 제1항 제2호의 폭약에 있어서 그때에는 그때와 그때로부터 3월마다 내열시험 소지하게 된 때에는 그때와 그때로부터 3년이 된 것과 제조일이 분명하지 아니한 것은 유리산시험. 이 경우 4시간 이내에 청색리트머스시험지 가 전변 적색으로 변한 것은 가연성을 잃은 것으로 한다. 4. 제1항 제3호의 화공품은 보관, 실탄, 공포탄, 신호용화공품, 꽃불류, 장난감용 꽃불류 등 그 종류별로 안전행정부령이 정하는 시험기준·점화전시험·점화전류시험·내수시험·마찰시험·내정전기시험, 장약·발사시험, 점화감도시험·연소시험, 점화장치자동시험 및 사용시험 등의 시험 ③ 화약류를 수입한 자는 수입한 날부터 30일 이내에 다음 각 호의 구분에 따라 그 화약류에 대하여 안정도시험을 실시하여야 한다. <개정 2013.10.10> 1. 질산에스텔 및 그 성분이 들어 있는 화약 또는 폭약은 유리산시험 또는 내열시험 2. 질산에스텔의 성분이 들어 있지 아니한 폭약은 유리산시험 또는 가열시험 3. 화공품은 제2항 제4호의 규정에 의한 시험 ④~⑤ <생략> 제63조(시험기 등) 법 제32조의 규정에 의한 안정도시험에 사용하는 다음 각호의 시험기등은 안전행정부령이 정하는 것을 사용하여야 한다. <개정 2013.3.23> 1. 유리산시험기 2. 내열시험기 3. 가열시험기 4. 청색리트머스시험지 5. 옥도가리전분지 6. 정제활성탄 7. 표준세지	② 영 제63조의 규정에 의한 화약류의 안정도시험에 사용하는 시험기 등으로 다음 각호와 같다. <개정 2013.3.23> 1. 내열시험기는 내열시험용 시험관 및 탕전기로 할 것 2. 가열시험기는 건량병 및 징량기로 할 것 3. 유리산시험기 및 내열시험용 시험관과 징량병은 별표 11에 의할 것 4. 청색리트머스시험지·옥도가리전분지·정제활성탄 및 표준세지는 안전행정부장관이 정하는 연구소등에서 시험하는 검정시험에 합격한 것으로 하되, 청색리트머스시험지는 가로 10밀리미터 세로 40밀리미터의 것으로 할 것
제5장 감독	<생략>	
제6장 총포·화약안전기술협회	<생략>	
제7장 보칙	<생략>	
제8장 벌칙	<생략>	

총단법 시행령 [별표 4] 위험공급실등과 보안물건과의 보안거리(시행령 제8조 ⑤항 관련)

구분	1~3	4	5~6	7	8~12
	〈생략〉	니트로글리세린, 니트로글리콜 및 과산화수소를 함유하지 아니하거나 니트로화합물이 10% 이하인 초안폭약의 위험공실 또는 화약류 입자 저장장+	〈생략〉	수준 또는 알코올분이 10% 이하의 기폭약 또는 화관, 신관, 공업뇌관, 전기뇌관, 도폭선, 폭발전공기, 그 밖의 화공품(다른 단에 기재된 화공품을 제외한다.)의 위험공실 또는 화약류 임시저장장	〈생략〉

〈이하 내용 생략〉

총단법 시행령 [별표 6] 화약류저장소 외의 장소에 저장할 수 있는 화약류의 수량(시행령 제27조 관련)

저장 또는 사용자 등의 구분	1	2	3	4	5
〈생략〉					
약액주입용 약포					
타정총용 공포탄					
미진동파쇄기					
졸발사용 로케트 광쇄기	〈내용 생략〉				
폭발천공기					
폭발정					
유정용 화공품					
신호뇌관					
철도차량용·선박용·항공기용 화공품					
〈이하 생략〉					

총단법 시행령 [별표 7] 화약류저장소별로 저장할 수 있는 화약류(제28조제3항 관련)

저장소의 종별	저장할 수 있는 화약류	동일 저장소 내의 저장 금지 화약류
1급 저장소	1~3. 〈생략〉 4. 신호염관, 신호화전 및 꽃불류와 이의 원료용 화약 및 폭약	〈생략〉
2급 저장소	1~3. 〈생략〉 4. 공업뇌관, 전기뇌관 및 타정총용 공포탄	화약 또는 폭약과 공업뇌관, 전기뇌관, 타정총용 공포탄 및 진동파쇄기를 동일한 저장소에 저장하여서는 안된다.
3급 저장소		
수중 저장소		
실탄 저장소		
꽃불류 저장소	〈내용 생략〉	
장난감용꽃불용 저장소		
도화선 저장소		
간이 저장소		

총단법 시행령 [별표 13] 운반신고를 하지 아니하고 운반할 수 있는 화약류의 종류 및 수량(시행령 제48조 관련)

화약류의 구분		수량
화공품	포경용뇌관, 포경용화관 〈생략〉	〈생략〉
	〈생략〉	
	독발전공기 〈생략〉	
비고		〈생략〉

총단법 시행규칙 [별표 7] 위험공실 등의 정원, 정체량, 최대저장량, 보안간격 등의 기준(시행규칙 제15조 ②항 관련)

		위험공실 등
		〈생략〉
7	기폭약 〈생략〉	디아조디니트로페놀의 공실 〈생략〉
13	공업용뇌관 전기뇌관 또는 전기도화선 〈생략〉	폭분 전약공실 〈생략〉 점화약 달린 각선 검사 준비공실
14		점화구 달린 각선 검사공실 〈생략〉
17	실탄 또는 공포탄	산탄용 실탄 건설용 타정총용 공포탄 〈생략〉

총단법 시행령 [별표 12] 화약류저장소 및 화약류 저장량(시행령 제45조 ①항 관련)

저장소의 종류 화약류의 종류	1급 저장소	〈생략〉	간이 저장소
신호염관, 신호화전 및 꽃불류와 이의 원료용 화약 및 폭약		〈생략〉	
타정총용 공포탄			

총단법 시행령 [별표 14] 동일 차량에 함께 실을 수 있는 화약류(시행령 제49조 ③항 관련)

가 나		〈생략〉
화공품	신관	신관(포장용을 제외) 포장용 신관	〈내용 생략〉
	뇌관, 이뢰, 로케트탄, 포탄 등으로 작약을 장전하여 있는 것(소이계를 사용한 것 제외)	〈내용 생략〉
비고		〈내용 생략〉

〈부록 3〉 경찰청, 산업통상자원부 고시 발췌

총포·도검·화약류 단속법 시행령 제2조 제11호에서 구성하는 조연폭약의 원료규격과 배합비율 및 기폭감도시험에 관한 사항을 다음과 같이 고시한다.

1968. 12. 9

경찰청장 (당시 내무부장관)
산업통상자원부장관 (당시 상공부장관)

1. 원료규격 가. 준안유제폭약용 준안 〈내용 생략〉 나. 정유 〈내용 생략〉
2. 배합비율

종류 배합비율	조안	정유	계
중량배분율	93.5	6.5	100
	94	6	100
	94.5	5.5	100

- 다 -

- 음 -

3. 기폭감도 시험법 가. 염화비닐부판에 의한 방법 〈내용 생략〉 나. 기타 지통에 의한 방법 〈내용 생략〉

〈부록 4〉 도로교통법 및 시행령, 시행규칙 발췌

법 [법률 제12343호, 2014.1.28]	시행령 [대통령령 제25456호, 2014.7.14]	시행규칙 [안전행정부령 제76호, 2014.7.2]
제66조(고장 등의 조치) 자동차의 운전자는 고장이나 그 밖의 사유로 고속도로 등에서 자동차를 운행할 수 없게 되었을 때에는 안전행정부령으로 정하는 표지(이하 "고장자동차의 표지"라 한다)를 설치하여야 하며, 그 자동차를 고속도로 등이 아닌 다른 곳으로 옮겨 놓는 등의 필요한 조치를 하여야 한다. 〈개정 2013.3.23〉		제40조(고장자동차의 표지) ① 법 제66조에 따른 고장자동차의 표지는 별표 15와 같다. ② 밤에는 제1항에 따른 표지와 함께 사방 500미터 지점에서 식별할 수 있는 적색의 섬광신호·전기제등 또는 불꽃신호를 추가로 설치하여야 한다. ③ 제1항에 따른 표지는 그 자동차로부터 100미터 이상의 뒤쪽 도로상에, 제2항에 따른 표지는 그 자동차로부터 200미터 이상의 뒤쪽 도로상에 각각 설치하여야 한다.

〈부록 5〉 위험물 선박운송 및 저장규칙 발췌

위험물 선박운송 및 저장규칙
[해양수산부령 제1호, 2013.3.24]

제1조(목적) 이 규칙은 「선박안전법」 제41조, 제41조의 2 및 제65조에 따른 선박에 의한 위험물의 운송 및 저장, 위험물 취급자에 대한 위험물 안전운송 교육과 상용위험물의 취급에 관한 사항을 규정함을 목적으로 한다.

제2조(정의) 이 규칙에서 사용하는 용어의 뜻은 다음과 같다. 〈개정 2013.3.24〉

1. "위험물"이란 다음 각 목에서 정하는 것을 말한다.
   가. 화약류: 다음에 정하는 폭발성 물질(화학반응으로 주위환경에 손상을 줄 수 있는 온도·압력 및 속도를 가진 가스를 발생시키는 고체 물질, 액체 물질 또는 그 혼합물을 말한다. 이하 같다) 및 폭발성 물품(한 종류이상의 폭발성 물질을 포함한 제품을 말한다. 이하 같다)으로서 해양수산부장관이 고시하는 것
      1) 대폭발위험성이 있거나 해당 폭발성 물질 또는 폭발성 물품이 대부분이 동시에 폭발하는 것을 말한다. 이하 같다) 위험성이 있는 폭발성 물질 및 폭발성 제품
      2) 대폭발위험성은 없으나 분사(발화 시 해당 폭발성 물질 또는 폭발성 제품이 연소되면서 빠른 속도로 가스를 내뿜는 것을 말한다. 이하 같다) 위험성이 있는 폭발성 물질 및 폭발성 제품
      3) 대폭발위험성은 없으나 화재위험성·폭발위험성 또는 분사위험성이 있는 폭발성 물질 및 폭발성 제품. 화재 시 상당한 복사열을 발산하거나 약한 폭발 또는 분사를 하면서 연소되는 폭발성 물질 및 폭발성 제품
      4) 대폭발위험성·분사위험성 또는 화재위험성은 적으나 민감한 폭발성 물질 및 폭발성 제품. 운송 중 발화하는 경우 위험성이 적은 폭발성 물질 및 폭발성 제품
      5) 대폭발위험성이 있으나 둔감한 폭발성 물질: 대폭발위험성은 있으나 매우 둔감하여 통상적인 운송조건에서는 발화하거나 어렵고 화재가 나도 폭발하기 어려운 폭발성 물질
      6) 대폭발위험성이 없는 극히 둔감한 폭발성 제품: 극히 둔감한 폭발성 물질만을 구성분으로 하여 만들어진 것으로서 우발적으로 발화하더라도 폭발하기 어려운 폭발성 제품

제3조(위험물의 분류) 위험물은 다음 각 호와 같이 분류한다.

1. 제1급 화약류
   가. 등급 1.1: 대폭발위험성이 있는 폭발성 물질 및 폭발성 제품
   나. 등급 1.2: 대폭발위험성은 없으나 분사위험성이 있는 폭발성 물질 및 폭발성 제품
   다. 등급 1.3: 대폭발위험성은 없으나 화재위험성·폭발위험성 또는 분사위험성이 있는 폭발성 물질 및 폭발성 제품
   라. 등급 1.4: 대폭발위험성·분사위험성 또는 화재위험성은 적으나 민감한 폭발성 물질 및 폭발성 제품
   마. 등급 1.5: 대폭발위험성이 있는 둔감한 폭발성 물질
   바. 등급 1.6: 대폭발위험성이 없는 극히 둔감한 폭발성 제품

〈부록 6〉 위험물 선박운송 기준 별책

위험물 선박운송 기준
[해양수산부고시 제2013-133호, 2013.5.24]

제1조(목적) 이 기준은 「선박안전법」과 「위험물 선박운송 및 저장규칙」에서 해양수산부장관이 정하도록 한 위험물운송에 관한 기준을 정함을 목적으로 한다.

제2조(위험물등) ① 「위험물 선박운송 및 저장규칙」(이하 "규칙"이라 한다) 제2조 제1호 가목의 규정에 의한 화약류는 별표 1의 정표함단위에 1.1 내지 1.6의 물질 및 규격 제39조에 정하는 것을 말한다.

②~⑨ 〈생략〉

⑩ 화약류 중 연화에 대한 세부분류는 별표 27에서 정하는 기준을 따른다.

[별표 1] 위험물목록 일부 별췌(예시)

국제연합번호	품명	정표함급(1)	부표함급(2)	특별요건(3)	소량의위험물(4)	극소량의위험물(4의2)	선항·대행·암력접함함용기용량(5)		중형산적용기(6)		대형금속수용기(7)		비상조치(8)	적재격리요건(9)	특성
							용기표	특별사항	용기표	특별사항	용기표	특별사항			
0241	폭파약柁(위터첼폭약, 스러리폭약, 에멀션폭약 등)	1.1D	-	-	0	E0	P116	PP61 PP62 PP65	IBC 100	B10	-	-	F-B, S-X	적재방법 10. 임모늄함유화함물이 함유된 경우에는 염소산염류와 과염소산염류 및 염소산염류와 과염소산염류가 함유된 화약류와 격리방법 1	-
0027	흑색화약 (입자 또는 분말인 것)	1.1D	-	-	0	E0	P113	PP50	-	-	-	-	F-B, S-Y	적재방법 10	스파크, 정전기, 방전 및 마찰에 매우 민감한 물질
0030	전기뇌관 (폭파용인 것)	1.1B	-	-	0	E0	P131	-	-	-	-	-	F-B, S-X	적재방법 11	-

〈 이 하 생 략 〉

〈주〉 이외에 약 200여종의 화야류가 위험물 목록에 수록되어 있다.

〈부록 7〉 항공법 및 시행령, 시행규칙 발췌

법 [법률 제12256호, 2014.1.14]	시행령 [대통령령 제25532호, 2014.8.6]	시행규칙 [국토교통부령 제120호, 2014.8.7]
제41조(항공계기 등의 설치·탑재 및 운용 등) ① 항공기를 항공에 사용하려는 자 또는 소유자등은 해당 항공기에 항공기 안전운항을 위하여 필요한 항공계기(航空計器), 장비, 서류, 구급용구 등(이하 "항공계기 등"이라 한다)을 설치하거나 탑재하여 운용하여야 한다. ② 제1항에 따라 항공계기 등을 설치하거나 탑재하여야 할 항공기, 항공계기 등의 종류, 설치·탑재기준 및 그 운용방법 등에 관하여 필요한 사항은 국토교통부령으로 정한다. 〈개정 2013.3.23〉		제125조(구급용구 등) 법 제41조제2항에 따라 항공기의 소유자등이 항공기(무인항공기는 제외한다)에 갖추어야 할 구명동의, 음성신호발생기, 구명보트, 불꽃조난신호장비, 휴대용 소화기, 도끼, 메가폰, 구급의료용품 등은 별표 21과 같다. 〈개정 2012.12.27〉

항공법 시행규칙 [별표 21] 항공기에 장비하여야할 구급용구 등(시행규칙 제125조 관련)

1. 다음 표의 구급용구를 갖추어야 한다.

구 분	품 목	수량
다. 장거리 해상을 비행하는 비행기〈이하 내용 생략〉 라. 수색 구조가 특별히 어려운 산악지역, 외딴지역 및 국토교통부장관이 정한 해상 등을 횡단 비행하는 비행기〈이하 내용 생략〉 마. 회전익 항공기 　1) 제1종 또는 제2종 회전익 항공기가 육지로부터 순항속도로 10분 거리 이상의 해상을 비행하는 경우 　2) 제1종 또는 제2종 회전익 항공기가 육지로부터 순항속도로 10분 거리 이상의 해상을 비행하는 경우 　3) 제2종 및 제3종 회전익 항공기가 이륙 경로나 착륙접근 경로가 수상에서의 사고 시 좌수가 예상되는 경우	불꽃조난신호장비 〈기타 내용 생략〉	〈생략〉

〈비고〉 1)~4) 〈생략〉
　5) 〈前略〉 각 구명보트에는 불꽃조난신호장비 1기를 갖추어야 한다. 〈이하 생략〉

2~6. 〈생략〉

참고문헌

1. 황덕상,『火藥學 槪論』, (주)한화(1999)

2. 崔晦炯,『불과 消化藥劑』, 圖書出版 銀星文化(1992)

3. 朴肯植, 崔星落,『火炎·爆發 및 燃燒現象』, 螢雪出版社(1982)

4.『火藥製造實務』, 韓國火藥株式會社 第2工場(1985)

5. 金載極,『産業火藥과 發破工學』, 서울大學校 出版部(1986)

6.『工業火藥辭典』, 韓國火藥(株) 仁川工場(1987)

7. 金溢中, 奇庚鐵,『發破工學』, 技工社(1999)

8. 강추원,『화약과 산업응용』, 구미서관(2011)

9. 민병만,『사진으로 다시 보는 한화 인천공장 50년』, 한화기념관(2012)

10. 민병만,『한국의 화약 역사』, 아이워크북(2009)

11.『한화 仁川工場 50年』, (주)한화(2005)

12. The MERCK Index(An Encyclopedia of Chemicals, Drugs, and Biologicals),
    10th edition, MERCK & Co,. Inc.(1983)

13. Robert H. Perry, Perry's Chemical engineers' handbook, 6th edition, McGraw-Hill Book
    Co.(1984)

14. Tadeusz Urbanski, Chemistry and Technology of Explosives, Pergamon press(1964)

15. Basil T. Fedoroff et al, Encyclopedia of Explosives and Related Items, Picatinny Arsenal(1962)

16. Melvin A. Cook, The science of high explosives, Reinhold Pub. Corp.(1958)

17. Tenney L. Davis, The Chemistry of Powder and Explosives, John Wiley & Sons(1956)

18. S. Fordham, High Explosives and Propellants, 2nd Edition, Pergamon Press Ltd., England(1980)

19. 中原正二,『火藥學槪論』, 産業圖書(1983)

20.『一般火藥學』, 日本火藥工業會 資料編輯部, 永興印刷(1994)

21. 山本祐德,『一般火藥學』, 一橋書房(昭和 39年)

22. 大久保正八郎 外 1,『火藥と發破』, (株)オーム社(1971)

23. 西松唯一,『火藥學』, 共立出版株式會社(昭和 7年)

24.『現場 技術者のための 發破工學 ハンドブケ』, 社團法人 火藥學會 發破專門部會, 共立出版 株式會社(2001)

25. 千藤三千造,『火藥』, 共立出版株式會社(昭和 46年)

26.『工業火藥ハンドブケ』, 日本工業火藥協會, 共立出版株式會社(1981)

27. 木村 真,『新火藥讀本』, 白亞書房(昭和 50年)

28. 木村 真, 『火藥讀本』, 白亞書房(昭和 56年)

29. 『産業火藥』, 日本産業火藥會 資料編輯部, 永興印刷(1985)

30. 佐藤忠五 郎, 福山郁生, 『爆破』, 鹿日島本出版會社(昭和 55年)

31. 『エネルギ―物質ハンドブケ』, 社團法人 火藥學會, 共立出版株式會社(2010)

32. James E. Beady & Jhon R. Holum, *Chemistry(The Study of Matter and Its Changes)*, John Wily & Sons, Inc.(1993)

33. Wang Xuguang, *Emulsion Explosives*, Metallurgical Industry press(1994)

34. Atlas Powder Co., *Explosives and Rock Blasting*(1987)

35. John A. Conkling, *Chemistry of Pyrotechnics*, Maecel Dekker, Inc.(1985)

36. T. Z. Blazynski, *Explosive Welding, Forming and Compaction*, Applied Science Publishers Ltd(1983)

37. 총포 · 도검 · 화약류 등 단속법 [법률 제11690호(2013.3.23)]

38. 총포 · 도검 · 화약류 등 단속법 시행령 [대통령령 제25050호(2013.12.30)]

39. 총포 · 도검 · 화약류 등 단속법 시행규칙 [안전행정부령 제50호(2014.1.8)]

40. 위험물 선박운송 및 저장규칙 [해양수산부령 제1호(2013.3.24)]

41. 위험물 선박운송 기준 [해양수산부고시 제2013-133호(2013.5.24)]

42. 항공법 [법률 제12706호, 2014.5.28]

43. 항공법 시행규칙 [국토교통부령 제112호, 2014.7.15]

44. 도로교통법 [법률 제12343호, 2014.1.28]

45. 도로교통법 시행규칙 [안전행정부령 제76호, 2014.7.2]

46. 경찰청(내부부) 고시 제3호(1968.12.9)

47. 산업통상자원부(상공부) 고시 제4088호(1968.12.9)

48. 소방방재청고시 제2008-18호(2008.11.13)

49. *United States Code*, USA

50. *Department of Transportation Regulation*, USA

51. 『火藥類取締法令集』, 日本火藥工業會 資料編輯部(2005)

52. *Manufacture and Storage of Explosives Regulations 2005*, UK

찾아보기

V

Vibration control cracker → 미진동파쇄기

W

Water gel → 워터겔

Water in oil type → 유중수형

총단법과 함께 보는

산업화약개론

2014년 10월 24일 초판 1쇄 발행
2020년 9월 10일 초판 2쇄 발행

지은이　민병만
펴낸이　김영호
펴낸곳　아이워크북
등　록　제313-2004-000186
주　소　(03962) 서울시 마포구 월드컵로 163-3, 2층
전　화　(02)335-2630
전　송　(02)335-2640
이메일　yh4321@gmail.com / h-4321@daum.net

Copyright ⓒ 민병만, 2014

ISBN 978-89-91581-32-6　93900